AF252272

DE L'ÉDUCATION

DE

L'ENFANT

DANS LA FAMILLE

ET

DE SA SIGNIFICATION

PAR

Le Dʳ P. LESSHAFT

Professeur d'Anatomie à Saint-Pétersbourg.

PARIS

LIBRAIRIE ALBERT SCHULZ

4, RUE DE LA SORBONNE, 4

—

1894

DE L'ÉDUCATION

DE L'ENFANT

DANS LA FAMILLE

ET

DE SA SIGNIFICATION

PARIS. — IMPRIMERIE LAROUSSE

17, RUE MONTPARNASSE, 17

DE L'ÉDUCATION

DE

L'ENFANT

DANS LA FAMILLE

ET

DE SA SIGNIFICATION

PAR

Le Dr P. LESSHAFT

Professeur d'Anatomie à Saint-Pétersbourg.

PARIS

LIBRAIRIE ALBERT SCHULZ

4, RUE DE LA SORBONNE, 4

1894

Tous droits réservés

PRÉFACE

Nous nous sommes proposé dans cet ouvrage d'expliquer le lien qui existe entre les conditions dans lesquelles s'est passée la vie de l'enfant dans la famille et les phénomènes qu'il manifestera plus tard. Nous avons cherché de plus à préciser les circonstances qui peuvent influer chez un enfant sur la formation de son tempérament, celles qui détermineront le type auquel il devra appartenir et celles enfin, qui contribueront à faire de lui un homme de caractère. Lorsqu'on observe un défaut chez un enfant, c'est dans cet enfant qu'on en cherche généralement la cause ; on parle même, quelquefois, de sa méchanceté innée. Ceci prouve qu'on est loin de supposer que les attributs d'un enfant ne sont que le reflet des attributs des personnes qui l'entourent. Ce ne sont que les phénomènes qui sont sous la dépendance du tempérament qui peuvent être considérés comme innés chez un enfant. Or, le tempérament ne détermine, comme on le verra plus loin, que la rapidité et la force avec lesquelles un individu sait agir et penser. L'enfant traverse ensuite la période d'imitation. C'est à ce moment qu'apparaissent ses attributs les plus essentiels : ses habitudes et ses coutumes se précisent et il apprend à parler. Il est de fait que la présence d'un enfant dans une famille devrait forcer ses aînés à travailler d'une façon sérieuse à leur perfectionnement ; c'est surtout dans le sens de la vérité, de la franchise et de la droiture que celui-ci devrait se faire. Supposons en effet qu'une mère aimante se préoccupe du développement de son enfant ; elle sait d'ailleurs, par expérience, que les qualités de ce dernier sont déterminées par les actes et les raisonnements des personnes qui l'entourent. Peut-elle faire autrement, que de veiller attentivement à chacun de ses actes et à chacune de ses paroles ! Elle évitera avec soin d'agir d'une façon arbitraire et respectera dans son enfant la dignité humaine. Cette manière de vivre devra nécessairement contribuer à son propre perfectionnement. De plus, l'accord qui existera chez elle, entre les paroles et les actes, habituera son enfant à n'avoir jamais recours à des artifices, mais à être toujours véridique et sincère. Un fondement solide sera posé de cette façon et un homme d'un caractère moral se développera par la suite de cet enfant. Lorsqu'on pénètre plus avant dans la nature intime de l'homme et lorsqu'on considère les circonstances qui influent sur le développement de cette nature, on s'aperçoit que ce sont les actes et non les paroles des personnes qui entourent un enfant, qui comptent le plus. C'est en donnant l'exemple de l'amour du travail, d'une vie laborieuse et de la véracité, qu'un pédagogue contribue surtout, au développement moral de son élève. Tel est le résultat, ce nous semble, auquel devra amener l'étude des matériaux que nous avons accumulés dans le présent livre. Nous pensons avoir montré également l'influence qu'aura nécessairement une mère intelligente, sensée, vraie et aimante. Lorsque les soins donnés à l'enfant sont devenus conscients dans une société, nous sommes en droit de conclure que celle-ci a atteint un haut degré de perfectionnement. Cela prouve, également, que l'instruction donnée à la femme et le développement moral de cette dernière qui en découle sont déjà d'un ordre élevé. En supposant que ce livre fasse disparaître, dans une certaine mesure, l'arbitraire avec lequel on traite l'enfant aujourd'hui, en supposant que nous ayons réussi à prouver la nécessité de respecter dans celui-ci la personne humaine, nous dirons que nous avons atteint notre but complètement.

Il nous reste à remercier M. Sibiriakoff du concours obligeant qu'il a bien voulu nous prêter pour la publication de ce livre.

P. LESSHAFT.

Saint-Pétersbourg,
    Le 20 juin/2 juillet 1893.

PREMIÈRE PARTIE

DES DIVERS TYPES D'ENFANTS

QU'ON TROUVE DANS LES ÉCOLES

(ÉTUDE D'ANTHROPOLOGIE)

INTRODUCTION

Le pédagogue qui entreprend de diriger une école est essentiellement tenu *d'entendre* les éléments de la psychologie. Armé d'une connaissance intime de la nature de l'enfant, il doit avoir une idée aussi nette que possible des facultés psychiques de ce dernier. Il ne doit pas ignorer, non plus, les différences individuelles qui s'observent dans la nature de chacun de ses élèves. Faute de savoir, en effet, comment se fait le développement intellectuel et moral de l'homme, il pourra être pris au dépourvu lorsque le caractère, en voie de formation, de son élève se produira par un trait quel qu'il soit. Ajoutons que les causes réelles des diverses actions de ce dernier lui échapperont toujours. De plus, il perdra de vue le rapport étroit qui existe entre la nature de l'enfant et le milieu où celui-ci a vécu avant d'entrer à l'école. En d'autres termes, il ne saura pas tenir assez compte de l'influence qu'a pu avoir sur son élève la discipline à laquelle ce dernier a été soumis dans la famille.

Il n'est pas moins important que le pédagogue ait une conception nette de ce que veut la règle scolaire lorsqu'elle impose à un enfant un devoir. C'est avec l'attention la plus suivie qu'il doit observer enfin l'influence que cette règle exerce sur chacun de ses élèves en particulier. Que de fois, en effet, nous avons vu avoir recours dans la famille, comme à l'école, à certains moyens pédagogiques dont on ne comprenait pas assez la portée. Or ce mode *inconscient*, pour ainsi dire, de contribuer au développement de l'enfant, a toujours pour celui-ci des conséquences très graves. Celles-ci pèseront peut-être sur lui pendant tout le cours de sa vie ultérieure.

Lorsqu'ils ont échoué dans leur tentative d'éducation, la plupart des pédagogues viennent incriminer l'*hérédité*, cette cause à laquelle on attache tant d'importance de nos jours. D'autres fois ils accusent la *corruption innée* de certains enfants, ou bien ils s'excusent en invoquant des causes obscures qu'ils n'ont pu ni prévoir ni écarter.

En examinant les motifs d'une action commise par un adulte, on a assez l'habitude de tirer des conclusions à la légère. Cette même manière d'agir est souvent appliquée par des pédagogues à un enfant si jeune, que c'est à peine s'il a atteint l'âge d'aller à l'école. Voilà pourquoi, loin de chercher pourquoi un enfant a contracté de mauvaises habitudes ou commis un acte immoral, on se borne souvent à le blâmer ou à l'accuser.

Ce mode de faire ne prouve qu'une chose : l'*impuissance* du pédagogue à trouver les motifs psychiques qui forment le fond de toute action humaine. Par défaut d'attention et par ignorance surtout on s'empresse d'admettre l'existence de mauvaises inclinations *innées;* on fait des discours éloquents sur les enfants corrompus et incorrigibles. Comme si cette corruption était venue d'elle-même et comme si l'enfant en était responsable! L'influence des parents ou des maîtres qui ont dirigé l'enfant restant ainsi dans l'ombre, on ne comprend pas que la « corruption » de l'enfant n'est que le résultat du système d'éducation qui lui a été appliqué à l'école ou dans la famille. Ce qu'il y a de plus triste, dans un pareil état de choses, c'est que ce sera l'enfant qui en portera la peine plus tard. Nous considérons que si celui-ci devient plus tard un homme corrompu ou impuissant au point de vue intellectuel, la faute n'en est pas à sa nature. Bien au contraire, ce sont les fautes commises par ceux qui l'ont dirigé qui lui ont préparé cet avenir si sombre. Rien ne nous prouve qu'à sa naissance il était déjà borné au point de vue intellectuel et moral.

On sait qu'en matière d'éducation il est généralement admis, à l'école comme dans la famille, que le mot « élever » est synonyme de « menacer », « punir », « châtier ». Il en sera toujours ainsi tant qu'on se bornera à suivre aveuglément la routine. On oublie le « connais-toi toi-même », on ne s'habitue pas à relier chaque cause à son effet et à se rendre compte de chacun de ces actes. Tant qu'il en sera ainsi, l'ancien système de contrainte dominera dans l'école comme dans la famille.

Nous nous sommes proposé, dans cette étude, de décrire les divers types que présentent les enfants au moment de leur entrée à l'école. Nous avons cherché ensuite à faire voir le lien qui existe entre les conditions dans lesquelles ces enfants se sont trouvés dans la famille et les attributs principaux qu'ils présentent au point de vue moral et intellectuel. Les résultats de nos observations sont encore très incomplets ; nous nous sommes décidé, néanmoins, à les présenter sous la forme de cette étude anthropologique. Ce que nous voudrions surtout, c'est que de nouvelles recherches soient faites dans le même genre, de façon à vérifier et à compléter nos observations s'il y a lieu. Nous espérons qu'on arrivera ainsi à comprendre les divers types d'enfants qu'on trouve dans l'école et dans la famille. Avant d'entrer plus loin dans notre sujet, nous jugeons utile de définir, aussi nettement que possible, le sens de quelques expressions.

Les actes *réflexes* sont les actes les plus simples, déterminés par l'irritation d'une partie sensible de notre corps. Quant au mot « sensibilité », il indique la faculté qu'ont certaines parties de l'organisme vivant de *réagir sur les irritations extérieures*. L'acte réflexe consiste en son ensemble : 1° dans une irritation de la partie sensible (peau, divers tissus et organes) ; 2° dans la transmission de cette irritation par l'entremise d'un conducteur au point où ce conducteur se termine (substance grise des cornes postérieures de la moelle, portion externe de la surface supérieure du bulbe, cervelet, ganglions de la base du cerveau, ganglions du g. sympathique). Ce sera là le bout central du conducteur en question ; 3° après avoir traversé de nouveaux conducteurs issus des points centraux que nous venons de nommer, une irritation est portée vers d'autres centres nerveux (substance grise des cornes antérieures de la moelle, portion interne de la surface supérieure du bulbe, cervelet, ganglions de la base du cerveau et ganglions du g. sympathique), et enfin 4° elle traverse un nouvel ordre de conducteurs pour se rendre aux muscles et y déterminer une contraction[1]. C'est ainsi que se termine l'acte réflexe, qui est l'acte le plus simple de tous nos actes psychiques. Si nous l'examinons dans son essence, nous trouvons qu'il n'est pas rationnel; en effet, l'irritation initiale a eu pour conséquence une série de mouvements désordonnés (qui n'ont aucun but déterminé). L'intensité seule de ces mouvements correspond à l'intensité de l'irritation. Lorsque, au contraire, une excitation ou une irritation reçue par une partie sensible pénètre jusqu'à un centre conscient et devient habituelle, elle donne lieu à un acte qui a un but déterminé, qui est rationnel, par conséquent (acte réflexe-rationnel ou réflexe-expérimental). C'est ce qu'on appelle, en général, chez l'homme, des actes instinctifs. Il suffit d'observer, sans parti pris, un enfant qui vient de naître pour constater que les choses se passent exactement comme nous venons de le voir. Lorsque nous étudierons plus tard, pas à pas, le développement du nouveau-né, nous aurons l'occasion de prouver les affirmations que nous venons de poser. Ajoutons ici que les conducteurs jouent un rôle absolument passif par rapport à l'impression qui les traverse; la direction dans laquelle ils transmettent cette dernière, dépend uniquement des parties dont ils tirent leur origine et de celles dans lesquelles ils se terminent. Les conducteurs qui partent d'une partie sensible ne peuvent que transmettre des irritations reçues par ces dernières; quant à ceux qui se terminent dans les divers organes, ils ne peuvent que transmettre à ces derniers les irritations qu'ils ont reçues. Ajoutons que ces conducteurs semblent se terminer toujours dans des muscles; ils ne peuvent donc qu'y amener une contraction.

Si après avoir traversé un certain nombre de conducteurs et de centres nerveux, une irritation a donné lieu à des mouvements

---

1. D'après les recherches qui ont été faites dans ces dernières années, l'irritation qui détermine l'acte réflexe peut pénétrer dans les cornes antérieures, sans passer par les cornes postérieures. Celles qui traversé ces dernières, au préalable, passe, évidemment, par des centres qui sont en rapport avec les centres conscients.

désordonnés (réflexes), c'est qu'elle n'a pas été *perçue*. Elle a donné lieu, en pareil cas, à un acte inconscient. Si, au contraire, les mouvements qu'elle a déterminés sont rationnels (réflexes-rationnels), c'est qu'elle est devenue habituelle et qu'elle a passé à l'état de sensation *perçue*. Voici comment, nous pourrions décomposer l'ensemble de l'acte réflexe-rationnel : 1° l'irritation qui lui a donné lieu atteint le centre de la réceptivité objective ; 2° elle passe au centre de l'activité objective, et 3° elle se manifeste par une action (mouvement).

Lorsqu'une irritation agit d'une façon graduelle et successive, elle est portée plus loin et elle est transmise aux hémisphères du cerveau. Arrivée au centre conscient ou subjectif, elle prend la forme d'une sensation, ou d'un sentiment (plaisir ou souffrance) ; elle se manifeste en pareil cas, par un désir ou une volition. Cet acte conscient doit être précédé, lui aussi, d'une irritation périphérique (peau, tous les tissus et tous les organes du corps). Cette irritation est transmise au centre de l'action de recevoir l'objectif (substance grise de la moelle, du bulbe, du cervelet et des ganglions de la base du cerveau) ; puis au centre de l'action de recevoir le subjectif, où elle se manifeste sous la forme d'une sensation ou d'un sentiment. Ces derniers sont le résultat d'une irritation transmise jusqu'au centre conscient (substance corticale du cerveau) ; des irritations qui diffèrent l'une de l'autre (par leur force et leur qualité) déterminent ici (dans le centre de l'action de recevoir le subjectif) la comparaison et, comme conséquence, la pensée ou le jugement. Transmise plus loin, aux centres psycho-moteurs, l'irritation qui nous occupe passera à l'état d'un désir ou d'une volition. Ce dernier pourra se manifester par un mouvement. Il importe de ne pas oublier que les conducteurs ne transmettent une irritation que dans une seule direction et jamais en sens inverse.

Lorsqu'une irritation est portée du centre à la périphérie, par un conducteur qui se termine dans un muscle, elle ne saurait donc déterminer autre chose qu'une contraction musculaire. Quant aux conducteurs qui transmettent ce qu'on appelle le sens musculaire, ils prennent leur origine dans les muscles ; c'est là leur bout périphérique.

Il importe de distinguer dans le centre conscient, celui de la Raison et celui du Jugement. Le Jugement, d'après Kant, c'est la faculté qui nous permet de juger, ou de comparer (Vermögen der Urtheile) les diverses représentations qui nous ont été démontrées, ou que nous avons reçues d'une façon immédiate. Ce n'est qu'après avoir fait une pareille comparaison que nous arrivons à *connaître* ces représentations. C'est par le jugement que nous arrivons à la connaissance subjective des choses, c'est aussi grâce à cette faculté que nous pouvons acquérir de l'expérience. Les connaissances et l'expérience acquises de cette façon peuvent déterminer dans le centre psycho-moteur les désirs ou les volitions.

L'activité qui suivra maintenant sera encore imitative à tous les égards; elle n'aura aucune indépendance et ne sera pas créatrice, c'est-à-dire qu'elle n'ajoutera rien de nouveau aux images et aux représentations qui lui ont servi de base. Elle se borne à les comparer et à choisir entre elles celle qui convient le mieux à un but quel qu'il soit. Le siège du jugement se trouve, probablement, sur la portion convexe des hémisphères cérébraux; c'est là l'organe de l'action de recevoir l'objectif (Anschauung). En haut de la scissure de Sylvius, nous trouvons l'organe de l'action de recevoir la corrélation de l'espace (Organ der Raumanschauung-Flechsig); en bas de cette scissure, nous trouvons l'organe de l'action de recevoir la corrélation du temps (Organ der Zeitanschauung).

On donne le nom de Raison (Vermögen der Schlüsse) à la faculté qui nous permet de former des conclusions basées sur les thèses et sur les représentations claires qui nous sont fournies par le jugement. C'est là la faculté qui donne la possibilité de trouver les différences essentielles qui existe entre ces diverses thèses et les diverses pensées qui forment la base de ces thèses. C'est en faisant ensuite l'analyse et la synthèse de ces dernières que nous arrivons à l'*entendement* de nos connaissances. L'activité de la Raison se manifeste exclusivement par la pensée abstraite. Cette faculté se développe visiblement lorsqu'on se livre d'une façon persistante à une analyse lente, graduelle et successive des connaissances et des pensées qu'on s'est appropriées. C'est la Raison qui contribue à former les idées et les vérités générales, aux dépens des thèses particulières; c'est encore la Raison qui décompose les idées générales en leurs éléments. On retrouve ainsi une à une les représentations qui ont servi à la formation de ces idées générales. C'est ainsi que les idées sont vérifiées par la Raison et passent à l'état de vérités. On donne le nom de vérité à une idée qui correspond strictement aux attributs de l'image qui lui a servi de base, c'est-à-dire qui a donné lieu à sa formation.

La Raison seule peut provoquer un acte volontaire, indépendant et créateur, qui indique que les idées et les vérités qu'on s'est appropriées ont subi une modification. Le siège de l'organe de la Raison se trouve sur la portion convexe des hémisphères cérébraux en avant, au-dessous et en arrière du siège de la faculté du jugement. Les par   et la scissure de Sylvius, la circonvolution de Broca surtout, semblent être le siège de l'organe de la parole. C'est par la Raison que l'homme se distingue de la bête; celle-ci ne possède que le Jugement. La Raison ne se développe et ne devient active que dans certaines conditions; aussi un homme peut-il passer toute son existence sans que cette faculté se soit développée chez lui. Les organes de la vie végétative (organes de digestion, de la respiration, de la sécrétion et de la génération) sont soumis à des irritations, aussi bien que la surface extérieure sensible et les diverses parties des organes du mouvement (tous les organes de la vie animale, en général). Remarquons, cependant, qu'une irritation qui pénètre par les organes de la vie végétative rencontre sur son chemin plus d'obstacles; elle a plus de peine à pénétrer jusqu'aux centres nerveux conscients. Une fois qu'elle les a atteints, elle se manifeste aussi par une *sensation* qui pourra devenir une *passion*, à moins que l'intelligence ne vienne s'interposer. La passion n'est autre chose qu'un désir qui a pris racine et qui est devenu importun.

En fait de propriétés des tissus vivants, nous connaissons la nutrition, le mouvement et la sensibilité. La première consiste en une dépense et en une accumulation constante de matériaux; cet échange de matières nutritives devient plus énergique dans un organe toutes les fois que, grâce à une irritation qu'il a reçue, il entre en activité. Si cette activité est exagérée, elle produit en s'accumulant une irritation qui est portée vers les centres conscients;

arrivée en ce point, cette irritation prend la forme d'une sensation qui peut présenter des nuances. Ce peut-être un *plaisir* ou une *souffrance*. Une sensation est, par conséquent, un état de la conscience qui est le résultat de l'appréciation subjective qu'on a fait d'une impression. Les diverses sensations sont sous la dépendance du degré d'énergie qu'a l'activité d'un tissu. On donne le nom de travail d'un tissu au résultat auquel amène l'irritation de ce tissu. L'état dans lequel se trouve le tissu avant de commencer un travail est examiné par rapport à ce dernier au point de vue de la force, de l'énergie ou de la capacité dont ce tissu peut faire preuve pendant le travail. En d'autres termes, l'état d'un tissu est identique à l'énergie qui lui est propre.

Les sensations peuvent être divisées en sensations actives et en sensations passives.

Le plaisir positif se manifeste toutes les fois qu'il y a équivalence entre la dépense des matières nutritives et l'accumulation de ces matières, qui a eu lieu précédemment. Il correspond à la sensation de contentement qui accompagne tout travail, qui est proportionnel aux forces.

Le plaisir négatif se manifeste lorsqu'il y a équivalence entre l'accumulation de matières nutritives et la dépense de ces matières, qui a eu lieu précédemment. Il correspond au repos, à la restauraration des forces.

La souffrance positive correspond à un excès de dépense; celle-ci dépasse l'accumulation, qui a précédé. Elle se manifeste par la fatigue, l'épuisement et même l'exténuation des forces.

La souffrance négative correspond à un excès dans l'accumulation de substances nutritives. Elle apparaît par suite de l'absence de l'agent irritateur qui est devenu habituel. Elle se manifeste par un besoin d'action.

Quant à la manière dont nous exprimons nos sentiments par le jeu de la physionomie principalement : voici comment on pourrait l'expliquer : « On prend d'abord l'habitude de relier les contractions « des muscles qui entourent les organes des sens avec certaines « impressions; plus tard, on contracte les mêmes muscles lorsqu'on « se trouve sous l'influence du sentiment correspondant. La force

« de cette contraction et le nombre des groupes musculaires qui y
« prennent part est toujours directement proportionnelle à l'inten-
« sité de l'impression [1]. » Cette règle générale se vérifie dans chaque cas particulier et devient plus claire lorsqu'on a cherché des
exemples pour en faire l'application. Lorsqu'une émotion de l'âme
vient s'exprimer au dehors, nous voyons se répéter un jeu de la
physionomie et des mouvements que nous avions déjà observés. Ces
derniers sont dus à l'action immédiate d'excitations et d'irritations
qui sont venues agir sur notre corps, ou bien à des sensations qui
se produisent lorsqu'un organe de la vie animale ou végétale entre
en fonction. La sensibilité musculaire et celle qui est sous la dépendance des organes des sens peuvent être regardées comme des sensations principales ou primaires (Baine). Quant aux émotions de
l'âme, ce sont là des sensations d'un ordre secondaire (sensations
dérivées ou complexes). Voilà pourquoi leur expression au dehors
correspond toujours aux sensations concrètes (primaires) qui en
constituent les éléments. Elles donnent lieu, en pareil cas, aux mêmes
mouvements que les sensations simples qui ont contribué à leur
formation.

« Toute excitation ou toute irritation venue du dehors est trans-
« formée en une contraction musculaire ou en un travail de l'intel-
« ligence. » Ce dernier ne saurait se produire que si les voies qui
mènent au centre conscient sont libres. Pour que ce soit le cas il
faut qu'une mise en activité méthodique et progressive aient écarté
tous les obstacles qui se trouvent sur ce parcours.

Étant donné la marche progressive et méthodique suivant laquelle
se fait le développement des facultés intellectuelles de l'enfant normal, nous pourrions admettre pour ce développement les périodes
suivantes :

1° *Période du chaos*. Elle correspond au nouveau-né.

2° *Période réflexe-rationnelle*. Elle se prolonge jusqu'à ce que
l'enfant commence à avoir l'usage de la parole, — jusqu'au

---

1. P. Lesshaft. « Du lien générateur qui existe entre l'action des muscles qui entourent
les organes des sens et le jeu de la physionomie. » Moscou, 1881. *Annales de la société
de l'Ethnographie, de l'Anthropologie et des Sciences naturelles*, publiées par l'Université
de Moscou.

commencement de la seconde année qui suit la naissance, par conséquent.

3° *Période de l'imitation concrète.* Cette période se prolonge jusqu'à ce que l'enfant ait atteint l'âge d'aller à l'école.

4° *Période de l'imitation abstraite.* Cette période se prolonge jusqu'à l'âge de vingt ans.

5° *Période critique-créatrice.* Cette période correspond à l'âge mûr et peut présenter des subdivisions.

Lorsque nous étudierons l'enfant normal (idéal), nous examinerons ces diverses périodes jusqu'à l'âge scolaire.

Voyons d'abord quels sont les divers types que peut présenter un enfant lorsqu'il entre à l'école. Nous examinerons en même temps le lien qui existe entre les circonstances de sa vie antérieure (dans la famille) et le développement chez lui des attributs qui permettent de le classer dans un des types que nous avons admis.

Voici quels sont les types les plus accusés parmi ceux que nous avons observés chez les enfants :

1° Le type hypocrite.

2° Le type ambitieux.

3° Le type débonnaire.

4° Le type hébété-mou.

5° Le type hébété-méchant.

6° Le type déprimé.

Examinons maintenant ces divers types d'enfants [1].

---

1. En se basant sur ce qu'il appelle leur état phsycho-nerveux, M. Sikorsky divise les enfants difficiles à élever (« Des enfants difficiles à élever », *Gazette clinique*, 1882, n° 25), en cinq types distincts. Les quatre premiers de ces types se distinguent principalement par leur manque de fixité au point de vue moral. Le cinquième type de M. Sikorsky comprend les enfants et les jeunes gens « insolents, effrontés, menteurs, cyniques, têtus, cruels, « égoïstes. D'autres fois ces enfants ne possèdent pas les défauts que nous venons d'énu- « mérer, mais ils sont rêveurs, portés à des actes héroïques, organisent des complots parmi « les enfants, cherchent à mettre la discorde entre leurs camarades, etc ». Il est difficile, suivant nous, de réunir en un seul groupe les enfants appartenant au cinquième type de M. Sikorsky, et il n'est pas moins difficile de distinguer l'un de l'autre les quatre premiers groupes. Dans le premier de ces groupes nous trouvons les enfants « à système psycho- nerveux facilement excitable » et dans le quatrième les enfants « agités-mobiles. » Ajou- tons que lorsqu'on parle de l'école, il importe de savoir se placer à un point de vue objectif.

I

DU TYPE HYPOCRITE

Lors de son entrée à l'école, l'enfant hypocrite est affable et plein d'attentions pour tout le monde; plus tard, il ne l'est que pour ceux dont il espère obtenir quelque chose. Il se rapproche de ces derniers de plus en plus; il cherche à leur être agréable et devine même leurs désirs. A la moindre occasion, il fait des caresses à ses professeurs et à ses maîtres d'études; il les embrasse même (les petites filles surtout). Prenant un air timide, il témoigne de son attachement pour eux. Il leur parle très volontiers du *bien* et cite, à tout propos, des sentences de morale qu'il a apprises par cœur. Pendant ces discours, adressés à ses maîtres en général, il a soin de les regarder bien en face. C'est surtout lorsqu'un de ses camarades a commis une faute qu'il se livre à des conversations de ce genre. Avec tout cela, il a quelquefois l'air si bon enfant, si ingénu et si franc que tout le monde s'intéresse à lui. En classe, il a une attitude tout à fait modeste; ce n'est qu'en levant la main qu'il fait voir au maître qu'il est prêt à répondre à une question ou à résoudre un problème. Souvent mauvaises, ses réponses ne sont en général que la répétition des paroles du maître qu'il a réussi à retenir. L'enfant hypocrite apprend bien, au commencement; il *fait* à perfection tout ce qu'on lui demande de faire; mais cela ne dure pas longtemps.

Il se trouve bientôt que ce charmant enfant n'est pas aimé de ses condisciples. Ce fait surprend l'instituteur, qui l'attribue d'abord aux artifices des mauvais élèves. En effet, c'est de la part de ces derniers que sont venus les premiers griefs. L'enfant hypocrite se tient de plus en plus à distance des autres élèves de sa classe, tout en restant, parfois, le favori du maître. Le voyant opprimé et persécuté, celui-ci s'attache de plus en plus à le défendre. Étant devenu ainsi plus intime avec son maître, l'enfant hypocrite lui rapporte, comme par mégarde, certains actes de ses camarades et les fautes qu'ils ont commises. D'autres fois, il les lui raconte ouvertement.

Dans ses rapports avec ses inférieurs, les domestiques surtout, l'enfant hypocrite prend des airs importants; il est même insolent et hâbleur. Il cherche à humilier ceux qui l'approchent et se vante constamment de sa richesse et de sa position. Il invente toutes sortes de contes. Quant aux personnes qui l'entourent, il leur reproche, à l'occasion, la bassesse de leur naissance et leurs mauvaises qualités.

La jactance est un défaut qu'on rencontre souvent chez l'enfant hypocrite. Lorsqu'il lui arrive d'avoir des relations avec des personnes de naissance et qui jouissent d'une grande autorité, il ne manque pas de s'en vanter. L'attitude humble qu'il prend vis-à-vis de ces dernières est voisine de l'idolâtrie. Il mène souvent une espèce de journal où il marque une rencontre, un mot ou une notice de journal relative à une de ces personnes. Rien ne lui échappe à cet égard. Il imite ces personnes volontiers. Tous ces actes, qui ne sont nullement raisonnés, n'ont pas pour base un sentiment vrai. Ce n'est qu'une adoration purement aveugle. Quant à l'imitation, faite avec beaucoup de présomption, ce n'est qu'une répétition d'impressions qui sont restées chez lui à la surface.

Mettant à profit la sympathie qu'ont pour lui ses maîtres, l'enfant hypocrite trouve des prétextes pour négliger ses devoirs. Tantôt il avoue nettement qu'il n'a pas envie de travailler, et on lui tient compte de sa franchise; tantôt il se dit malade. Il exprime son chagrin d'être obligé de manquer ses classes, et il a vraiment quelquefois l'air soucieux et peiné en pareil cas.

Il invente souvent des maladies dans le but de se faire plaindre et d'obtenir ce dont il a envie. Tantôt il tousse et crache le sang, — c'est des gencives qu'il s'ingénie à tirer celui-ci; tantôt il simule des faiblesses et même des crises de nerfs. Tel est l'ensemble de moyens auxquels cet enfant a volontiers recours (ce qu'il fait très souvent).

Deux mois avant le jour fixé pour son examen, un de ces enfants déclara à son maître d'études que sa vue avait baissé. Il se heurtait aux objets et aux personnes, et c'est lorsqu'il y avait beaucoup de monde pour le voir que pareille chose lui arrivait surtout. Il finit par dire qu'il n'y voyait pas du tout. On le mena en consultation chez des spécialistes qui l'examinèrent et admirent la cécité comme possible en pareil cas. Comme cause, ils invoquèrent une grande faiblesse, l'anémie, etc. Ses parents furent immédiatement avertis. Comme ces derniers connaissaient le défaut de leur enfant, ils ne furent pas sa dupe. Ils lui infligèrent une correction. Celle-ci lui fit recouvrer la vue aussitôt.

Les petits objets disparus chez des élèves se retrouvent souvent chez ce genre d'enfants, qui sont les favoris du maître. S'ils ne cachaient avec tant de soin tout ce qui leur appartient, on dirait qu'ils n'ont pas la notion du tien et du mien. Ils l'ont pourtant; ils sont même avares dans une certaine mesure. Avides parfois, ils font souvent une collection d'objets qui leur sont absolument inutiles. Si un objet leur plaît par son éclat, sa couleur ou son goût, ils ne peuvent pas s'empêcher de le prendre. En général, il aime mieux dérober ce dont il a besoin que de le demander.

Peu à peu l'instituteur s'aperçoit que son favori n'est pas sans défauts : il l'examine, en se plaçant à un point de vue objectif, et le voit bientôt sous un tout autre jour. De son côté, l'enfant hypocrite comprend qu'il est inutile de chercher à plaire au maître; cela suffit pour qu'il ne se soucie plus de rien. Il se montre maintenant tel qu'il est en réalité. La crainte seule d'être puni peut le forcer dorénavant à remplir les exigences du maître. Toutes les fois qu'il ne craint pas une punition, il ne les remplit pas. Il s'en tire par un mensonge au besoin. Ajoutons qu'il ment sans qu'il y ait même nécessité de le faire, et cela avec l'air le plus candide. Soupçonné d'avoir altéré la vérité, il ne fera jamais des aveux, quand même on lui donnerait un démenti formel. La crainte seule d'un châtiment peut le forcer à s'exécuter. Il accumulera plutôt une fiction sur un autre. S'il ne peut venir à bout de persuader ses supérieurs, il se mettra à pleurer, en se plaignant de l'injustice de ceux qui l'entourent. Le mensonge est le trait le plus caractéristique de cet enfant. L'intérêt personnel étant le seul mobile de ses actions, il ne prend jamais en considération les besoins et les souffrances des autres, — les personnes qui le touchent de plus près non exceptées. Après avoir infligé un tourment ou une souffrance à un de ses proches, il s'endort du sommeil des justes, comme s'il n'y était pour rien. Il n'est attaché ni aux hommes ni aux choses : aussi change-t-il volontiers de milieu et d'entourage. Transporté ailleurs, il redeviendra le favori et retrouvera les avantages qu'il vient de perdre. Si, dans son nouvel entourage, il trouve des gens bons, mous et faibles, il aura une suffisance sans pareille; il aura l'air de tout savoir et fera la leçon à ses aînés. Il exploitera ceux qui l'entourent autant qu'il lui sera possible. Bientôt il disposera d'eux sans cérémonie et deviendra leur tyran et leur maître. Il n'a ni modestie ni délicatesse. Il ne connaît que son intérêt personnel, et c'est là le seul mobile de ses actions. La seule manière de prouver son affection pour une personne est de la défendre contre toute agression venue du dehors, ou d'empêcher qu'on ne lui enlève quelque chose. L'instant d'après, pourvu que son intérêt personnel l'exige, il pourra causer à la même personne un dommage beaucoup plus grand que celui qu'il a cherché à lui épargner.

L'enfant hypocrite n'est jamais aimé de ses camarades. Seuls, les enfants hébétés-mous sont quelquefois ses partisans; il les fait aller, leur distribue généreusement ce qui leur appartient en propre et les fait travailler ou répondre pour lui. Tous les autres élèves s'unissent de corps pour persécuter ce « renard », qui cherche à s'approprier le bien d'autrui. Vantard et insolent avec les inférieurs, lâche et flatteur avec les supérieurs, tel est en résumé, l'enfant hypocrite. A force de faire des mensonges, des cancans, des calomnies et des dénonciations il est devenu un camarade impossible.

Si la discipline scolaire reste sans influence sur un pareil enfant il pourra être exclu pour cause de paresse ou de stupidité. Plus tard, nous le rencontrerons dans la société, où il se présentera sous diverses formes : tantôt c'est un philanthrope jouant le rôle d'un bienfaiteur du genre humain; tantôt, c'est une victime ou un bigot, espèce de parasite des plus dangereux, sachant mettre à profit toute occasion lucrative. D'autres fois c'est un homme effronté et plein de suffisance et qui n'a rien de sacré. Comme il ne poursuit que son intérêt personnel il cherche avant tout de satisfaire ses instincts bestiaux.

Voyons comment un pareil caractère a pu se former dans la famille et comment il a pu y prendre une forme immuable, chose qui se voit souvent. Quelles ont été les conditions qui ont pu créer un pareil enfant? Que signifient les phénomènes que nous venons de voir et quel est le lien qui existe entre eux?

Nous avons pu étudier dans certains cas les conditions dans lesquelles de pareils enfants se sont trouvés avant l'école, et voici quelles sont suivant nous les causes principales qui les ont rendus tels qu'ils sont : d'une part, le mensonge habituel et l'hypocrisie des parents, adonnés à un genre de vie essentiellement pratique et occupés avant tout à gagner de l'argent avec facilité. Absorbés par des calculs mesquins d'intérêt, ces parents s'occupaient peu de leurs enfants qui grandissaient ainsi à l'abandon. Nous avons constaté de plus la mauvaise influence de l'hypocrisie imposée aux enfants, sous forme de cérémonies religieuses, dont ils ne peuvent pas comprendre la portée; l'absence totale de tout ce qui peut forcer l'enfant à être attentif et à réfléchir ou même une tendance systématique à écarter tout ce qui peut développer chez l'enfant cette faculté; la satisfaction des désirs de l'enfant lorsqu'il cherche à les obtenir par des caresses et des câlineries; la participation des enfants aux calculs et aux amusements de leurs aînés (jeu, débauches); l'obligation qui leur est faite d'une décence toute extérieure dans les paroles et dans les manières et cela au milieu d'un débordement absolu des mœurs, circonstance qui fait qu'il ne s'assimile que des sentences et des phrases. En résumé, lorsque, dès son berceau, un enfant est entouré par l'hypocrisie sous toutes ses formes et que rien n'éveille en lui la faculté de raisonner, son caractère deviendra celui de l'enfant hypocrite tantôt abandonné à lui-même, tantôt appelé à prendre part aux calculs et aux amusements de ses aînés, cet enfant s'habituera à aimer les uns et les autres. Plus tard, il aura recours à toute espèce de moyens pour se procurer ces délassements.

Passons aux liens qui existent entre les conditions que nous venons de voir et les attributs que présente l'enfant hypocrite, lorsqu'il entre à l'école.

Lorsqu'on observe un enfant nouveau-né on s'aperçoit facilement qu'il ne présente d'abord que des actes réflexes, aucun acte réflexe-rationnel ne peut être constaté encore. Nous reviendrons plus tard sur cette question et nous l'examinerons en détail. Bientôt, l'enfant s'apprend à distinguer dans cette masse de mouvements réflexes ceux qui, en donnant satisfaction à ses besoins naturels, peuvent écarter les causes d'irritation qui les ont amenés. Si on observe un nouveau-né sans aucune idée préconçue, on s'aperçoit aisément qu'il ne sait pas téter au commencement. Peu à peu, il remarque qu'en le mettant en rapport avec le sein de la nourrice et le lait qui s'en écoule une série de mouvements lui permet de faire cesser rapidement une cause d'irritation (la faim). Ses mains qui ne savaient exécuter, au début, que des mouvements désordonnés, apprennent à saisir et à retenir les objets avec lesquels elles sont souvent en rapport, — le sein de sa nourrice pendant l'acte de téter, par exemple. Ce sont là des phénomènes réflexes qui sont rationnels. Ces mouvements ont été choisis par l'enfant parce que les impressions et les irritations dont ils sont la conséquence étant plus fortes que les autres ont été perçues par le centre de l'activité consciente.

On peut dire que ces mouvements ont été choisis par expérience, après que les actes qui leur correspondent ont été répétés maintes et maintes fois.

Plus tard ces mouvements réflexes-rationnels, généralement appelés mouvements instinctifs, se produisent toujours à la suite d'une irritation ou d'une impression rapide, forte et inattendue. Lorsque l'enfant est arrivé à l'âge de parler, il se met à *reproduire* et à *imiter* en passant des phénomènes plus simples aux phénomènes plus complexes, tous les phénomènes que son ouïe et sa vue lui permettent d'observer. Nous reviendrons plus en détail sur cette question lorsque nous examinerons l'enfant dit normal. Parmi ces mouvements d'imitation l'enfant prend pour les répéter plus souvent ceux qui lui sont plus faciles, ainsi que ceux qui lui sont plus utiles. Ces derniers sont ceux qui flattent le mieux sa sensualité; à force de répéter tous ces mouvements, il finit par se les mieux approprier. Pour peu qu'on ajoute à ces impressions habituelles, d'autres impressions plus complexes, qui lui procurent une sensation agréable, il ne pourra plus se passer de celles-là, non plus. Afin de le calmer, on sera forcé non seulement d'y revenir, mais encore de les rendre plus fortes à chaque fois. Si vous prenez un nouveau-né dans vos bras par exemple, si vous le bercez ou bien si vous chantez d'une façon monotone pour l'endormir plus vite, il s'y habituera si bien, qu'il ne pourra plus s'endormir qu'à ce prix. Il sera fatigué (hypnotisé) plus vite, par cette monotonie du mouvement ou du son et ne s'endormira plus, sans cette irritation nouvelle. Si on ajoute du sucre au lait maternel et si on le fait boire à l'enfant, il exigera la prochaine fois l'addition de ce même agent irritateur nouveau. La faim, seule, pourra le forcer à prendre le sein.

La période d'imitation se prolonge assez longtemps chez l'enfant ; c'est à ce moment surtout que se forment les habitudes et les manières d'agir qu'il aura plus tard. S'il est abandonné à lui-même, il ne saurait résoudre toutes les questions qui se présentent en grand nombre à son esprit ; il ne prend donc pas l'habitude d'examiner ces questions et de les approfondir. C'est par les larmes et les cris qu'il cherche à obtenir tout d'abord ce dont il a envie. S'il s'aperçoit que les larmes ne lui procurent qu'une sensation déplaisante et que c'est par des caresses et des flatteries qu'il arrive plus sûrement à ses fins, cette expérience lui profite et il change très vite de système. Si ses aînés disent une chose en face et une autre par derrière, s'ils se vantent même d'avoir atteint de cette façon quelque profit, il n'est pas étonnant qu'il se le tienne pour dit et qu'il les imite. On pense, en général, que l'enfant est trop sot pour comprendre et qu'il est facile de le tromper ; il ne l'est pourtant pas assez pour n'être pas à même de comparer ce qu'il entend avec ce qu'il voit et ce qu'il touche. C'est ainsi que se forme chez lui la conception de ce qui est vrai et de ce qui ne l'est pas. Si on lui dit que sa mère n'est pas à la maison et s'il l'aperçoit par hasard au même moment, il pourra en faire autant la prochaine fois. Si quelque chose lui déplaît, il pourra déclarer, lui aussi, qu'il n'est pas à la maison. Plus on le trompe, plus le désaccord est grand, dans sa famille, entre le mot et le fait, moins il distinguera les signes du vrai. Il se mettra d'autant plus facilement à ne dire que ce qui lui est plus utile. Il importe de ne pas oublier qu'au début l'enfant n'a que des impressions qu'il reçoit par l'intermédiaire de ses sens. Il n'agit qu'en vertu de ces impressions toutes concrètes, aussi ne fait-il que ce qui lui est agréable. Quant à ce qui lui est désagréable dans une certaine mesure, il l'évite tant qu'il peut.

On a l'habitude de cacher beaucoup de choses aux enfants. Or il peut arriver qu'un enfant s'aperçoive que ses aînés se servent d'un objet qu'on ne lui donne pas; sa curiosité est éveillée en pareil cas. Dès qu'il en trouve l'occasion il s'approprie l'objet en question; il recommence ensuite toutes les fois que cela lui est possible. S'il est pris en flagrant délit et s'il est châtié, il verra par expérience qu'il faut être plus prudent. Il le sera aussi une autre fois et s'arrangera pour n'être pas pris sur le fait. Il deviendra de plus en plus rusé. Le châtiment qu'il a subi n'a pu lui faire saisir les signes objectifs *du vrai* : c'est tout au plus s'il lui a fait voir que le mal c'est d'être découvert. Il en aura déduit que le *bien* c'est de n'être jamais pris en faute. De plus il ne se gênera pas pour user de représailles et faire du mal à quelqu'un s'il en trouve la possibilité.

Nous avons eu l'occasion de voir une mère qui s'occupait fort peu de l'éducation de ses enfants; elle en avait beaucoup. Ces pauvres êtres grandissaient à l'abandon, souffrant de la faim quelquefois et subissant toutes sortes de privations. Il arrivait d'autres fois qu'on les gorgeait de friandises et qu'on les encombrait de joujoux inutiles. Leur mère aimait surtout à s'en débarrasser en les renvoyant dans une pièce écartée; arrivés là, ils pouvaient faire tout ce qui leur passait par l'esprit. Si quelques-uns d'entre eux faisaient trop de bruit, on les déshabillait et on les mettait au lit; puis il leur était permis de crier jusqu'au moment de s'endormir. Si ces cris duraient trop longtemps, la tête du coupable était mise sous le robinet du conduit d'eau, et on versait de l'eau dessus hiver comme été. Ces enfants connaissaient tous les petits arrangements et tous les calculs de leur mère; ils donnaient même des conseils lorsqu'il s'agissait de se procurer quelque chose à peu de frais. Ils recevaient souvent les cadeaux qu'on apportait à leur mère et avaient même pris l'habitude de s'en faire donner. Créature froide et sans cœur, leur mère se vantait souvent, en présence de ses enfants, des richesses qu'elle pensait avoir dans l'avenir. Ses enfants, âgés de cinq à quatorze ans, présentaient le type des enfants hypocrites d'une façon très accusée; on aurait pu copier sur eux ce genre de type dans ses traits les plus accentués.

Si on observe de près l'enfant hypocrite et si on examine posément ses actions, on s'aperçoit que celles-ci sont le plus souvent *réflexes-rationnelles*. Rien ne l'arrête, rien ne le force à rentrer en lui-même se laissant diriger par le hasard. Il agit d'une façon immédiate par impulsion. S'il en trouve l'occasion, il saisit tout objet brillant, à couleurs éclatantes, qui produit une impression agréable sur son sens de la vue ou sur celui du toucher. S'il ne peut pas le prendre ouvertement, il le dérobe. Attrapé sur le fait, il rend l'objet et témoigne un chagrin très vif; il se met même à pleurer. Il reconnaît qu'il est fort mal de prendre le bien d'autrui et promet de ne plus recommencer. Il manifeste d'autant plus de chagrin et de remords qu'il sait que c'est là un moyen d'échapper à une punition. L'instant d'après il recommence, néanmoins. Dans les cas, au contraire, où il ne craint pas d'être puni, il ne fera jamais des aveux quand même il serait pris sur le fait. Il tombera de contradiction en contradiction, mais il soutiendra envers et contre tous qu'il n'est pas coupable. Au moindre soupçon il s'offensera et, prenant la chose au tragique, il se posera en victime. Il prétendra qu'on l'offense par des soupçons injustes et sans fondement. Il induit ainsi à chaque instant en erreur ceux qui l'entourent, et cela sans avoir au fond de mauvaises intentions; ce qui lui manque d'une façon essentielle, c'est d'avoir une conscience nette de ses actes. Incapable de concentrer son attention ou d'analyser quoi que ce soit, il fait souvent illusion à son maître en répétant des phrases. Le sens réel d'une explication ou d'une lecture lui échappe toujours, mais il peut souvent en rendre la forme la mémoire aidant. Il se sert, en pareil cas, des mêmes expressions que celles qu'il a entendues. D'une façon générale il saisit rapidement tout ce qui est pure forme, les divers procédés de résoudre un problème, par exemple; mais pour peu qu'on lui pose la même question dans d'autres termes ou qu'on le force à raisonner sur les opérations qu'il vient de faire, il sera mis dans l'embarras le plus extrême. Un enfant de ce genre fait quelquefois plaisir au maître par une bonne réponse; d'autres fois, au contraire, il le met au désespoir en se montrant d'une ignorance profonde. La facilité avec laquelle il saisit tout ce qui n'est que pure forme lui permet de réussir un peu dans les arts et dans les métiers; encore ne peut-il ici, comme ailleurs, que copier ou imiter. Quant à la persévérance, elle lui fait totalement défaut. Sa faculté d'imiter est très grande; il peut très bien vous décrire, dans leurs plus menus détails, les personnes et les événements qu'il vient de voir. Lorsqu'il parle il n'approfondit jamais un phénomène; ses yeux passent d'un objet à un autre comme s'il était en quête d'impressions nouvelles. Pendant ce temps il est sûr de remarquer tout ce qui peut lui être utile.

Il est rare qu'il regarde son interlocuteur bien en face; très tranchée chez lui, pendant l'enfance, cette habitude s'accentue davantage lorsqu'il a atteint l'âge mûr. C'est là un trait des plus frappants parmi ceux qui appartiennent au type hypocrite.

C'est par des qualités toutes extérieures que de pareils enfants se font surtout remarquer. Toutes ces qualités, telles que l'amour de la parure, la vantardise, prouvent qu'ils ne réfléchissent pas assez sur la portée de leurs actes et de leurs paroles. Ils se bornent à retenir d'abord et à imiter ensuite ce qui a surtout produit sur eux de l'impression. On voit ici, encore une fois, que plus un individu manque de qualités réelles, et plus il cherche à se faire valoir par des qualités purement extérieures. Tous les actes de pareilles personnes n'ont qu'un seul but, celui d'attirer sur elles, par leur extérieur, l'attention publique. Voilà pourquoi elles se mettent des toilettes éclatantes, ou se vantent de leurs relations mondaines. En se prêtant ainsi des qualités imaginaires, elles cherchent à se donner une importance plus grande.

La mémoire de l'enfant hypocrite est peu développée; il n'a pas l'habitude d'approfondir les impressions qu'il reçoit et de se les assimiler. Il ne s'assimile que ce qui le frappe vivement ou ce que la variété des impressions qu'il reçoit lui rend plus facile à retenir. La région de l'Idée abstraite se trouve au delà de celle des impressions directes; elle ne peut être atteinte que par un effort persévérant de la Raison. Il s'agit avant tout d'apprendre à grouper ensemble les images concrètes semblables et à séparer celles qui sont dissemblables. C'est de cette façon qu'on parvient à s'enrichir de connaissances. Un travail plus assidu encore de l'Intelligence nous permettra de faire l'analyse et la synthèse des connaissances que nous avons acquises et des résultats auxquels ces connaissances nous amènent. Nous entrons ainsi peu à peu dans le domaine des notions et des idées abstraites. C'est là un acte psychique très complexe que les individus qui nous occupent sont absolument incapables de faire. Comment le pourraient-ils d'ailleurs, lorsqu'ils sont incapables de concentrer leur attention même sur une impression directe !

Combien de gens ne savent voir dans une œuvre littéraire que sa forme extérieure ; quant au type auquel appartiennent les différents personnages ; quant à l'idée abstraite qui domine l'œuvre, ils sont absolument impuissants à les saisir. Ils ne pourront donc pas plus tard trouver ce type ou dégager cette idée dans leurs diverses manifestations[1].

Inutile de dire que lorsque l'enfant qui nous occupe sera devenu jeune homme les qualités morales lui feront absolument défaut. Il n'aura ni idéal, ni religion et ne connaîtra rien de sacré. L'éducation qu'il a reçue ne l'a d'ailleurs pas préparé à comprendre la vérité et à aimer ses semblables. Il ne cède qu'à la force qu'il craint, ainsi que la douleur ; il est prêt même à s'humilier devant elle. Égoïste et ne cherchant que son intérêt personnel, il n'est pas hospitalier ; lorsqu'il fait l'amphitryon, c'est toujours aux dépens d'autrui, et encore commence-t-il, en pareil cas, par contenter ses propres besoins. Il n'a d'attachement pour personne ; aussi est-il

---

1. En étudiant la vie de certains peuples, nous pouvons voir combien le formalisme dans les rites, par exemple, peut obscurcir le sens intime des choses. Ainsi les Chinois ont pour toute circonstance de la vie des prières toutes faites, dont le réalisme est frappant. L'idée abstraite fait ici absolument défaut. En voici un exemple : au moment de célébrer un mariage, on fait la prière suivante : « Telle date, de telle année et de tel mois, « le fils ou le petit-fils d'un tel se permet de faire savoir à son aïeul, un tel, qu'il vient de « se conclure dans la famille un mariage, ce rite si important pour le maintien d'une race. « Mon fils, un tel, s'est marié en noces légitimes, à telle date. Je me permets de présenter « sa jeune femme à mes aïeux et je les supplie humblement de lui prêter une attention « favorable. Puissent-ils lui octroyer de longs jours bien heureux ! puissent-ils conserver sa « maison et ses parents ! puissent-ils enfin réjouir sa vue par une postérité nombreuse ! « C'est en toute humilité que je le fais savoir à qui de droit. » *Œuvres des membres de la mission russe à Pékin*, Saint-Pétersbourg, 1858, t. III.

On trouvera cet exemple suffisant, sans doute.

impossible de remarquer, en lui, une nuance de chagrin, lorsqu'il quitte les siens. Il est même joyeux, s'il espère se trouver dans des conditions d'existence meilleures. De même que tout sentiment profond et sincère, le sentiment du respect d'autrui et celui du devoir lui sont étrangers. Telle est la conséquence nécessaire d'ailleurs, de tous ses défauts, que nous avons énumérés plus haut. Il ne saurait en être autrement, vu la façon dont il comprend la vérité, le bien et le mal.

L'inconstance, la versatilité et l'hypocrisie des gens qui l'entourent sont les seules circonstances qui contribuent à la formation du type hypocrite. L'enfant hypocrite n'a pas appris, de bonne heure, à se poser des entraves et à gouverner ses actes, en vertu d'un principe immuable et constant. Il ne s'est pas habitué, en même temps, à être toujours, et malgré tout, dans le *vrai* : aussi la vérité ne l'a-t-elle pas frappé de son empreinte. Ce qui agit sur l'enfant dès son âge le plus jeune et d'une manière plus accusée, ce qui l'influence par des *exemples* et non par des paroles laisse toujours sur son être conscient les traces les plus ineffaçables.

Ce qui se rattache aux impressions les plus vives et les plus profondes qu'il a reçues, ce qu'il s'est acquis par ses actes et par la réflexion surtout, forme la seule base de la règle morale d'un homme. Des livres, des mots appris par cœur, des suggestions, ne laisseront pas une trace profonde comme celle-là. Une pareille trace ne pourra être que le résultat de ce qui a été senti vivement et traduit en actes. Pendant la période d'imitation, l'enfant s'est heurté constamment à des contradictions, il n'a vu que mensonge et versatilité, il n'a donc pas pu s'habituer à être dans le vrai. Il n'est donc pas étonnant qu'il ne sache pas comprendre la vérité et se diriger par elle dans ses réflexions et dans ses actes. Le mensonge, un éclat tout extérieur, et la vantardise, font partie de l'héritage que lui a laissé le milieu qui l'a vu grandir ; c'est là la conséquence du défaut de qualités intérieures et du degré de développement intellectuel des personnes qui l'ont entouré.

Peut-on accuser cet enfant ? Peut-on accuser sa mère ou les personnes dans la famille desquelles cet enfant a grandi ?

Il est clair que l'enfant n'est nullement coupable. Il peut grandir dans des conditions données, il peut atteindre l'âge d'homme et traverser toute son existence sans jamais s'être rendu compte d'aucun de ses actes. Il y a plus, de pareilles gens sont toujours très sûrs de ce qu'ils font et très satisfaits d'eux-mêmes. C'est ainsi que se passe leur vie, qui est purement bestiale et toujours nuisible à la société. Il est certain que leur mère et les personnes qui les ont entourés n'ont pas agi d'une façon absolument consciente. On ne saurait accuser ces personnes néanmoins, pas plus qu'on ne saurait accuser un rat qui peut élever ses petits, mais qui peut aussi les dévorer. Lorsqu'on observe de plus près de pareilles mères, on s'assure que, tout superficiels, leurs rapports avec leurs enfants restent tout à fait extérieurs. Si ces personnes n'étaient pas aussi lâches, elles dormiraient paisiblement après avoir étranglé quelqu'un.

C'est un malheur en vérité, si des hommes faits, qui présentent le type hypocrite bien établi, s'occupent de l'enseignement scolaire, ou bien, s'ils se chargent d'élever des enfants. On introduit alors, dans l'œuvre sainte de l'éducation, le mensonge, la préoccupation de la forme, une impudence et une suffisance sans bornes. Nous avons souvent eu l'occasion d'observer de pareils représentants de l'école. Le mensonge était partout ; on ne songeait qu'à produire de l'effet à l'extérieur et à empêcher de voir combien peu les actes et les paroles étaient d'accord. Ajoutons que le type hypocrite ne sait pas trop, en général, cacher ce qu'il voudrait qu'on ignore. Voilà pourquoi les particularités, qu'on désirait voiler, perçaient malgré tout. Il suffisait d'y regarder de plus près pour les apercevoir aussitôt. De pareils individus ne présentent que des actes réflexes, imitatifs ou réflexes-rationnels. Ils n'ont jamais une pensée qui leur appartienne. Quant à des notions, on n'en trouve chez eux aucune trace. Tout ce que nous venons de dire ne se rapporte pas à l'hypocrite conscient, qui est quelquefois le synonyme du jésuite ou du diplomate. Celui-ci n'a rien de commun, ni avec les types scolaires, ni avec l'éducation dans la famille.

La sévérité appliquée à l'enfant hypocrite, les punitions entre autres, ne peuvent que le rendre hébété ou apathique. Si on l'exclut de l'école, on le prive de ce qui peut encore le corriger ; l'école seulement, de bons camarades surtout, peuvent fournir les conditions nécessaires à son amendement. Plus difficile, sans aucun doute, l'éducation de pareils enfants réclame de la part du pédagogue un esprit d'analyse plus considérable, plus de force de caractère et plus de persévérance. C'est dans des cas de ce genre que son influence est surtout nécessaire. S'il recule devant la difficulté de sa tâche, il prouve qu'il ne connaît ni ne comprend, ni son devoir, ni son état.

Voici quels sont, en résumé, les traits les plus accentués de ce que nous avons appelé l'enfant hypocrite : le mensonge sous toutes ses formes, l'incapacité de raisonner, la faculté de ne voir que le côté extérieur des choses, la vantardise, la ruse, l'absence de tout sentiment profond, aucune notion de la vérité, l'égoïsme enfin. Il ne peut agir que par imitation et ne va pas au delà de l'acte que nous avons appelé réflexe-rationnel (instinctif). Tout ce qu'il dit, tout ce qu'il fait, n'a qu'un seul but : concourir à ses appétits bestiaux.

II

DU TYPE AMBITIEUX

Dès qu'il paraît à l'école, l'enfant ambitieux frappe par son extérieur. Celui-ci fait voir nettement combien cet enfant a le sentiment de sa dignité. Habillé proprement, le regard ouvert et plein d'assurance, il examine posément tout ce qui se passe autour de lui. Il ne se lance jamais inutilement en avant. Il observe attentivement le professeur et le maître d'études, et tient compte de leur moindre parole, de leur moindre geste. Lorsque l'enfant hypocrite se lance en avant, il le laisse faire; mais lorsque personne n'est en mesure de répondre, il lève tranquillement la main. Au début, l'enfant ambitieux frappe par sa retenue; avant de répondre à une question, en effet, il en pose lui-même et cherche à bien comprendre ce dont il s'agit. Il exprime même volontiers des doutes sur l'exactitude de ce qui vient d'être dit. Il est tout entier à l'étude et aux explications du maître; et cependant il aime bien faire croire qu'il n'a pas besoin de se donner du mal. Il aime bien aussi montrer, dans l'occasion, qu'il sait son affaire. Tout est préparé chez lui à l'avance et calculé de même. Il travaille peu en classe, mais assidûment en cachette, pour briller ensuite, devant tout le monde. Il aspire avant tout à paraître un enfant hors ligne; aussi ne fera-t-il jamais rien de ce qu'il ne sache bien faire. S'il n'est pas prêt sur une question, s'il ne peut résoudre un thème, il sortira résolument du concours, parce qu'il veut avant tout se distinguer; ce qu'il craint plus que toute autre chose, c'est d'être pris pour un simple mortel. Au début, il pose souvent des questions à ses camarades et tâche, en même temps, de montrer son savoir; plus tard, il prend avec eux un ton protecteur et fait volontiers leurs devoirs les plus difficiles. L'insuccès, quel qu'il soit, l'afflige profondément et lui enlève pour un temps l'énergie. Il réagit cependant bientôt et cherche, de plus belle, à rivaliser avec ses camarades, afin de se distinguer encore plus. Il ne vit que de louanges et de marques d'honneur. Lorsqu'il en a reçu, il rayonne de joie et regarde alors autour de lui d'un air triomphateur. Il se plaît, dirait-on, à contempler la faiblesse et l'ignorance de ceux qui l'entourent. Lorsqu'il discute, il tient fortement à son opinion et ne se rend pas facilement aux arguments de son adversaire. Il n'oublie jamais la moindre observation, le moindre blâme, qui l'irritent toujours outre mesure. Nous avons connu une jeune fille qui n'admettait pas qu'on lui dise qu'elle ne faisait pas bien une chose; si quelqu'un s'en avisait, c'était un torrent de pleurs et des nuits d'insomnie. Elle faisait ensuite tout son possible pour éviter celui qui l'avait offensé de la sorte. Pour peu que cette observation eût été faite d'un ton acerbe et devant témoins, on devenait son ennemi. Impossible ensuite de rétablir de bons rapports. Une offense, un châtiment, s'ils ont l'apparence d'une injustice surtout, peuvent amener un pareil enfant à cesser complètement ses études; il tombe parfois dans l'apathie la plus complète et termine par le suicide. Singulièrement porté à la vengeance, il est toujours content si son adversaire ne réussit pas. Son but principal est de se distinguer, d'être le premier de sa classe, de primer en toute chose et de gouverner ses camarades. Voilà pourquoi ces derniers, qui l'ont aimé au commencement, s'écartent bientôt de lui. Dans les institutions de jeunes filles, de pareilles élèves sont *idolâtrées* quelquefois. Aimant à commander, l'enfant ambitieux organise volontiers les jeux et prend facilement le rôle d'arbitre. Ce rôle ne lui convient guère cependant, car il est injuste envers ses adversaires et envers tous ceux qui ne plient pas sous son autorité. Il s'entend fort mal avec l'enfant hypocrite; mais, comme il a plus de fermeté, c'est lui qui prend bientôt le dessus.

L'enfant ambitieux s'occupe volontiers de musique et de peinture, — pour peu qu'il réussisse dans ces arts, surtout. Il le fait avec d'autant plus de zèle qu'il a vu faire des ovations à des artistes.

Nous avons connu une petite fille qui savait encore être franche et qui avouait qu'elle ne s'occupait de musique que pour donner des concerts plus tard; elle ajoutait qu'elle aimait aller à l'Opéra. Une fois là, elle applaudissait avec frénésie, s'imaginant, pendant ce temps, que c'était elle-même qui était l'artiste. Elle était la première dans sa classe et causait volontiers des prix qu'elle espérait avoir à la sortie.

Très décidés, ces enfants et ces jeunes gens sentent très vivement. Ils s'enflamment facilement pour tout ce qui peut servir à leur gloire et à l'humiliation de leurs adversaires. Leur idéal, c'est la force et le pouvoir. En leur qualité de bons élèves, ils ont toutes sortes de faveurs, ce qui n'est pas sans influence sur leurs rapports avec leurs camarades. Lorsque les intérêts communs sont en jeu et lorsqu'ils prévoient que leur réputation n'en souffrira pas, ils aiment bien qu'on les délègue auprès des supérieurs. Ils peuvent être des héros pour peu qu'il y ait de la gloire à gagner. Doués d'une très bonne mémoire, ils appliquent bien, en général, les idées d'autrui, mais l'indépendance d'esprit leur fait totalement défaut. Toute leur activité se concentre bientôt sur un seul point; ne voyant rien au delà, ils marchent résolument vers le but qu'ils se proposent, celui de se distinguer. Plus tard, lorsque les individus appartenant à ce type auront atteint leur complet développement, de façon à présenter ce dernier dans toute sa pureté, ils ne reculeront devant aucun moyen. Ils détestent leurs concurrents et font tout pour les écarter; ils sont même prêts à les détruire. Pour plus de contraste, ils aiment à s'entourer d'enfants hébétés et même d'enfants hypocrites. Ils ne prisent pas beaucoup les enfants ordinaires et s'en servent dans l'occasion; mais lorsqu'ils en ont tiré tout ce qu'ils peuvent, ils les mettent de côté. Leurs conversations ont un côté particulier qui permet de les distinguer très nettement : ils se servent toujours d'arguments d'emprunt et aiment bien se baser sur une autorité. Ils n'ont jamais une opinion qui leur soit propre; cela ne les empêche pas de chercher à faire de l'effet par une sentence bien trouvée, qu'ils ont apprise quelque part et qu'ils lancent avec aplomb, comme s'ils l'avaient inventée eux-mêmes.

Arrivé à l'âge mûr, et devenu homme public, l'ambitieux peut être un homme de savoir, actif et ayant les apparences d'un homme capable; il a beaucoup d'aplomb, mais il manque d'originalité et de talent. C'est un bon bourgeois, sachant bien calculer, et qui a une haute opinion de son savoir-faire. Ce type a été, du reste, trop bien étudié dans la littérature pour que nous ayons à nous y arrêter davantage.

Quelles sont les conditions qui contribuent à la formation de pareils types dans la famille?

Ces conditions sont de deux ordres : c'est l'émulation qui vient en première ligne et c'est même l'influence de ce facteur qu'on trouve là où le type ambitieux se présente dans toute sa pureté. En seconde ligne, nous placerions l'habitude qu'ont certains parents de s'extasier devant les perfections de leurs enfants. Il est clair, que le type ambitieux présentera des nuances qui seront en rapport avec ces deux variétés de causes.

On trouve quelquefois dans une même famille des enfants appartenant à deux types tout à fait distincts. La raison en est toute simple : on voit souvent une mère couvrir un de ses enfants de caresses, prévenir tous ses désirs et n'être jamais lasse de l'admirer. A côté et dans la même famille nous pouvons voir un enfant dont la mère ne s'occupe presque pas, sans le persécuter toutefois; elle se borne à lui donner tout ce qui lui est absolument nécessaire. Dans un troisième enfant enfin, cette mère ne voit que de mauvaises qualités : elle s'en occupe bien, mais tout autrement que de son favori. Tantôt c'est pour le renvoyer à distance, tantôt c'est pour le faire servir à l'amusement de son Benjamin, tantôt c'est pour lui appliquer des mesures de sévérité injustes et non motivées. Est-il étonnant que nous voyions apparaître ici trois types d'enfants absolument distincts l'un de l'autre. Le premier enfant sera un enfant ambitieux ou bien hébété-mou; le second pourra être de même un ambitieux si on se borne à l'ignorer sans le persécuter. Il le deviendra par émulation à force de s'entendre vanter la supériorité physique et morale du premier, devenu ambitieux, lui aussi, grâce aux louanges dont on l'accable. Ces deux types d'ambitieux se distingueront l'un de l'autre sur quelques points et voici comment : plus gâté que son frère, le favori de la mère sera moins ferme et paraîtra plus souple et doué de plus de cœur. L'autre sera un enfant calculateur et froid, à caractère ferme et conséquent avec lui-même. Il suivra avec une attention soutenue les progrès de ses camarades dans lesquels il verra des rivaux. C'est au moment de leur entrée à l'école que les différences que nous venons de signaler seront surtout accentuées. Elles s'effaceront plus tard et les deux types se confonderont en un seul. Ce sera l'ambitieux tel que l'on dépeint les poètes et pouvant aller jusqu'au « Macbeth » de Shakspeare. C'est en vantant l'extérieur d'un enfant qu'on contribue surtout à la formation du premier de ces types ; aussi est-il plus fréquent dans les institutions de jeunes filles; quant au second, il se rencontre plus souvent chez les garçons.

Dans la famille, le premier de ces enfants est considéré comme une idole, un demi-dieu; c'est sur lui que se concentre toute l'attention de son entourage. On se met en extase devant lui, on l'élève aux nues et on s'attend à ce qu'il devienne un génie. Quant à l'enfant qui se développe sous l'empire de l'émulation, on dit de lui qu'il est bien doué et qu'il fera son chemin tout seul. Sa mère peut bien en être fière et s'en vanter même au besoin, mais elle n'en fait pas un dieu. Cette variété du type ambitieux peut se développer aussi bien dans une famille où il n'y a pas d'enfant-idole; il suffit qu'on s'en soit occupé de bonne heure, et qu'on l'ait comblé d'éloges toutes les fois qu'il a réussi dans les sciences ou dans les arts. Il faut aussi qu'on l'ait cité comme exemple aux autres enfants et qu'on n'ait pas négligé de le récompenser par des cadeaux. Tout cela se fait avec plus de calme et de retenue que dans le cas de l'enfant-idole, d'une façon plus objective, en un mot. Quant aux éloges et aux cadeaux ils sont nécessaires en ce sens que s'ils faisaient défaut l'enfant ne ferait plus aucun effort. L'enfant idolâtré peut bien également être enfant unique; tout dépend ici de la mère : il faut que ce soit une femme passionnée et de peu de bon sens; il faut qu'elle l'admire toutes les fois qu'il se manifeste au point de vue physique et moral; il faut qu'on tombe en extase devant lui et devant ses actes. Le type ambitieux se développe surtout d'une façon accusée lorsqu'un enfant se trouve dans des conditions de fortune peu favorables. S'il a eu à lutter avec la pauvreté, s'il a souffert des privations, mais cela dans une mesure à ne pas perdre toute énergie, il pourra être possédé du désir de sortir de son milieu. Il cherchera coûte que coûte à se distinguer afin d'avoir, plus tard, du bien-être et des distinctions.

Cherchons maintenant comment les conditions énumérées plus

haut ont pu faire que cet enfant présente, lors de son entrée à l'école, le type ambitieux dans ses traits les plus accusés.

Nous avons déjà vu que ces conditions peuvent présenter des nuances quelque peu variées : il est cependant un côté général qu'on est sûr de trouver en pareil cas : stimulé soit par l'émulation, soit par des louanges ou des cadeaux, cet enfant éprouve des sensations qui l'excitent puissamment au travail. Ce sont ces sensations qui jouent un rôle capital dans la formation du type qui nous occupe. Afin de mieux comprendre l'enfant, songeons à ce qui se passe dans l'âme d'un adulte lorsqu'il a réussi dans une entreprise qui le mettra au-dessus de ses pareils, ou bien lorsqu'il goûte dans son imagination les fruits d'un succès dont il est sûr à l'avance.

Pour peu que les circonstances dans lesquelles se trouve un enfant favorisent le développement de sensations de ce genre, elles iront en croissant de plus en plus et finiront par devenir absorbantes. Quel que soit le stimulant qui ait été en cause, l'enfant ambitieux s'est mis à étudier de bonne heure ; il a appris par cœur des vers et des fables dont il ne comprend pas en général la portée.

Les louanges qui lui sont prodiguées quand il récite ce qu'il a appris l'encouragent à travailler pertinemment, dans le même sens. Préoccupé avant tout de briller, il retient tant de choses par cœur qu'il n'a pas le temps de creuser ce qu'il a appris et de se l'assimiler. Non content bientôt d'étonner par son savoir, il veut encore persuader qu'il a énormément de facilité et qu'il apprend sans aucun effort. Il prend donc l'habitude d'étudier en cachette. Toutes les fois, au contraire, qu'il y a quelqu'un pour le voir il fait semblant de flâner. A mesure qu'il a réussi dans ses études, il est convaincu de plus en plus de sa supériorité : aussi prend-il avec ses camarades un ton protecteur, important même. En apprenant beaucoup par cœur, l'enfant ambitieux ne développe que la mémoire ; il n'a pas le temps de réfléchir sur ce qu'il a appris et de le raisonner. Il écoute avec une attention soutenue les leçons du professeur et les instructions du maître d'étude tâchant de retenir chaque mot. Il ne prend pas l'habitude de mettre en œuvre ce qu'on lui enseigne ; mais il se borne à prendre les formes pour ainsi dire extérieures des personnes dont il reconnaît l'autorité. Il copie leur manière d'être et imite autant que possible le jeu de leur physionomie. Pour peu que son père ou son maître ait l'air grave et inabordable, il saura bientôt le devenir dans une mesure exagérée même.

Nous avons le regret de dire qu'il n'existe pas encore un traité de pédagogie reposant sur des données scientifiques. Il y a bien une histoire de la pédagogie, mais il n'y a même pas un traité de pédagogie fondée sur l'empirisme. Nulle part nous ne voyons examiner l'influence sur les enfants des différentes mesures usitées à l'école. L'influence notamment de la distribution des prix et des punitions n'a pas été suffisamment examinée jusqu'ici. Il est un pays, la France, où le système d'éducation admis dans les écoles, est principalement fondé sur l'émulation ; or, l'ambition est certes, ici, le trait national par excellence. Si on se place au point de vue de la psychologie et de la physiologie, le système des punitions et de l'encouragement doit être absolument banni de l'école ; ce système est directement opposé au but que doit se proposer l'école. Les louanges, les notes, les prix, toutes les marques de distinction, en un mot, habituent l'enfant à se diriger par des mobiles d'égoïsme ; or le but de l'éducation nous paraît diamétralement opposé à celui-là. Il s'agit en effet avant tout d'habituer l'enfant à la pensée abstraite. Ce n'est qu'alors qu'il pourra se créer un idéal et aspirer plus tard à servir cet idéal. De plus, toutes les fois qu'on se sert d'un stimulant artificiel on est forcé de le rendre de plus en plus fort ; voilà pourquoi les louanges devront être remplacées par de bonnes notes et celles-ci par des prix. Ces derniers eux-mêmes, tout en étant variés devront aller *crescendo;* autrement, l'enfant baissera comme activité. Il deviendra de plus en plus mou et apathique ; il sera aussi moins impressionnable. Au lieu de devenir plus actif et impressionnable, de se perfectionner, en un mot, son activité baissera. Afin de le sortir de son apathie et de le forcer à remplir ses devoirs, il faudra l'exciter continuellement d'une façon artificielle. Nous considérons que les louanges et les punitions doivent être absolument bannies de l'école comme de la famille ; l'enfant ne doit entendre que des paroles simples, franches et vraies. Dès sa naissance l'enfant s'habitue en général à des excitations artificielles et superflues, qui font baisser son impressionnabilité et rendent son développement anormal. On porte l'enfant dans ses bras, on le berce, on l'endort par un chant monotone. D'autre part, on l'embrasse, on imite en jouant les divers sons qu'il émet. Nous voyons dans tout cela des irritations artificielles. Plus tard, on lui donne des sucreries, des épices, souvent même du vin et de la bière; on l'habille avec luxe et on le mène dans toutes sortes de spectacles publics. On organise même des bals d'enfants où on mène des enfants habillés d'une façon somptueuse, on les habitue ainsi au luxe. Lorsque le moment de se mettre à l'étude est venu, un pareil enfant se montre mou, apathique et paresseux. Afin de l'encourager au travail, on est forcé d'avoir recours à une excitation artificielle, sous forme de louanges, de cadeaux et de prix. Rendu apathique par les conditions que nous venons de voir, l'enfant devenu jeune homme éprouvera le besoin de changer fréquemment d'impressions ; la boutique du confiseur aura été l'avant-coureur de la buvette ; viendra ensuite la bombance. Les louanges et les prix auront ouvert le chemin au sport, au jeu, etc. Le jeune homme se meurt d'ennui et ne sait comment se débarrasser de ce sentiment qui l'opprime. Tous les amusements qui parlent à ses sens, la chasse par exemple, sont alors les bienvenus. En peut-il être autrement lorsque la vie de l'intelligence lui est absolument étrangère? Il ne connaît pas les délices de la pensée et ne songe nullement à son développement intellectuel. On reproche quelquefois à un jeune homme sa rudesse et sa corruption; or, lorsqu'on songe aux causes qui ont influencé son développement, on voit que ce sont les circonstances dans lesquelles il s'est trouvé qui l'ont rendu ce qu'il est. On a tué en lui ce qu'il pouvait avoir d'idéal, on ne s'est attaché à développer chez lui que les instincts bestiaux.

Il va sans dire, qu'une mère ou un professeur intelligents et réfléchis ne pousseront pas un enfant à apprendre tout par cœur; ils n'auront pas, non plus, recours pour le faire travailler à des moyens artificiels, tels que les louanges, les cadeaux et les signes de distinction. Si au lieu d'avoir autour de lui des gens intelligents et raisonnables, cet enfant n'a vu que des gens présomptueux, bouffis d'orgueil, altiers et affectés, il les imitera dans leur manière d'être. On trouve dans les professions libérales un grand nombre de gens qui savent beaucoup mais qui n'*entendent* pas ce qu'ils savent. Ils ont fait leur chemin grâce à leur savoir. Un travail assidu leur a permis de développer leur mémoire et ils ont pris, en même temps, une manière d'être de convention, une certaine prestance. Ils ne marchent pas, ils ne regardent pas et ne parlent pas comme de simples mortels. Tous leurs actes et tous leurs discours tentent à prouver leur supériorité. Le type du savant et du professeur, imité chez nous de l'Allemagne, est tellement caractéristique, qu'on le reconnaît à première vue. Un officier qui vient d'être nommé, un jeune savant qui vient d'être fait professeur, un employé qui a été monté en grade (*tchinn*) se trouve mal à l'aise. Il se gonfle et cherche à se donner de l'importance. Il se passe quelque temps avant qu'il ait pris le port et les manières qui correspondent à sa nouvelle position. Nous voyons ici encore une fois la confirmation de la règle que nous avons posé ailleurs, à savoir : « que toute impression et toute irritation venue du dehors se traduit par une contraction musculaire ou par un travail de la pensée. » Il s'ensuit que moins un homme vit par l'intelligence, moins il sent profondément et plus il manifestera ses sensations à l'extérieur, par le jeu de la physionomie, par exemple.

Ce qu'on observe chez l'homme fait peut être constaté chez l'enfant en général, car celui-ci cherche toujours à imiter ses aînés.

Ce n'est que grâce à une excitation graduelle et successive de l'activité intellectuelle que les voies qui conduisent aux centres correspondants peuvent être frayées. C'est là le seul moyen de développer en soi la faculté de raisonner. Ce n'est que par des efforts constants, dirigés dans cette voie, qu'on devient capable de digérer les impressions, les sensations et les idées. Ce n'est qu'alors que l'activité purement imitative des facultés d'un ordre inférieur cédera la place à l'activité indépendante et créatrice de l'intelligence. Lorsqu'il nous vient le sentiment de notre supériorité, il suffit que nous l'analysions et que nous le raisonnions pour voir combien il est subjectif et mensonger. Nous verrons, pour la plupart du temps, que nos mérites sont au-dessous des honneurs qu'ils nous valent. Nous serons portés ainsi à réagir contre l'orgueil. A mesure que le travail intellectuel motivé par les impressions et les sensations devient plus intense, l'homme est moins porté à l'imitation ; ses actes n'en seront que plus indépendants, plus justes et plus vrais. Leur forme extérieure deviendra simple en proportion. Il est positif que le pédagogue qui a le plus l'air d'un sage et qui affecte le plus la gravité est, précisément, celui qui sait le moins son métier. Ne sachant rien de la nature réelle de l'enfant, il se dirige tout simplement par le précepte qui dit : « Sois vigilant et frappe sans merci. » Ceux des enfants qui ont pour habitude de surveiller attentivement les actes du maître et de les imiter rapidement et sans réflexion prennent comme lui le port grave et affecté.

Un enfant qui est habitué à raisonner ne se laissera pas aller au sentiment d'orgueil, à moins que déjà celui-ci n'ait atteint des proportions si grandes qu'il ne puisse plus être dominé. Remarquons, cependant, que le système des louanges aura eu dans ce dernier cas une influence toute négative, pour ainsi dire : l'enfant repousse les honneurs ; il s'enfuit et se cache pour s'y soustraire. En résumé, tout ce qui frappe dans l'enfant ambitieux est de pure imitation ; sa propreté et son esprit d'ordre peuvent s'expliquer de la même façon. D'autres fois, ces qualités proviennent du désir d'être remarqué, de préférence aux autres enfants, et de recevoir, de la part des supérieurs, des louanges et des cadeaux.

Qu'on place l'enfant ambitieux dans des conditions absolument analogues à celles des autres enfants, qu'on ne lui prodigue ni louanges, ni cadeaux, qu'on ne lui donne pas des prix, et il deviendra immédiatement indolent, malpropre et apathique. Ce que nous venons de dire sur le sentiment de supériorité ou de grandeur se rapporte à tous les autres sentiments qui se développent dans les mêmes circonstances. Une autre cause de l'apathie, qui s'observe chez les enfants, ce sont les impressions trop vives et trop variés, reçues de trop bonne heure, tel est le cas des enfants qu'on a promenés d'un pays dans un autre. Nous avons constaté encore — chez les petites filles surtout — l'influence de toilettes trop nombreuses, à couleurs éclatantes et bigarrées. On emmène ces enfants au bal et au théâtre ; on organise, même à leur intention, des spectacles bruyants. On les entoure de luxe, on les gorge de friandises et de liqueurs. On multiplie les impressions et on développe d'une façon artificielle toutes sortes de sensations, en un mot. Or, il importe de savoir que lorsqu'une même sensation est souvent répétée, elle ne saurait produire de l'effet qu'à condition d'être de plus en plus intense. En d'autres termes : « *si l'on veut que la sensation croisse dans une pro-* « *portion arithmétique, l'irritation devra croître dans une proportion* « *géométrique* » ou bien « *une sensation est directement proportion-* « *nelle au logarithme de l'irritation correspondante*[1]. » Il en résulte que lorsqu'une cause excitante a déterminé aujourd'hui une sensation d'une intensité donnée, cette même cause ne pourra donner lieu, demain, qu'à une sensation plus faible. Afin d'obtenir, en pareil cas, un même effet, il faudra avoir recours, chaque fois, à une excitation plus forte. Cette excitation, de plus en plus forte, est agréable à l'homme, mais elle risque de se transformer en passion. Elle peut enfin devenir si bien dominante, qu'elle tiendra sous son empire l'être tout entier. En conséquence, toutes les aspirations de l'individu seront dirigées vers la recherche des excitants qui peuvent lui donner la satisfaction de ce besoin, devenu impérieux. Si l'on berce un enfant pour l'endormir plus vite, par exemple, il s'y habitue tellement qu'il ne peut plus s'endormir qu'à ce prix. Plus tard, on pourra être obligé de le prendre dans ses bras et de le faire sauter plus haut. Nous avons connu une dame qui avait une habitude très répandue dans la Russie de l'ancien régime : elle ne pouvait s'endormir que lorsque des servantes lui chatouillaient les talons. Il fallut bientôt avoir recours à une excitation plus intense; on augmenta donc peu à peu la surface du corps qu'on irritait et on passa du chatouillement à des frictions. Cette dame finit par prendre à son service deux robustes paysans qu'elle faisait bien nourrir. L'unique emploi de ces derniers était de frotter madame, à tour de bras, avec des brosses bien rudes. Le besoin de ce genre de sensation devint à la longue de plus en plus intense; l'excitation qui était à même de les donner ayant grandi, le tout dans des proportions démesurées, la malheureuse n'eut plus un instant de repos. Lorsqu'il s'agissait pour elle d'accomplir un acte physiologique, elle avait besoin d'excitants anormaux.

Nous avons connu encore une petite fille de neuf ans que ses

---

1. Wundt. *Grundzüge der physiologischen Psychologie.* Leipzig, 1887, p. 356 et 383.

parents idolâtraient ; ils avaient parcouru avec elle les principaux pays de l'Europe. On l'avait promené dans les musées, dans les bals et dans les théâtres. Elle déclamait des vers qu'elle était sensée improviser et son père, qui l'admirait beaucoup, prenait des notes pendant ce temps. De plus, elle avait pris part à des tableaux vivants et à des féeries. Il arriva que pour fêter son jour de naissance on illumina avec splendeur la maison de campagne où elle habitait avec ses parents. Debout sur le balcon, et habillée d'une façon fantastique, cette petite fille improvisa des vers qu'elle déclama en présence de tout le village. En un mot, les parents avaient tout fait, ce jour-là, pour amuser leur idole ; or, se tournant vers sa mère, la petite fille s'écria d'une voix plaintive : « Dieu que je m'ennuie ! » Une fois placée à l'école elle s'enfuyait souvent de la classe au milieu de la leçon ; elle déclarait, les larmes aux yeux, qu'elle ne pouvait pas faire comme les autres. « Je n'irai en classe, ajoutait-elle, que lorsque je saurai faire tous les devoirs qu'on y fait. » Elle était incapable d'écrire plusieurs mots de suite ; dès le second, ou le troisième mot, elle faisait des tirets, ou bien elle traçait une ligne onduleuse. Il lui était impossible de se concentrer sur une occupation quelle qu'elle fût. Cette malheureuse enfant avait souvent des hallucinations.

Dans un autre cas, une mère très passionnée aimait tellement ses enfants qu'elle était jalouse de tout le monde, même de leur père. Son fils savait si mal réagir contre ses sensations qu'il devint tout à fait incapable au travail. Il lui était impossible de se concentrer et il avait des hallucinations. Il ne pouvait se décider à boire et à manger ailleurs que chez lui, parce que le besoin d'excréter était fréquent et il ne savait nullement y résister. L'examen le plus circonstancié des organes correspondants ne donna, néanmoins, aucun résultat. Il ne savait se maîtriser en rien. Il s'imposait quelquefois un travail physique accablant, dans l'espoir que la fatigue le débarrasserait de ces sensations oppressives. Ajoutons qu'il s'imaginait mieux que personne juger une œuvre d'art en connaissance de cause.

Nous avons eu encore l'occasion d'observer deux enfants dont l'éducation avait été faite en pays étrangers. Or, à l'étranger, en

France principalement[1], on cherche avant tout à déterminer chez l'enfant des sensations. On l'introduit, à cet effet, dans un monde poétique de fantaisie. L'étude de l'histoire consiste en l'admiration de faits héroïques, commis par des personnes qui courbent tout le monde sous leur joug. Dans les œuvres littéraires qu'on donne aux jeunes filles, nous trouvons aussi l'apothéose de l'intelligence et de la passion. L'enfant, la petite fille surtout, est tellement bourrée d'idées relatives aux usages, aux cérémonies et aux convenances, que les moyens énergiques auxquels on a recours n'ont que peu de prise sur elle. C'est tout au plus si une tendance aux rêveries et au romanesque se développe en elle. De pareilles écoles agissent d'une façon plus énergique, nécessairement, sur des enfants impressionnables. C'est ce qui arriva dans notre cas. Lorsqu'elles revinrent en Russie, il se trouva qu'une de ces petites filles admirait passionnément César et Napoléon, ce dernier surtout. Sa chambre était ornée de portraits et de bustes couronnés d'immortelles qui représentaient Napoléon. Elle ne permettait pas qu'en parlant de ces deux personnages historiques on dît un mot qui ne fût une louange. Voltaire, Diderot et Shakspeare étaient ses auteurs favoris, les seuls qu'elle reconnût. Gogol, à l'entendre, n'était qu'un écrivain grossier, cynique et détestable. Une bergère dont elle fit connaissance, dans un village, la surprit par son défaut de sentiment poétique et par le peu d'intérêt qu'elle avait pour son métier. Elle lui conseilla de changer plutôt d'état. Elle ne rêvait que de gloire et de succès obtenus sur la scène ou sur quelque autre arène. Ce but n'ayant pas été atteint, et quelques revers ayant été éprouvés, elle termina par le suicide. Sa sœur, qui vit encore, ne pense qu'à elle-même; elle rêve, les larmes aux yeux, des succès qui la feront couvrir d'applaudissements et qui la rendront célèbre dans tout l'univers. Cette fantasmagorie dégénère parfois en de véritables hallucinations.

Dans tous les cas que nous venons de voir, une sensation est devenue dominante; elle l'est à un tel point, que toutes les forces

---

[1]. Nous voulons parler ici de la France cléricale et des couvents. Nous faisons certainement une exception pour les lycées à l'usage des jeunes filles, qui ont été créés dans ces dernières années.

de l'être tendent vers le but d'amener cette sensation. Lorsque l'excitant supplémentaire dont on a pris l'habitude fait défaut, nous voyons languir toutes les fonctions de l'organisme ; l'homme devient apathique et incapable de travailler. La jeune fille dont nous venons de parler, par exemple, et qui a terminé par le suicide, faisait un jour une traduction. Elle était distraite pendant ce temps, au point de ne pouvoir pas concentrer son attention ; sa tâche n'avançait donc pas. On lui exprima son étonnement de ce qu'elle se gouvernait si mal et ne pouvait faire une chose qui lui était facile. Piquée au jeu, elle répondit que tout irait bien, aussitôt. En effet, dès qu'elle eut couvert la lampe d'un abat-jour rouge, ce qui éclaira la chambre d'une lumière rouge vif, son travail marcha. Ce qui avait manqué au commencement à cette jeune fille, c'était donc un excitant plus énergique, circonstance qu'elle expliquait par sa nature passionnée. Elle ajoutait qu'elle avait l'habitude de s'entourer d'objets à couleurs vives ou d'objets brillants toutes les fois qu'elle voulait travailler.

L'étude de l'histoire nous permet de constater des faits analogues chez certains peuples. Lorsque les richesses accumulées dans l'empire romain eurent amené dans ce pays un luxe effréné, on vit apparaître des aventuriers qui cherchèrent à grouper autour d'eux le plus de citoyens possible. Afin de sortir ces derniers de leur apathie et les faire servir à leur ambition, il leur fallut avoir recours à des excitants, sous formes de jeux. C'est ainsi que furent élevés des édifices grandioses, où l'on donnait les spectacles les plus étonnants, appelés à agir sur les sens. De simples jeux militaires firent assez d'effet, au commencement ; plus tard, on dut chercher des excitants plus énergiques : aussi les jeux furent-ils transformés en de véritables massacres qui coûtèrent la vie à des milliers d'hommes. On se mit ensuite à détruire des animaux. On amenait de diverses parties de l'univers des centaines de lions, d'éléphants, de tigres, d'ours et de loups. On les lançait les uns contre les autres ou bien on les lançait sur des hommes, tout cela pour faire plaisir au spectateur. Auguste rassembla à cet effet, trente-six crocodiles dans le *Circus Flaminius* ; Caligula rassemblait jusqu'à quatre cents lions et autant d'autres bêtes féroces. On avait l'habitude d'amener dans le cirque ceux qui étaient condamnés à combattre les bêtes féroces (*ad bestias damnati*). L'expression *christianos ad leones* devint courante. Ce n'était pas assez encore : on fit venir des gladiateurs auxquels on enseignait avant tout, l'art de mourir avec grâce. Ces carnages publics étaient offerts au peuple romain dans le but de se concilier ses grâces (*munera gladiatoria.*) Ce peuple fut bientôt plongé dans une apathie telle, qu'il fallait des spectacles monstrueux pour l'en sortir. Il les attendait avec impatience et exigeait qu'on lui donnât du pain et des spectacles (*panem et circenses*). Ceci se passait pendant l'époque qui a précédé immédiatement la chute de l'empire romain.

Parmi les enfants de huit à neuf ans qu'on amène à l'école, il y en a déjà qui présentent le type ambitieux nettement accusé. Si un enfant a souffert dans son jeune âge de la pauvreté, s'il a eu à lutter avec des circonstances défavorables, s'il a éprouvé des échecs, son sentiment sera porté, l'émulation aidant, à se concentrer sur un seul point : un désir intense de s'élever et de prouver sa supériorité. L'ambitieux qui se développera en pareil cas, sera en même temps un égoïste froid, calculateur et plein d'assurance. Il cherchera, avant tout, à satisfaire son sentiment d'orgueil, qui deviendra bientôt une passion et qui pourra même dégénérer en une manie de grandeur. Si, au contraire, l'enfant a été entouré de bonne heure par l'affection, s'il n'a eu que des encouragements et des louanges, il sera lui-même plus bienveillant et témoignera plus d'attention et d'intérêt à ceux qui l'entourent. Peu à peu, cependant, le sentiment de sa supériorité vient l'envahir de plus en plus; il devient égoïste et froid. En résumé, le premier de ces enfants sera plus pénétré du sentiment de sa force et de sa supériorité que le second, parce que les obstacles semés sur sa route l'ont forcé à se concentrer davantage. Voilà pourquoi le sentiment d'orgueil prédomine chez lui sur tous les autres.

Lorsque l'enfant sera devenu jeune homme, d'autres sentiments peuvent se développer en lui et l'absorber complètement; ne sachant plus les maîtriser il s'y adonnera avec passion. Ce pourront être : les appétits sexuels, passés à l'état de vice ou d'excès; l'abus des narcotiques sous forme de tabac ou d'alcool; les excès de table et la gourmandise, etc. Devenues chez lui des passions, ces sensations l'empêchent de s'occuper avec discernement de son travail. Il est devenu l'esclave de ses sens et il est fermé à tout intérêt social. La physiologie du système nerveux nous apprend qu'une sensation douloureuse due à l'excitation du bout périphérique d'un nerf peut être abolie par une excitation plus forte du bout périphérique d'un autre rameau du même tronc. Lorsque l'on a mal à une dent de la mâchoire inférieure, par exemple, il suffit quelquefois d'exciter la peau de la région temporale correspondante pour que le mal de dents disparaisse immédiatement. Il s'ensuivrait que l'excitation exagérée du rameau d'un nerf fait baisser la conductibilité des autres rameaux du même nerf. Remarquons que si l'irritation produite par un sinapisme a suffi aujourd'hui il faudra avoir recours demain à un excitant plus fort pour avoir le même effet. On peut arriver ainsi, peu à peu, à l'usage du fer vif. Si nous généralisons et si nous appliquons ce que nous venons de dire à toutes les autres sensations, nous observons les mêmes phénomènes. Ces derniers doivent appeler toute l'attention du pédagogue qui fera bien de les approfondir en se plaçant à un point de vue objectif autant que possible. Nous serons forcé d'y revenir souvent. Nous tâcherons, par la même occasion, de faire voir qu'on tombe dans une erreur capitale en confondant la « sensualité » avec « l'impressionnabilité ». Cette dernière est la faculté de sentir fortement (comme qualité et comme quantité) les impressions venues du dehors et de les élaborer en les rendant ainsi subjectives. C'est là une faculté précieuse. Faute de saisir cette distinction, on risque de développer la sensualité aux dépens de l'impressionnabilité.

Nous avons dit plus haut, que l'enfant ambitieux met beaucoup de persistance et de soin à apprendre par cœur ce qui lui est enseigné. Il cherche ensuite à briller devant ses camarades, par les connaissances acquises de cette façon. Sa mémoire se développe grâce à l'accumulation rapide de connaissances qu'il s'assimile. La faculté de raisonner se développe également chez lui; elle le fait surtout lorsqu'on exige de lui qu'il donne des réponses sans hésiter et qu'il résolve rapidement des problèmes. Après avoir retenu des représentations et des pensées, l'enfant les transmet telles qu'il les a reçues. Les mouvements et les actes qu'il accomplit en pareil cas ne sont que la reproduction exacte de ces représentations. Les représentations dues à des excitations persistantes souvent répétées et énergiques, donnent lieu dans le centre conscient de l'homme à des images et à des pensées. Celles-ci peuvent être retenues dans la mémoire, ou se produire sous forme de désirs ou de volitions. Les actes qu'on observe en pareil cas sont des actes raisonnés. Les sensations provoquées par différentes impressions peuvent être agréables (plaisirs) ou désagréables (souffrance). Il en résulte, qu'un homme qui aura pris l'habitude d'agir conformément à ses sensations jugera des diverses impressions à un point de vue tout à fait subjectif. Il les divisera en celles qui lui sont agréables et en celles qui lui sont désagréables. Il agira ensuite en conséquence. « Nous voulons, cela nous plaît, si la chose nous paraît agréable », et *vice versa*. Ce même critérium servira à l'enfant ambitieux pour distinguer le bien du mal ; ce qui lui est agréable et lui plaît, — ce sera le bien, ce qui lui est désagréable et lui déplaît, — ce sera le mal, au contraire. Il est facile de vérifier ce que nous venons de dire en étudiant l'enfant ambitieux, au moment où il entre à l'école. Des types aussi tranchés s'observent aussi parmi les jeunes gens qui ont déjà quitté l'école. Tout ce qu'ils savent a été appris par cœur ; rien n'a été vérifié et rien n'a été assimilé. S'il s'agit de faire l'application de leurs connaissances ils ne sauraient le faire autrement que d'après un procédé qui leur aura été montré à l'avance. L'enfant ambitieux apprend avec soin, par cœur, des vers, des fables, des préceptes de morale, des noms et des dates ; tout cela est là tout prêt dans sa mémoire et peut être exhibé à l'occasion.

L'influence des habitudes prises dans le jeune âge est si grande qu'il est très difficile de s'en défaire plus tard ; un adulte même n'y parvient pas quelquefois. C'est la mémoire qui se développe surtout par des exercices persistants faits dans cette voie ; c'est ainsi qu'on peut apprendre des formules, des discours tout entiers, des préceptes de morale et des systèmes de philosophie. On s'imagine souvent qu'on a inculqué à un enfant le sentiment du beau parce qu'il déclame des vers en faisant les intonations voulues et en renforçant l'impression par des gestes appropriés. Tout cela est imité pour la plupart du temps. L'enfant ne comprend, en général, ni les images ni l'idée mère de l'œuvre; il saisit encore moins le lien causal des phénomènes qu'il décrit. « Nous avons eu l'occasion de discuter avec « un chimiste, dit Lewis [1], et nous n'avons pas réussi à lui prouver « que la loi qui affirme que tout effet a sa cause est une loi uni-« verselle. Il considérait que c'était là une chose qui n'était nulle-« ment prouvée, et il était tout prêt à admettre qu'il en était tout « autrement dans la lune. Nous pensons que ce chimiste avait une « manière si étrange de raisonner parce qu'il n'avait jamais lu un « seul traité de métaphysique; la faculté de penser était d'ailleurs « très peu développée chez lui. » Ce fait ne nous étonne pas, mais nous lui donnons une explication toute différente : ce qui manquait probablement à ce chimiste ce n'était pas la lecture de traités de métaphysique, mais l'habitude de réfléchir et de raisonner sur les données scientifiques qu'il s'assimilait. C'est là une chose qui arrive à beaucoup de savants. Un homme peut avoir mis beaucoup de per-sistance à acquérir un vaste savoir; il peut même exposer ce qu'il sait avec beaucoup d'éloquence sans toutefois en avoir l'enten-dement. Quant à en faire l'application, c'est autre chose. La manière de discuter d'un pareil savant est très caractéristique : en combattant l'opinion de son adversaire, il ne soumet pas sa pensée à une analyse logique et n'en fait pas la synthèse. Il se borne à citer des autorités et étonne par la quantité de paroles et de pensées venant d'autrui qu'il se rappelle. Toutes les idées qu'il énonce ont été apprises quelque part; il n'a su se créer ni un principe, ni un idéal. Il considère que le but justifie les moyens, et c'est sur cette règle qu'il se dirige presque toujours. Il ne s'arrêtera devant rien pour satis-faire le sentiment qui prédomine en lui pour l'instant. Un individu de ce genre pourra faire une bonne compilation ou bien un compte rendu; quant à faire une œuvre de critique indépendante, c'est au-dessus de ces moyens. Il ne saurait *créer*, et le génie qu'on lui a supposé ne se manifestera jamais. Les actes qui se passent en lui ne sont, en réalité, que des actes réflexes-rationnels complexes. Ce sont là des gens qui ne peuvent que compromettre la science, parce

---

1. Lewis, *Histoire de la Philosophie*, Trad. russe, Saint-Pétersbourg, 1865, p. 690.

qu'ils laissent croire que n'étant pas d'accord avec la pratique, la théorie ne saurait servir de base à cette dernière.

L'habitude d'apprendre par cœur les leçons afin de briller ne développe que la mémoire qui devient, en pareil cas, très vaste. On voit fréquemment aujourd'hui des jeunes gens qui ont terminé leurs études et dont la mémoire est vraiment étonnante; ils savent tout, ils parlent de tout avec une assurance remarquable; il n'est pas une question qui les embarrasse. Il suffit d'y regarder de plus près, néanmoins, pour voir qu'ils n'ont pas la moindre originalité. Ils sont, d'autre part, absolument incapables de vérifier par eux-mêmes des faits, et lorsqu'ils ont à faire la chose la plus simple, ils se trouvent à court. Ils n'ont aucune indépendance réelle d'esprit; tout ce qu'ils essayent de faire en fait d'analyse ou de critique est donc absolument dénué d'originalité. Cela ne les empêche pas de trancher toute question avec des phrases toutes prêtes qu'ils répètent avec un aplomb imperturbable, voire même avec effronterie! Comme leur mémoire retient facilement tout ce qu'ils ont appris, ils ne voient de difficulté nulle part; ils croient pouvoir tout faire et ne reculent devant rien, — en paroles, du moins. — Très peu développés moralement, ils ont une excuse toute prête pour toute mauvaise action. Si on les offense ou si on les insulte, ils ont recours à la force brutale. N'ayant aucune idée des agréments du travail de la pensée, ils ne recherchent que les plaisirs sensuels. La faculté de l'abstraction n'existe pas du tout chez eux; aussi ne sont-ils pas préparés à une activité intellectuelle indépendante. Singulièrement bornés d'esprit, ils sont absolument dénués de puissance créatrice. Comme ils n'ont pas d'idéal, ils n'ont rien de sacré; l'égoïsme le plus étroit, le manque de caractère, l'effronterie, la grossièreté, la débauche, tels sont les traits les plus caractéristiques qu'ils présentent. Ajoutons que lorsqu'ils sont en présence d'un travail qui demande l'application d'autres procédés que ceux dont ils ont l'habitude, les bras leur tombent absolument. Ils sont pires que des enfants. L'école les a habitués à apprendre par cœur des choses toutes prêtes; aussi sont-ils incapables d'un travail intellectuel ou physique quelque peu complexe. L'harmonie des fonctions de leur organisme est si bien annulée qu'ils n'ont plus que des besoins animaux; l'être humain n'existe plus en eux. On croit, en général, que les ambitieux ne manquent pas d'idées abstraites et qu'ils ont du raffinement dans ce qu'ils font; tout cela n'est que de l'apparence. Une grande mémoire, qu'ils ont surtout développée, leur a permis de s'assimiler les formes extérieures de la pensée abstraite; ils ont retenu quelques sages préceptes et ils savent imiter des actes qui ont de la distinction. On ne saurait voir ici, cependant, le résultat de leur propre réflexion et de leur propre savoir-faire. La pensée abstraite se forme de représentations claires qu'on doit raisonner avec logique et esprit de suite. On ne doit les accepter qu'après les avoir examinées dans tous les sens. Quelque vaste que soit le savoir accumulé, il ne donnera lieu à des idées générales que si les parties qui le composent ont été rigoureusement analysées et vérifiées de toutes parts. C'est ce que nous avons souvent eu l'occasion de voir chez des jeunes gens qui avaient été notés par leur zèle à l'école et qui y avaient remporté des prix. Ils avaient été les premiers dans leur classe pendant tout le cours de leurs études. A la sortie ils avaient obtenu le premier prix. C'est surtout frappant chez les jeunes gens qui ont fait leurs études dans une école militaire. Ils ont beaucoup de tenue, ils savent tout ce qui leur a été enseigné, mais leur éducation n'en est pas meilleure pour cela. L'arbitraire le plus grossier dirige leurs raisonnements et leurs actes; ils n'ont jamais réfléchi à la dignité de la personne humaine; aussi n'ont-ils pas appris à la respecter. Ils n'ont pas été élevés dans le sens général de ce mot. Ils sont grossiers et cyniques dans leurs amusements et dans leurs plaisanteries. Ils sont d'ailleurs incapables de faire une application de leur savoir et ne s'intéressent nullement à des idées. Il semblerait qu'ils ont été fatigués par un travail trop hâtif et trop monotone; voilà pourquoi ils sont fermés à toute vie intellectuelle et cherchent dans la débauche l'oubli de leur spleen. Les études monotones qu'ils ont faites n'ont pas contribué à leur éducation générale.

Calculateur et égoïste, pénétré, d'ailleurs, du sentiment de sa supériorité, voire même de sa grandeur, l'ambitieux poursuit avec passion son but. Il s'imagine que tout ce qui existe n'a été créé que pour sa glorification. De la justice, il ne comprend que la forme, ce qui est la conséquence forcée de sa façon tout extérieure d'envi-

sager le vrai. Sa nature passionnée le porte à poursuivre son but en
ne s'arrêtant devant aucun moyen; il prendra, au besoin, des mesures extrêmes.

Nous avons montré, autant que possible, le lien qui existe entre
les traits les plus caractéristiques de l'ambitieux et les causes qui
ont contribué à les produire. Nous avons bien pu omettre certains
traits secondaires; mais ces derniers peuvent être considérés comme
des dérivés des traits principaux, sur lesquels nous nous sommes
arrêté plus longuement. Quant aux différences que peut présenter
chaque cas individuel, eu égard aux circonstances particulières dans
lesquelles il s'est trouvé pendant son enfance, nous n'en avons pas
tenu compte. Tout ce que nous venons de dire deviendra plus clair à
mesure que nous décrirons les types qui nous restent à étudier.
L'examen de l'enfant que nous appelons normal y contribuera surtout. Il nous paraît inutile de résumer ici les principaux traits du
type ambitieux, que nous venons d'énumérer. Le lien qui les rattache l'un à l'autre est si étroit qu'il est inutile d'y revenir.

Afin de rendre plus claire la description que nous venons de faire
du type ambitieux et du type hypocrite, nous jugeons utile de citer
la lettre d'une institutrice. Celle-ci avait étudié pendant quelque
temps deux petites filles appartenant aux deux types que nous
venons d'examiner. Voici comment elle s'exprime :

« Parlons d'abord de Marie, — c'est une petite fille ambitieuse.
« Elle a autour d'elle sa mère, une institutrice et de nombreux
« domestiques. Très peu intelligente, mais excessivement bonne,
« sa mère l'idolâtre. Comme elle est très riche, elle ne refuse rien
« à sa fille. Le désir de primer se fait voir dans chaque action de
« cette dernière; sa mère, son institutrice, tous les domestiques sem-
« blent être créés et mis au monde pour lui chanter du matin au
« soir qu'elle est intelligente, riche et belle, qu'elle joue très bien, etc.
« Elle est bien elle-même dans le jeu : lorsqu'elle gagne, elle
« rayonne et regarde autour d'elle d'un air vainqueur; au premier
« échec, au contraire, elle perd toute son énergie. Je suis parfaite-
« ment à même de l'observer lorsque nous jouons au crocket. Je
« suis son partner en général. Comme je joue mieux que les autres,
« il dépend de moi que nous gagnions ou que nous perdions. Or,

« lorsque je frappe des coups réguliers et lorsque nous avons des
« chances pour gagner, elle est pleine d'énergie. Elle joue avec soin
« et d'une façon assez régulière. Si, au contraire, je permets à la
« partie adverse de prendre les devants, les bras lui tombent aus-
« sitôt; elle a l'air mécontent et joue avec indolence. Les coups
« qu'elle frappe sont irréguliers. Hier, j'ai pu changer son humeur,
« à volonté, trois fois. Alexandrine, une hypocrite, se comporte tout
« autrement dans les cas où elle éprouve un échec. Quand elle
« gagne, elle est aussi très contente et joue avec beaucoup de soin.
« Lorsqu'elle perd, elle cherche à faire croire que cela lui est indiffé-
« rent, que cela l'amuse même. Elle rit et frappe à dessein des
« coups irréguliers; elle veut montrer à toute force que c'est parce
« qu'elle n'a pas joué sérieusement qu'elle a perdu. Son rire et
« les bêtises qu'elle fait ne sont pas naturelles. Ce qui frappe
« encore dans Marie, c'est sa froideur et sa dureté. Bien que ses
« proches l'aiment beaucoup, elle n'est attachée à personne. On a eu
« ici la visite d'une tante et d'un frère aîné. Lorsque le jour du
« départ est venu, tout le monde était triste et chagrin; Marie, seule,
« avait l'air indifférent. C'est là encore qu'on voit la différence
« entre l'enfant hypocrite et l'enfant ambitieux. Marie n'a d'attache-
« ment pour personne et ne s'en cache pas. Non moins froide,
« Alexandrine sait se montrer triste et affligée; elle pleure, au
« besoin. Marie ne pleure jamais, Alexandrine pleure plusieurs fois
« par jour. »

III

DU TYPE DÉBONNAIRE

Le troisième type fondamental est aussi nettement accusé, chez l'enfant qui entre à l'école, que le type ambitieux. L'enfant débonnaire est calme et tranquille; il observe avec attention ce qui se passe autour de lui. Absorbé par l'examen de ce nouveau milieu, il peut écarter les jambes, comme pour avoir un point d'appui plus solide et entr'ouvrir la bouche. D'autres fois il s'accoude, à demi couché sur la table, et semble perdu dans la contemplation de ce qui l'entoure. Il s'occupe fort peu de son extérieur, et ses vêtements sont parfois malpropres ou déchirés. Il n'est ni affable ni amical. Il ne cherche nullement à attirer sur lui l'attention du maître. Il méritera plutôt des remontrances par sa manière d'être, simple et droite, qui peut être gauche parfois.

Bientôt il devient plus familier avec ses camarades. Quant à ses amis, il les choisit de préférence parmi ceux des élèves qui ne sont en faveur ni avec les camarades, ni avec le maître. Ce sont ceux, en général, qui sont rudes d'allures, pauvres et d'un extérieur peu attrayant. Il ne leur donne aucun signe de tendresse et ne leur fait jamais de caresses. C'est de l'attention qu'il leur témoigne seulement; il leur donne aussi des preuves d'intérêt quand il peut. Il les force peu à peu à se mêler aux autres élèves. Lorsqu'il parle à quelqu'un, il regarde son interlocuteur bien en face; il n'est pas du tout timide et sa parole n'est nullement hésitante. Lorsqu'il connaîtra mieux son maître, il sera très communicatif avec lui; tout en causant volontiers de ce qui se passe autour de lui, il pose des questions et raisonne en même temps. Ce sont les rapports des hommes entre eux qui le préoccupent surtout; il les examine en se plaçant au point de vue de la morale. Il semble qu'il vérifie à chaque instant des idées toutes faites qu'il a sur ce point. Au moment où il entre à l'école, l'enfant débonnaire est très religieux; sa foi est sincère et peut aller jusqu'à l'extase.

Au commencement, il ne prête aux paroles du maître que peu d'attention lorsqu'il est en classe. Il faut qu'il s'habitue à la quantité d'impressions nouvelles qui l'entourent et qui agissent sur lui avec trop d'intensité. Il devient plus attentif peu à peu. Si les leçons du professeur correspondent par leur forme et par leur essence à son niveau intellectuel, il les écoute avec attention. Son intérêt pour l'étude devient plus vif encore lorsque son besoin de réfléchir se trouve satisfait; plus le travail qu'on lui impose exige une tension de l'intelligence, et plus il s'intéresse à ce qu'il fait. En classe, lorsqu'il s'agit non de répondre à une question par des phrases toutes faites qu'on a apprises quelque part, mais d'appliquer un précepte ou une formule, ou bien d'expliquer une thèse, l'enfant débonnaire le fera mieux qu'un autre et d'une façon plus complète. Il chuchotera parfois sa réponse à l'oreille de son voisin (si celui-ci est un hypocrite, il la redira tout haut, sans que l'autre proteste); d'autres fois, il répondra bien tout haut, mais gauchement et sous une forme inculte. Il parlera sans assurance et comme s'il avait des doutes. Sa mémoire n'est pas très développée; il est cependant à même de faire l'application de ce qu'il sait, parce qu'il a l'habitude de réfléchir sur les faits qu'il observe. Il a si bien cette habitude qu'il ne répond jamais immédiatement lorsqu'on lui adresse une question. Il ne se prononce qu'après avoir examiné cette question en détail. Lorsqu'on lui donne l'explication d'un phénomène, il est bien plus porté à nier cette dernière qu'à l'admettre. Après avoir fait tout son possible pour prouver la faiblesse des arguments qu'on lui pose, il en cherche de son côté. En règle générale, il n'accepte pas volontiers les opinions d'autrui et aime beaucoup la discussion; ce n'est pourtant pas l'amour de la contradiction qui constitue en pareil cas son mobile. Ce qui l'anime, au contraire, c'est le désir d'examiner une question sous toutes ses faces, de manière à la connaître à fond. La façon dont il envisage les professeurs est empreinte du même esprit de critique; il remarque volontiers leurs côtés ridicules et les fait voir à ses camarades. Si un professeur enseigne de façon à intéresser ses élèves, il ne sera raillé que doucement; aucune note malveillante ne se fera entendre dans les rires pleins d'entrain qu'on entend éclater. Il va sans dire que celui qui a provoqué cette gaieté est au beau milieu des rieurs. Lorsque au contraire un professeur n'est pas aimé des élèves pour son manque de tact ou sa mauvaise manière d'enseigner, l'enfant débonnaire ne suit pas du tout la leçon. Toute son attention est concentrée sur l'observation du maître; il épie ses fautes et le raille après la classe, sans bonhomie cette fois. On observe même une nuance d'ironie qui n'a rien d'exagéré et qui est strictement en rapport avec les qualités du maître.

S'il a commis une faute, l'enfant débonnaire fait des aveux sincères; il ne souffrirait jamais qu'un camarade soit puni à cause de lui. Il est capable même d'exagérer sa faute. Si on l'accuse à tort, il pourra garder le silence, mais jamais il n'accusera un camarade. En règle générale, il ne comprend pas la vengeance, ainsi que nous le verrons plus loin. Un autre de ses motifs, c'est que les conditions de l'école étant ce qu'elles sont, les élèves considèrent toujours leurs surveillants comme des ennemis. Si on lui pose une question directe, il dira qu'il n'est pas coupable. S'il sait par quel élève la faute a été commise, il l'avouera franchement, mais déclarera en même temps qu'il se refuse à nommer le coupable. Il est toujours ferme et invariable sur ce point, aussi est-il aimé de tous ses camarades. Lorsqu'on accuse un élève qui est innocent, il prend ardemment sa défense; il en fait autant lorsqu'on persécute quelqu'un de faible. Il lui arrive souvent de s'attirer ainsi de la part de ses maîtres un mécontentement qui va parfois jusqu'à l'indignation. L'injustice le révolte tellement qu'il éclate et oublie toute mesure; il sait en pareil cas montrer d'une façon éclatante la laideur et l'injustice de l'action qu'il indique. Il ne supporte ni le mensonge ni la violence quelle que soit la forme qu'ils prennent. Dès qu'il en aperçoit la moindre trace il s'empresse de les signaler publiquement si d'autres intérêts que les siens sont en jeu. Si lui seul est en cause au contraire, il s'écarte sans mot dire et s'en va. Il est l'ennemi né des hypocrites, mais il n'entre pas en lutte avec eux d'une façon systématique; il se contente de les démasquer et de se tenir au loin. Quant à poursuivre qui que ce soit avec persévérance et méthode, ce n'est pas dans sa nature. C'est avec ses propres ennemis surtout qu'il ne saurait user de représailles, quand même ils lui auraient causé beaucoup de mal et de souffrances.

Plein de cœur et très aimant, l'enfant débonnaire est toujours très attaché à sa mère, à sa bonne et à toutes les personnes qui l'ont entouré pendant son enfance. Il aime aussi les lieux où ses premières années se sont passées. Sa manière d'être est simple et franche. Il ne donne aucun signe extérieur de sa tendresse aux gens avec lesquels il est en rapport. Jamais il ne songe à paraître meilleur; bien au contraire, il pourra se peindre quelquefois sous un jour défavorable. Ceci tient à ce qu'il n'est pas sûr de lui-même, et ce n'est certes pas une ruse chez lui. Il n'est nullement avide et n'a jamais le moindre désir de s'approprier le bien d'autrui. Il ne poursuit pas son intérêt personnel et ne cherche jamais aucun privilège. Oublieux de ses propres besoins, il est toujours prêt à partager et à céder plus et mieux qu'il ne garde. Tous ceux qui l'entourent, s'ils sont dans le besoin surtout, peuvent être sûrs qu'il les aidera dans la mesure de ses forces. Il le fera sans aucune arrière-pensée et sans aucun calcul. C'est qu'étant impressionnable il ne saurait passer à côté du malheur et des privations d'autrui sans être ému. Il est bon et doux avec les inférieurs, les domestiques y compris, et respecte en eux la dignité humaine : aussi l'aime-t-on toujours et lui reste-t-on souvent dévoué pendant toute sa vie. Resté seul, il n'est jamais oisif, mais il trouve toujours à s'occuper. Son esprit d'observation est remarquable : voilà pourquoi il observe volontiers les végétaux, les animaux et tout ce qui l'entoure en général, tous les phénomènes qu'il a examinés ainsi, serviront plus tard de thème à ses réflexions. Il aime beaucoup faire part de toutes ses impressions à une personne qui est unie avec lui par les liens de l'amitié. S'il a des doutes qui lui viennent à l'esprit, c'est à cette personne qu'il s'adressera de préférence pour qu'elle l'éclaire. Il sait très bien quels sont les actes qui peuvent l'affliger ou même lui être désagréables : aussi met-il le plus grand soin à les éviter. Si une action qu'il a commise est désapprouvée par cette personne et si les motifs lui sont clairs, il comprendra aussitôt qu'il a mal agi. C'est là un trait frappant de l'enfant débonnaire. C'est par un aveu franc de sa faute qu'il cherche à la réparer, et non pas par de la servilité ou par des caresses; quant aux causes qui l'ont porté à mal faire, il les cherche en lui-même et jamais dans autrui. Cet enfant exige qu'on lui explique avec calme et raison ses défauts, ainsi que les fautes qu'il a commises. Son énergie ne fait que croître lorsqu'on l'approche avec une exigence très grande, mais qui est raisonnable et juste.

Qu'on limite au contraire sa liberté, qu'on l'ennuie en lui rappelant à chaque instant la règle, qu'on le poursuive de menaces et de punitions, qu'on le force à apprendre par cœur et autrement qu'à ses heures, qu'on lui enjoigne d'obéir « sans raisonner », qu'on veuille en faire un mécanisme en un mot, et il deviendra inquiet et insupportable. Il sera même sur la limite de devenir un enfant hébété-méchant. Il ne se soumet à aucune mesure; aucun châtiment n'a de prise sur lui, il remarque toutes les bévues et tous les côtés faibles de son maître d'études et de tous ceux qu'il considère comme ses oppresseurs; il en fait la charge et les couvre de ridicule devant ses camarades. Mobile, inquiet et très observateur, rien ne saurait lui échapper. On est étonné de voir à quelles rudes incartades il se décide hardiment, quelquefois. Quant à l'étude, il l'a complètement abandonnée. Irrité, mis hors de lui par une série de mesures qu'on a prises contre lui, il est capable, en pareil cas, d'insulter ses persécuteurs et de joindre l'acte à la parole. Les cadeaux, les récompenses et les prix n'ont aucune action sur lui; il n'en tient aucun compte comme de toute espèce de profit. Les biens matériels n'existent pas pour lui : aussi ne fait-il aucun effort pour les acquérir. Il sympathise tellement avec les misères d'autrui, qu'il donne souvent plus largement que ne le comportent ses moyens. Ce qu'il possède est très vite dépensé; l'argent ne tient pas dans sa poche parce qu'il n'y fait pas assez attention et parce qu'il donne facilement. Cette qualité semble augmenter à mesure qu'il grandit. Lorsqu'ils ont atteint l'âge viril, ces enfants deviennent des hommes intègres; de plus, ils ont le sentiment de la justice parce qu'ils se placent toujours à un point de vue objectif. La nature droite, franche et ouverte de l'enfant débonnaire se manifeste d'une façon très accusée dans tous les rapports qu'il a avec ses camarades. Il est tel en classe comme dans les récréations et dans les jeux. Nous avons souvent eu l'occasion d'observer ce type chez des enfants et chez des jeunes gens. Nous avons vu aussi des adultes le présenter sous une forme assez nette dans leurs manifestations. Ce sont là des gens qui ne connaissent pas les mobiles personnels et qui ne sont pas dirigés par l'intérêt; dussent-ils en souffrir, ils ne servent que les idées et les principes sur lesquels ils se sont arrêtés après un mûr examen. Jamais ils ne seront une arme aveugle entre les mains d'autrui et jamais ils ne reconnaîtront un maître.

Pas assez persévérants dans ce qu'ils entreprennent, ces individus sont mous et manquent de fermeté. Quelquefois c'est une indolence, de la paresse même, qui les empêche de réagir contre le mal avec toute l'énergie voulue. Ce fait s'observe principalement chez les hommes faits qui appartiennent au type qui nous occupe; encore faut-il que leur intérêt seul soit en jeu pour qu'il se produise. Lorsqu'au contraire ce sont les intérêts de la société, ou bien ceux d'une autre personne, qui sont menacés, l'homme débonnaire secoue immédiatement sa paresse. Il se montre alors ce qu'il est en réalité, un défenseur énergique de la vérité. C'est pour les exercices physiques que ces individus sont paresseux, bien plus que pour le travail de l'intelligence. Quant à ce dernier il prend parfois chez eux la forme d'un travail exclusif de l'imagination. Ils forment des projets, des châteaux en Espagne, mais leur pensée est toujours active. C'est la droiture et l'honnêteté de l'homme débonnaire qui peut l'amener à cette vie oisive, qui est toute d'imagination; le mensonge, l'effronterie, la violence, lui répugnent. Il ne saurait, non plus, faire comme ces gens affairés qui, par une sorte d'accord mutuel, ne songent « qu'à attraper un morceau du domaine public ». Il lui est impossible, de plus, de s'adonner à une occupation uniforme et toute mécanique. Toutes ces circonstances réunies font qu'il quitte parfois une carrière lucrative. Il devient ainsi facilement un « homme de trop », qui forme des projets qu'il ne saurait mettre en exécution faute de moyens pécuniaires. Pour calmer son imagination en délire, il a bientôt recours aux narcotiques.

Nous voyons que les côtés élevés de la nature humaine ne manquent pas chez l'enfant débonnaire; afin de le rendre plus apte à la lutte, il s'agirait seulement de lui ajouter de l'énergie et de la persévérance. C'est ce que doit faire l'école tout en contribuant, autant que possible, au développement des qualités qu'il possède.

Nous avons décrit ce type tel que nous l'avons observé dans les écoles; nous osons dire que le tableau que nous avons tracé est aussi objectif que possible et que rien n'a été ajouté par l'imagination. Quant aux erreurs que nous avons pu commettre dans le cours de nos observations, elles deviendront palpables à mesure qu'on en fera de nouvelles.

Voici quelles sont les circonstances que nous avons vu contribuer à la formation du type qui nous occupe : l'enfant a mené, dès sa naissance, une vie calme et paisible; il a vécu à la campagne, le plus souvent. Il a eu auprès de lui une mère, bonne et aimante, ou bien une autre personne de sa parenté. Il n'a pas été accablé de louanges, il n'a pas eu à se préoccuper de l'apparence, chose qui agit sur le sentiment; il n'a été ni persécuté, ni puni. Il a été parfaitement libre et on lui a donné, autant que possible, tout ce dont il avait besoin. Lorsqu'il demandait une chose, on faisait droit à sa demande, toutes les fois qu'on pouvait le faire. Lorsqu'on le refusait, au contraire, on avait toujours soin de lui donner des motifs sérieux de son refus. Cet enfant n'a jamais eu à subir ni l'arbitraire, ni la violence. Si on exigeait de lui une chose, on lui donnait toujours le pourquoi. Ajoutons que cette manière de faire n'était pas cependant la conséquence d'un esprit de système. On avait tout simplement de l'affection pour lui, on ne vivait même que pour lui. C'est par suite de l'intérêt qu'on lui portait, qu'on cherchait à lui faire comprendre les mobiles de ses actions. Entouré par des gens calmes qui s'arrêtaient sur chaque phénomène nouveau pour le raisonner, cet enfant a pris l'habitude de creuser les questions et les doutes qui se présentaient à son esprit. On ne lui imposait aucune idée, mais on se bornait à répondre à ses questions et à lui donner des explications, qu'on tâchait de rendre aussi simples que possible. Si on était à court d'arguments on l'avouait franchement; mais jamais on ne se payait de phrases que l'enfant ne pouvait comprendre. On ne le renvoyait pas non plus sans se donner la peine de raisonner avec lui. Nous avons eu l'occasion de voir à côté d'une mère insouciante, une bonne d'enfants intelligente, simple et pleine de cœur. L'enfant que celle-ci élevait devenait plus tard un enfant débonnaire. Sans le gâter, sans être toujours sur ses pas, elle prêtait toute son attention aux besoins de cet enfant et répondait avec une sincérité parfaite à ses questions. Devenu jeune homme, l'enfant restait sincèrement attaché à sa bonne ; il aimait à raconter, plus tard, comment il leur était arrivé, plus d'une fois, de chercher ensemble les solutions qu'il ne pouvait trouver tout seul. Aucune de ses actions ne pouvait échapper à sa bonne ; elle l'arrêtait toujours, quand il lui semblait qu'il faisait mal. En même temps elle lui expliquait les motifs qui l'empêchaient d'approuver sa manière d'agir. Cette vieille femme avait encore de l'influence sur lui lorsqu'il devint jeune homme. Ce qui contribue surtout à rendre l'enfant débonnaire, c'est l'absence de toute sorte de moyens artificiels, de distractions tels que les dîners de parade, les fêtes, les bals, les théâtres, etc. Il a toujours trouvé lui-même à s'occuper et il a inventé des jeux au besoin. On ne lui est venu en aide que lorsqu'il en a exprimé le désir, et on s'est toujours borné à lui fournir ce dont il avait besoin. A mesure qu'il s'est développé, ses occupations sont devenues de plus en plus compliquées, mais jamais on ne lui a imposé un travail au-dessus de ses forces. De plus, le genre de ce travail a toujours été conforme à ses besoins et à son degré de compréhension. On serait en peine de trouver ici un système quelconque d'éducation ; tout a été fait, naturellement, par une personne simple et vraie, dont les actes et les paroles ont toujours été d'accord. Sincèrement attaché à l'enfant, d'ailleurs, cette personne a toujours été prête à l'aider et à lui montrer ce qu'il ne savait pas.

Il nous reste à faire voir le lien qui existe ici entre la cause et l'effet. Rappelons d'abord en quelques mots les côtés les plus saillants du type que nous avons appelé le type débonnaire : c'est un grand esprit d'observation joint à l'habitude de réfléchir sur tous les phénomènes qu'on observe et dont on cherche à pénétrer le lien causal et le sens intime ; une certaine mollesse ; beaucoup de droiture enfin. Dans ses actions, dans sa manière d'être avec ceux qui l'entourent, l'homme débonnaire est simple et vrai. Il prend toujours la défense des faibles ainsi que de tous ceux qui ont été opprimés injustement. Il remplit strictement ses devoirs, mais il mollit aisément toutes les fois que son intérêt personnel est le seul qui soit en jeu. Il le fait surtout avec facilité quand son travail l'ennuie.

Nous avons dit plus haut que les irritations fortes et rapides venues du dehors donnent lieu à des phénomènes réflexes. Nous avons dit ensuite que les irritations plus lentes, mais qui agissent avec persistance, favorisent le développement de la mémoire et amènent des actes d'imitation. Les agents irritateurs agissent ici plus lentement que dans le premier cas, les diverses impressions peuvent être isolées l'une de l'autre. Elles pénètrent jusqu'au centre conscient et deviennent ainsi subjectives. La possibilité de recevoir les impressions d'une façon subjective augmente lorsque celles-ci agissent en progressant d'une façon graduelle et successive. Il faut aussi qu'elles se succèdent avec aussi peu de rapidité que possible. La conséquence immédiate sera que les diverses impressions seront classées d'après leur qualité et d'après leur intensité. Analysées et comparées ensuite elles deviendront plus claires et donneront naissance à des pensées et à des données scientifiques. Vient ensuite un acte psychique plus complexe qui nous introduit dans le domaine de la Raison, qui est celui des idées et des notions. C'est ici que les diverses pensées et les diverses données scientifiques sont comparées entre elles; les ressemblances et les différences qu'elles présentent sont examinées dans leur essence et déterminées ensuite avec exactitude. C'est par la Raison que nous arrivons à la compréhension des diverses données scientifiques que nous avons retenues par la mémoire. Le cercle de nos connaissances s'élargit à mesure que nous apprenons à faire de la synthèse.

Nous avons dit plus haut que c'est par l'induction et par la déduction qu'on élabore les vérités générales ou idées nettement conçues; celles-ci doivent correspondre strictement à la nature des images qui en forment la base. C'est encore la Raison qui est le siège de ce travail. Lorsque des efforts, qui ont progressé d'une façon graduelle et successive, ont été faits en ce sens; lorsque ces efforts ont amené l'activité intellectuelle d'un homme à ce niveau, nous pouvons dire que ce dernier est en possession de la vérité. Il a trouvé pour lui-même l'idée du vrai. Mis en présence d'un phénomène nouveau, il saura l'examiner dans son essence et lui trouver sa place. Par tous ses actes, par tous ses désirs, il ne fera qu'appliquer les déductions qu'il aura faites d'une idée générale, d'une image ou d'une représentation. Nettement conçues, ces dernières reposeront sur des idées générales. De pareils actes peuvent être considérés comme une manifestation de la vérité. Ils mènent d'une façon utile et équitable, à la fois, vers un but déterminé. Voilà pourquoi on les appelle des actes *raisonnables*. Lorsqu'un homme en est arrivé à ce point, ses désirs et ses actes ne sont plus réglés par son sentiment ou par son intérêt du moment. Sa façon de comprendre le bien ou le mal est nette et déterminée. Un enfant peut également en arriver à ce point. Il faut seulement qu'il ait auprès de lui une personne toujours prête à examiner avec lui les questions et les doutes qui se présentent à son esprit. Il faut de plus qu'il y ait concordance entre les paroles et les actes de cette personne. Il faut, enfin, que ces derniers soient en général conformes aux principes du vrai qui ont été élaborés en commun. L'enfant qui nous occupe s'est habitué à aimer et à respecter la personne qui le dirige, et un lien intime s'est formé entre eux. Tous deux aiment par-dessus tout le vrai et c'est en appliquant cette mesure qu'ils jugent les actes des autres hommes. Quant aux faiblesses, l'enfant peut bien les voir dans son Mentor, comme il en voit chez lui-même et chez les autres. Ces faiblesses sont examinées en toute franchise, ainsi que les causes qui les ont amenées. L'enfant comprend qu'elles sont la conséquence forcée d'une certaine nature. Il s'habitue de cette façon à n'attaquer qu'avec prudence les faiblesses d'autrui. Il s'abstient de juger trop vite, crainte de juger mal. En même temps, il cherche à éviter de commettre les mêmes fautes. Il fait aussi des efforts pour empêcher le développement, en lui, de ces mêmes faiblesses. Nous pensons en avoir dit assez pour expliquer le lien qui existe entre les traits principaux des enfants débonnaires et les causes qui les ont rendus ce qu'ils sont.

L'esprit observateur de l'enfant débonnaire est dû à ce qu'on n'a rien fait pour diminuer son impressionnabilité. Jamais brusqué, il n'a pas souffert des privations; il n'a été non plus ni châtié ni encouragé. Ajoutons qu'il a toujours eu le loisir d'observer tranquillement les phénomènes qui l'entourent; il a donc pu retenir dans son esprit les plus frappants de ces phénomènes et réfléchir sur leur sens intime. Il est facile de s'assurer en étudiant l'enfant débonnaire, combien il est important que la faculté de recevoir des impressions ne soit en rien diminué. Or, c'est le résultat qu'on obtient en employant avec le nouveau-né toutes sortes de moyens factices. Plus tard, on lui applique la méthode des encouragements et des punitions; il s'habitue ainsi à se diriger par son intérêt personnel ou par le désir de se procurer une sensation agréable. Un enfant sera toujours très bon observateur, s'il se développe d'une façon normale, et si une règle constante ne pèse pas sur lui. Après avoir observé, il imitera, en pareil cas, ce qu'il aura vu, pour le raisonner ensuite. Ce serait là la meilleure méthode d'éducation à laquelle on ferait bien de se tenir strictement. Elle aurait cela de bon, qu'on ne risquerait pas d'appeler l'attention d'un enfant sur des phénomènes qui sont au-dessus de sa portée. Abandonné à lui-même, il ne remarquerait que ce qui correspond à son niveau intellectuel. En règle générale il est inutile de se donner du mal pour habituer un enfant à observer; il suffit d'écarter les circonstances qui pourraient affaiblir sa faculté de recevoir des impressions. Il est permis encore de l'entourer de matériaux pouvant servir à son instruction. Toutes les fois, au contraire, qu'on cherche à éveiller dans un enfant l'esprit d'observation, un point capital fait défaut : l'enfant n'est pas frappé lui-même par un phénomène nouveau, mais c'est une autre personne qui appelle son attention. Il est facile, en pareil cas, de mal apprécier les forces intellectuelles d'un enfant, ainsi que le degré de son développement. Il en résultera que cet enfant s'assimilera mal ce qu'il aura retenu. L'enfant débonnaire, dont l'impressionnabilité n'a pas été diminuée par des moyens factices, est moins indifférent qu'un autre envers ce qui l'entoure. Il observe aussi avec plus d'attention ce qui se passe autour de lui et en lui-même. Il imite ensuite ce qui l'a surtout frappé et s'habitue ainsi aux divers actes de la vie journalière.

Lorsqu'on choisit pour lui ces actes et lorsqu'on les lui fait répéter, on risque de choisir ceux qui ne correspondent pas à son niveau de développement physique et intellectuel. L'enfant débonnaire s'occupe peu de son extérieur : aussi est-il généralement gauche dans ses mouvements. Il n'est pourtant pas absolument étranger aux exercices manuels, dont on peut avoir journellement besoin : aussi ne sera-t-il jamais embarrassé lorsqu'il se trouvera en présence d'un travail quel qu'il soit. Il saura toujours s'y adapter et inventera au besoin les procédés nécessaires.

Après avoir observé d'abord, imité ensuite, cet enfant a l'habitude de raisonner sur ce qu'il s'est assimilé de cette façon. C'est là une qualité précieuse qui contribuera surtout à son éducation; elle l'aidera aussi à apprécier les qualités d'autrui et l'empêchera d'agir d'une façon arbitraire. On considère, en général, qu'il suffit qu'un enfant obéisse; on pense qu'il s'agit pour lui, avant tout, d'amasser des matériaux et des données scientifiques qui serviront plus tard de base à son activité. Or, cette opinion est contraire à la loi psychologique que voici : « *La façon dont un homme se comporte vis-à-vis d'un phénomène qu'il rencontre pour la première fois détermine, presque toujours à l'avance, la façon dont il se comportera vis-à-vis de ce même phénomène plus tard.* » Si on ne l'a pas habitué dès l'enfance à raisonner ses impressions et ses actes, il lui sera très difficile de le faire plus tard. En accumulant des connaissances il n'a cultivé que sa mémoire; celle-ci s'est développée aux dépens des autres facultés de son intelligence. Il n'a pas appris à raisonner; les connaissances qu'il a acquises resteront donc dans son cerveau à l'état de matière brute non digérée. Incapable d'analyser quoi que ce soit, ses propres actes entre autres, il ne comprend pas le fond des choses. Jamais il ne déduira de ce qu'il a appris une idée générale. Il ne saurait relier entre elles non plus les notions qu'il possède et les généraliser. En d'autres termes, il sait beaucoup de choses mais il n'en comprend aucune. Il ne saurait modifier de lui-même sa manière d'agir; il ne peut que répéter ce qu'il a entendu dire ou ce qu'il a lu dans un livre. Il n'a aucune personnalité et les éléments nécessaires pour qu'il puisse se tracer une règle morale lui font absolument défaut. C'est en comparant l'enfant ambitieux avec l'enfant débonnaire, que la vérité de ce que nous venons de dire ressort d'elle-même. L'esprit d'observation de l'enfant débonnaire, sa simplicité vis-à-vis de ceux qui l'entourent viennent confirmer l'opinion que nous venons d'émettre. Mis en présence d'autres personnes, l'enfant débonnaire les observe et remarque la façon différente dont ces personnes se comportent envers autrui. Il réfléchit ensuite sur ce qu'il a observé et se forme peu à peu une image abstraite, une idée de la personne humaine. C'est de là que tire son origine la douceur et la prévenance qui sont l'apanage du jeune homme débonnaire. C'est ainsi qu'il prend l'habitude de sympathiser avec tous ceux qui souffrent et de prendre la défense des faibles et des opprimés.

Lorsqu'on observe d'une façon impartiale les enfants réunis dans une école on s'aperçoit que l'amitié sincère et durable n'existe qu'entre ceux qui savent raisonner. Il faut aussi qu'ils soient animés d'un même sentiment du vrai. Quant aux ambitieux et aux hypocrites, jamais ils n'auront des amis. On ne constate l'amitié qu'entre deux enfants débonnaires, et dans certaines circonstances, entre un enfant débonnaire et un enfant hébété-méchant. Nous aurons soin de préciser ces circonstances en étudiant plus tard le type auquel appartient ce dernier enfant. Qu'il nous suffise de dire ici qu'il importe en pareil cas que les deux enfants soient animés d'un même culte de l'idée. Quant à l'amitié fondée sur des calculs d'intérêt, elle ne saurait être durable. Ce n'est pas de l'amitié d'ailleurs. Il est faux de dire qu'un enfant qui arrive à l'école à l'âge de neuf à dix ans ne peut encore avoir aucune idée de la notion du vrai. L'observation immédiate faite en ce sens démontre le contraire; il est facile de s'assurer que cette notion existe dans l'esprit de l'enfant sous la forme la plus déterminée et la plus expresse. Un maître d'école qui avait enseigné dans un village nous affirmait que la plupart de ses élèves appartenaient au type débonnaire. Cela nous paraît très vraisemblable; c'est en effet ce que nous avons observé nous-même dans les villages.

La mémoire de l'enfant débonnaire est peu développée; en revanche, il est habitué à tout analyser. Lorsqu'il rencontre un fait nouveau, il ne le retient pas aveuglément, mais il est plutôt porté au doute. Ce n'est qu'après vérification qu'il consent à l'admettre comme vrai. Il s'habitue ainsi de bonne heure à vérifier toute chose par lui-même. Il acquiert peu à peu la notion du vrai et arrive enfin à la conception de la vérité; celle-ci devient alors la base de sa vie morale. Elle l'est aussi pour ses relations avec ceux qui l'entourent, ses camarades surtout. Ces derniers l'aiment toujours à cause du sentiment de la justice qui est en lui et à cause de sa simplicité. Ajoutons que sa véracité vraiment remarquable fait que son influence sur ses camarades est toujours très bonne.

L'enfant débonnaire n'accepte jamais un devoir sans l'avoir raisonné au préalable, et sans en avoir compris la portée; aussi remplit-il ensuite ce devoir scrupuleusement. Il le fait au point d'oublier son intérêt personnel et son bien-être; ces derniers le préoccupent fort peu du reste, de même que son extérieur. L'habitude de raisonner le force à s'arrêter principalement sur le sens intime des phénomènes qui l'entourent. C'est le côté intellectuel et moral de l'homme qui l'intéresse surtout. Il cherche à expliquer le fond de la nature humaine. C'est le « moi intérieur » qui le préoccupe surtout. Ces habitudes d'esprit empêchent qu'il ne s'arrête sur le côté extérieur des choses; elles ne lui permettent pas, non plus, de s'arrêter à satisfaire des sensations de bas ordre. Celles-ci, du reste, n'ont pas pu se développer en lui. Il s'est si bien inculqué la notion du vrai qu'il ne cherche jamais à paraître meilleur qu'il n'est en réalité. Il a si peu l'habitude de s'occuper de son extérieur qu'il est parfois malpropre. Ce défaut d'attention tient à ce qu'il n'a pas envie de produire de l'effet par son apparence.

L'esprit d'observation que possède l'enfant débonnaire fait qu'il remarque aisément les qualités et les faiblesses des gens avec lesquels il se trouve en rapport. Il sait donc montrer avec beaucoup de justice les côtés faibles de ses maîtres. Il s'attache surtout à le faire lorsqu'il est mécontent de l'un d'eux ou lorsque celui-ci a été injuste envers un camarade ou l'a offensé. Il suffit que pareille chose soit arrivée pour qu'il prenne ardemment la défense de l'opprimé. Son sentiment de la justice et sa droiture sont tels, en effet, qu'il se révolte sitôt qu'on porte atteinte en sa présence à la dignité de la personne humaine, et cela dans autrui.

Le principal défaut de l'enfant débonnaire, c'est qu'il ne vérifie pas assez son raisonnement par les sens. Il est peu porté aux travaux physiques, aussi son développement laisse-t-il à désirer de ce côté. Il se laisse aller facilement à des rêves fantastiques; cela lui arrive d'autant plus aisément que les matériaux qu'il a amassés au préalable par l'observation sont peu considérables. Il est habitué à raisonner sur toute chose avant de l'admettre : voilà pourquoi il n'admet jamais d'emblée une explication ou une opinion qu'on émet devant lui. Il exprime ses doutes en pareil cas, mais sitôt qu'il s'est aperçu que son doute est sans fondement, il l'avoue franchement. Lorsqu'une occupation ne prête pas au raisonnement elle l'ennuie et il s'y refuse ordinairement. Il fait tout pour s'en défaire. Ce défaut de bonne volonté est pris souvent pour de la paresse et on a recours à la coercition pour le forcer à s'exécuter. On n'y arrive pas cependant. La contrainte le froisse et lui rend plus odieux encore le genre d'occupation auquel on veut l'astreindre.

Le développement ultérieur de l'enfant débonnaire ne saurait se faire dans le même sens si les causes qui ont agi sur lui pendant son enfance restent invariables. Il est indispensable au contraire qu'elles aillent en progressant d'une façon graduelle et successive de façon à l'exciter ainsi à une activité de plus en plus grande. Il est une loi d'économie qui est générale et qu'on observe dans tout organisme vivant : tout organe ou toute partie d'un organe de la vie végétative ou de la vie animale ne se perfectionne et ne se développe que dans une seule condition; il faut que l'excitation qui les pousse à l'activité progresse d'une façon graduelle et successive. S'il en était autrement ces organes ou ces parties s'arrêteraient dans leur développement. Ils pourraient même être atteints de métamorphose régressive. Tout travail qui dépasse les limites de l'activité de ses organes amène leur épuisement; un état maladif survient en conséquence. C'est dans les organes de la locomotion que cette règle est surtout facile à vérifier; elle peut être ensuite généralisée et appliquée aux autres organes.

C'est en étudiant l'enfant débonnaire qu'on peut voir combien il est facile de désorganiser la vie d'un enfant par des exigences mal placées et déraisonnables. Un enfant s'est habitué à disposer lui-même de son temps et d'agir avec indépendance; lorsqu'il entreprend une occupation il en prend à son aise et ne se presse pas. Supposons qu'on soumette cet enfant à une règle qui a été élaborée en un pays étranger pour des enfants qui appartiennent à un tout autre type et qui vivent dans des circonstances toutes différentes. Supposons qu'on le force à se mettre dans la tête toutes sortes de données scientifiques qui font partie d'un certain programme. Supposons encore que très versés dans les sciences comprises dans ce programme, ceux qui l'ont formé ne savaient absolument rien des conditions nécessaires au développement de l'intelligence et des qualités morales chez un enfant. Il va sans dire que, moins que tout autre, l'enfant débonnaire tel que nous l'avons décrit pourra être enfermé dans un pareil cadre. En cherchant à l'y faire entrer, nous ne pouvons faire qu'une chose : nous lui enlèverons peu à peu les meilleures de ses qualités. Nous ne pouvons que le pervertir en un mot. Ce système d'éducation d'ailleurs n'aurait pour résultat que de bourrer un enfant de connaissances mal digérées. Il produira fort mal à propos souvent les notions confuses qu'il aura acquises de la sorte. Quant aux examens, il les passera sans doute, mais il ne connaîtra que très imparfaitement et soi-même et son prochain. Il ne saura donc pas apprécier à leur valeur exacte les diverses actions humaines.

Lorsqu'on étudie l'organisme humain, on s'assure aisément que les facultés intellectuelles ne sauraient se développer d'une façon régulière à moins d'être excitées d'une façon graduelle et successive. Il suffit de laisser de côté une de ces facultés pour que son activité baisse aussitôt. Ceci amène invariablement à sa suite des troubles dans les fonctions de l'organisme tout entier. L'abaissement de l'activité intellectuelle en effet empêche l'activité de l'homme de se manifester d'une façon régulière; elle a pour conséquence l'impossibilité de fournir le plus d'activité possible en aussi peu de temps que possible. On ne saurait atteindre un pareil résultat, si on n'exerce pas sa faculté de penser d'une façon abstraite; ce n'est qu'ainsi qu'on arrive peu à peu à comprendre les idées générales qui forment la base de toute une série de phénomènes. En étudiant plus tard l'enfant normal, nous tâcherons de faire voir que tout enfant qui vient au monde a un tempérament déterminé. Celui-ci est sous la dépendance de la structure de son système vasculaire et de l'organe qui en forme le centre. L'individualité de chaque enfant doit nécessairement être fixée pendant que celui-ci est encore dans la famille. C'est en développant ses facultés intellectuelles et en lui inculquant la notion du vrai que ce résultat peut être atteint. L'école doit contribuer au développement harmonique de toutes ses facultés et doit lui apprendre à se gouverner. En d'autres termes, elle doit donner à l'enfant les conditions nécessaires pour qu'il devienne un homme de caractère; son individualité doit pouvoir se manifester librement et il doit apprendre à gouverner ses sensations; celles qui sont sous la dépendance des organes de la vie végétative, non exceptées. Il semble qu'en choisissant les matières qui devront servir à l'enseignement, il importe de donner la préférence à celles qui correspondent au développement des facultés intellectuelles. C'est à favoriser ce dernier qu'on devrait songer avant tout. N'est-il pas étrange, en effet, de supposer qu'un professeur n'enseigne les mathématiques uniquement dans le but qu'un élève sache calculer et résoudre des questions pratiques. On n'apprend pas non plus la géographie pour savoir seulement où se trouve telle ville et dans quelle partie du monde coule tel fleuve. Hâtons-nous d'ajouter cependant que l'enseignement de ces sciences ne va guère au delà aujourd'hui. Nous considérons pour notre part que le but suprême de l'éducation doit être infiniment plus large. L'école doit apprendre avant toute chose à l'enfant de séparer les unes des autres les diverses impressions qu'il reçoit; il doit s'habituer ensuite à faire l'analyse et la synthèse des phénomènes qu'il observe. En comparant les diverses représentations qui se présentent à son esprit, il doit savoir les diviser en représentations primaires et en représentations secondaires. C'est en se fondant sur ces images et sur ces pensées essentielles, qu'il élaborera des notions et des idées; habitué ainsi à vérifier par lui-même les données scientifiques qui lui sont enseignées, il arrivera à les *comprendre*. C'est ainsi qu'il se mettra enfin en possession de la vérité. Plus tard, lorsqu'il aura à apprécier le sens des phénomènes qu'il voit il saura appliquer les principes et les idées qu'il aura trouvés ainsi par lui-même. Ce qu'il importe surtout à un jeune homme, c'est de savoir poser des principes et des lois générales. Il se servira de ces dernières pour expliquer les phénomènes qu'il observe; quant aux principes, ils lui aideront à gouverner ses sensations et ses désirs. Lorsqu'un jeune homme en est arrivé à ce point, on peut dire qu'il est prêt pour la lutte qui constitue la vie. Quant aux moyens qui permettront d'atteindre ce but final de l'éducation, ils sont de divers ordres. Une méthode très compliquée était employée à cet effet dans la Grèce antique : dans le but de faire connaître aux jeunes gens la vie, on appelait leur attention sur diverses manifestations de cette dernière, puis on les faisait raisonner sur ces manifestations. Nous pouvons dire à ce sujet que des raisonnements qu'on ne vérifie pas, en se plaçant à des points de vue très divers, risquent de devenir tout à fait subjectifs. Voilà pourquoi il importe d'employer plusieurs méthodes de raisonnement qui se contrôlent l'une par l'autre. Nous arriverons ainsi peu à peu à juger en nous plaçant à un point de vue objectif, ce qui nous permettra de connaître la vérité et de nous l'assimiler.

Il résulte de ce que nous venons de voir qu'il est absolument inutile de se demander quelles sont les sciences qui contribuent le mieux à rendre une éducation sérieuse. Ce sont évidemment celles qui développent de préférence le raisonnement et qui conduisent à la compréhension des vérités scientifiques qu'elles rendent plus claires. On doit bannir de l'école la méthode qui consiste à s'assimiler des connaissances; ce genre d'étude ne contribue qu'à développer la mémoire. Le jeune homme n'apprend pas en même temps à faire, d'une façon indépendante, l'application des connaissances qu'il a accumulées en soi. Lorsqu'on défend l'utilité d'un objet de l'enseignement scolaire, on le fait en général par des phrases devenues courantes ou par des citations d'auteurs considérés comme des autorités. Il est rare qu'on ait soi-même réfléchi sur ce point et qu'on l'ait examiné posément et dans tous ses détails. Pour peu qu'on ait approfondi cette question, on comprendrait que les études classiques, les sciences naturelles et les mathématiques peuvent également contribuer au développement de l'intelligence. Dans d'autres circonstances ces mêmes sciences peuvent avoir un effet absolument inverse et même abrutir l'enfant. N'est-il pas indifférent, en effet, que l'enfant retienne dans sa mémoire des sons, des formules de grammaire et les règles de leur application, ou bien des noms d'animaux, de plantes et de fossiles avec leurs divisions, ou bien encore des formules et des opérations mathématiques! Si jamais il ne s'arrête pour réfléchir posément sur ce qu'il a appris, s'il n'en creuse pas le sens intime avec son raisonnement, il n'aura rien fait pour le développement des facultés les plus précieuses de son intelligence. Le but de son séjour à l'école aura donc été manqué totalement.

Il est une autre circonstance très importante selon nous, que les pédagogues perdent généralement de vue ; ceci prouve une fois de plus qu'ils ne savent rien de la nature de l'enfant. C'est ainsi qu'ils oublient le lien intime qui existe entre les diverses fonctions de l'organisme humain. Nous avons dit plus haut qu'afin de donner lieu à un acte conscient l'intelligence doit faire un effort persistant et assez prolongé, qui demande assez de temps. Quiconque s'occupe de travail intellectuel sait, par expérience, combien celui-ci fatigue lorsqu'il est uniforme et sérieux en même temps. Ce n'est que par un exercice prolongé et persévérant qu'on peut acquérir l'habitude d'un pareil travail ; autrement on sera obligé de changer souvent le genre de son occupation ou bien de faire alterner le travail intellectuel avec le travail physique. Ajoutons que le but de l'éducation n'est pas seulement de faire des hommes intelligents, aptes à comprendre ce qu'ils entendent et ce qu'ils voient ; il faut que ces hommes sachent diriger leur volonté et conformer leur conduite aux principes, qu'ils considèrent comme conformes à la justice. En d'autres termes, le pédagogue qui dirige une école doit mettre l'enfant dans de telles conditions que sa force morale puisse prendre son entier développement. Ce doit être là sa *tâche principale*. Il faut avant tout que l'enfant apprenne à diriger sa volonté et à se gouverner. Ne fatiguons donc pas l'enfant par un travail intellectuel qui est au-dessus de ses forces, mais aidons-le à devenir un lutteur infatigable et énergique qui ne verra que son idée. Telles sont, suivant nous, les exigences essentielles que nous sommes en droit de poser aux pédagogues et que ces derniers perdent absolument de vue par moments, c'est qu'ils n'approfondissent pas assez la nature de l'enfant.

Les pédagogues de la Grèce antique observaient mieux que les nôtres ; ils comprenaient aussi mieux les conditions qui favorisent le développement de l'enfant et du jeune homme. Sans rien faire apprendre par cœur à ces derniers, ils avaient l'habitude de s'entretenir avec eux sur les divers phénomènes de la vie intime de l'homme ainsi que sur les événements qui se passaient autour d'eux. En raisonnant avec eux, ils les aidaient à comprendre le sens intime de tout ce qui se passe dans l'homme et au dehors. De plus, et chose non moins importante, ces pédagogues tenaient compte du rapport qui existe entre la volonté et les sensations qui précèdent les actes fonctionnelles des divers organes. Ceux de la vie végétative étaient placés ici sur la même ligne que ceux de la vie animale. Les jeunes gens grecs étaient donc habitués à dominer des sensations aussi fortes que la faim, la soif, les appétits sexuels, etc. Il y avait dans leurs gymnases des salles spéciales pour les ablutions froides et chaudes, pour les jeux, pour la course, etc. Ils ne jouaient pas pour s'amuser et ils ne s'exerçaient pas à sauter, à courir, à lancer une balle pour savoir le faire : le but qu'on poursuivait ainsi c'était de leur apprendre à gouverner leurs mouvements. On voulait qu'ils sachent utiliser les sensations qui accompagnent les divers mouvements et les diverses positions de notre corps. Les pédagogues de nos jours savent assez mal le lien qui existe entre la vie intellectuelle et la vie physique de l'homme; aussi n'attachent-ils que peu d'importance aux exercices dont nous venons de parler. Ils ignorent, que faute de faire augmenter d'une façon graduelle et successive l'activité d'un appareil de mouvement le développement de celui-ci sera en retard sur celui des autres appareils. L'harmonie des mouvements sera compromise de cette façon et l'enfant ne pourra plus produire le plus de travail dans le moins de temps possible et avec le moins d'usure possible de matériaux nutritifs. A mesure que baisse l'activité fonctionnelle d'une partie, l'échange des éléments qui se fait dans les tissus est abaissé dans tout l'organisme. De plus, il est facile de s'assurer, que lorsqu'on a appris à diriger les diverses parties d'un appareil de mouvement, on a appris par là même à gouverner les sensations qui sont en rapport avec l'activité fonctionnelle de cet appareil : la faculté acquise de cette façon peut être transportée sur toutes les autres fonctions. Ce n'est là qu'une généralisation de la loi qui sert de base au jeu de la physionomie. Si on comprend le sens intime des langues anciennes et si l'on se rend compte du développement et de la signification des formes de ces langues, on pourra suivre, en même temps que le développement de la langue, le développement de la pensée et des autres actes psychiques qui se manifestent dans les œuvres des philosophes anciens. Si en lisant les classiques on analyse les pensées qui s'y trouvent on pourra développer en soi le sens logique et l'esprit de suite. L'observation personnelle permettra plus tard de se créer un idéal et des principes. Hâtons-nous de dire qu'il suffit de connaître les œuvres de Montaigne et la façon dont il a été élevé pour voir combien il est difficile d'atteindre le but que nous venons d'indiquer au moyen d'une pareille méthode. Au contraire, l'étude faite au même point de vue, de la langue maternelle, des mathématiques ou des sciences naturelles, peut rendre un jeune homme apte à se servir de l'induction et de la déduction. Elle peut mettre à même de rechercher la vérité d'une façon scientifique. En résumé, si on voulait imiter les Grecs, il fallait prendre leur enseignement dans son entier ; au lieu de cela, on s'est contenté d'en prendre un morceau, la forme, pour ainsi dire, et de l'adapter à nos écoles. Le programme de ces dernières ne peut développer que la mémoire. Encore celle-ci finira-t-elle par être épuisée, grâce à l'uniformité considérable du travail intellectuel qu'on impose journellement aux élèves. Quant à développer dans ces derniers la fermeté ou l'énergie, quant à leur apprendre à se dominer, ce sont là des choses qu'on laisse absolument de côté. Pour les exercices physiques on les traite avec le dédain le plus absolu. On considère que c'est là une occupation grossière bonne pour les acrobates et les militaires. Telle est la triste conséquence de l'étroitesse de vue des pédagogues contemporains et de ce qu'ils ne connaissent pas la nature de l'enfant.

Nous avons dit plus haut qu'une fois à l'école l'enfant débonnaire peut tomber dans un état d'esprit tel, que son influence paraîtra dangereuse pour les autres enfants. Il sera exclu, en conséquence. Ce n'est nullement sa faute, cependant : il a été habitué à raisonner, et il n'a rencontré, jusqu'ici, que de la douceur, de la justice et de la droiture. Or, voilà que des gens à méthode veulent le faire entrer de force dans un cadre qui ne lui convient pas du tout. Il en résulte que cet enfant, qui était bon, doux, vrai et raisonnable, devient homme extrême, capable de tout. C'est là la conséquence forcée des causes que les gens qui ont entrepris de l'élever ont créée eux-mêmes.

Comme l'école n'a rien fait pour le maintenir dans ses habitudes de réflexion et pour développer chez lui le caractère, l'enfant débonnaire y améliorera tout au plus sa mémoire. Dans les cas les plus favorables, c'est-à-dire s'il est traité avec douceur, il se conformera à toutes les règles de l'établissement. Plus tard, il portera en lui les éléments nécessaires pour devenir un travailleur à esprit indépendant et fécond; mais il arrivera souvent qu'il ne mènera pas à bout ce qu'il aura entrepris. Il se laissera aller facilement, en disant qu'il a assez de la vie. Ajoutons que c'est à lui-même, et non à un autre, qu'il s'en prendra en pareil cas. Moins l'école aura eu de l'influence sur un pareil enfant, et plus il aura de chances de devenir un rêveur. Ce pourra être facilement un homme comme celui qui a été si bien décrit dans *Oblomoff*[1], cet homme de *trop*, dont l'âme était si pure. De même que le héros du roman, auquel nous venons de faire allusion, il ne pourra pas s'adapter à son milieu; son principal défaut sera le manque de fermeté et d'énergie. Dans les cas moins favorables, et si l'enfant débonnaire a été poursuivi et souvent châtié, il deviendra un homme méchant et désespéré. Son âme restera néanmoins bonne et vraie. Quand même cet homme aurait commis le crime le plus affreux, il est facile de l'amener à un repentir sincère par une parole simple, vraie et juste, et même à lui faire verser des larmes.

Un homme peut être devenu débonnaire grâce à des causes favorables qui se sont produites après qu'il est sorti de l'enfance. Cet homme-là sera toujours un peu différent de celui qui est devenu débonnaire pendant son enfance : le premier n'aura pas l'esprit de suite, la sincérité, la simplicité et la véracité profonde du dernier. Il aura parfois quelque chose d'artificiel. On trouvera de plus chez lui une certaine raideur, chose qui ne s'observe jamais chez le dernier.

Lorsqu'on étudie le développement de l'enfant débonnaire et les conditions qui favorisent ce dernier, on constate l'influence capitale que peut avoir sur ses enfants une mère bonne, aimante et intelligente. Comme nous l'avons dit plus haut, on a vu ce type se former

---

1. Oblomoff est le héros d'un roman très connu d'un des meilleurs écrivains russes, J. Gontcharoff.

dans des circonstances relativement défavorables. Il suffit qu'il y ait eu à côté de cet enfant une personne simple, vraie et bonne, toujours prête à raisonner avec calme sur tous les doutes qui se présentaient à son esprit. Il faut aussi que cette personne ait eu soin de ne pas ennuyer son élève par trop de conseils et trop de direction.

Il existe une différence très notable entre les hommes qui retiennent de mémoire les différentes connaissances et ceux qui ont pris l'habitude de réfléchir posément sur leurs impressions et sur leurs actes. L'*homme qui sait* (homme de jugement) est loquace, éloquent même. Il cherche à produire une impression par des citations empruntées à des auteurs et à des savants. Comme il n'a jamais un argument personnel, il s'appuie toujours sur une autorité. Ce sont les idées abstraites qui lui manquent surtout. Il rassemble volontiers des matériaux et il sait en faire la classification en se basant sur des signes extérieurs. Quant à créer des types et à classer les différents phénomènes en dégageant leur idée générale, il en est absolument incapable. Il peut être un bon exécuteur et faire de bons comptes rendus ; il peut dégager les idées capitales d'un ouvrage, mais il ne saurait en faire la critique. Il ne sait pas tenir compte de ce qu'il y a d'individuel dans chaque phénomène, mais il cherche toujours à appliquer la règle. Il est méthodique et systématique avant tout. Il est plein d'assurance ; il est sûr qu'il n'y a rien qu'il ne sache et il n'admet jamais le doute. Il agit d'une certaine façon parce qu'il *sait* que tel est son devoir. Sa pose, ses moindres mouvements sont imités ; ils ont pour but de montrer l'importance de la position qu'il occupe. L'homme *qui comprend*, au contraire (homme de raison), ne fait pas grande attention à la forme de son discours ; son argumentation repose sur un examen logique, qui n'est qu'une conséquence de l'analyse qu'il a faite au préalable de son *moi*. Il ne juge pas en se fondant sur des images et des pensées qu'il ne s'est pas donné la peine d'examiner. Les connaissances qu'il possède sont toujours à l'état de notions ; voilà pourquoi il est à même de voir ce qu'un phénomène présente d'individuel. En d'autres termes, après avoir déterminé l'idée générale d'un phénomène et sa signification, il peut faire voir en quoi il diffère du genre de phénomènes auquel il appartient. Il peut ensuite concentrer son action sur ces différences. Ses actes sont toujours indépendants et pleins d'initiative. Il possède la puissance créatrice. Tantôt rêveur et idéaliste, tantôt homme pratique, fécond en actions, il étonne toujours par la richesse de ses pensées et de ses idées. Ses actions reposent sur la *compréhension* de son devoir. Son extérieur est simple et n'a rien de factice ou d'affecté. Il a toujours des tendances philosophiques très accusées ; il est ferme dans ses principes et il ne s'écarte jamais de son idéal. Très prudent dans ses déductions et dans les conséquences qu'il pose, il est toujours prêt à les vérifier. Son individualité perce toujours à travers la méthode qu'il applique et il sait toujours y apporter des modifications si les circonstances l'exigent : aussi son travail est-il toujours fécond.

Les trois types que nous avons décrits plus haut correspondent à trois degrés de l'activité cérébrale : l'activité réflexe proprement dite, l'activité réflexe composée ou raisonnée et l'activité intelligente. Cette dernière est indépendante et créatrice. Passons maintenant aux enfants, dont l'activité cérébrale n'a pu devenir consciente par suite des causes suivantes : trop de prévenances et de caresses pour les uns, la violence pour les autres, l'action oppressive de circonstances trop pénibles enfin pour les derniers.

IV

DU TYPE HÉBÉTÉ-MOU

On ne saurait donner à cet enfant un meilleur nom que celui d'un enfant qui a été hébété par la tendresse. Ce n'est pas la sévérité, ce ne sont pas les coups de verges ni les châtiments qui l'ont rendu ce qu'il est. Ce sont les caresses tout extérieures, purement animales, pour ainsi dire. Ces dernières, en effet, peuvent amener des résultats aussi fâcheux que la violence. L'enfant hébété par la tendresse s'est développé d'ailleurs en l'absence de toute condition nécessaire à son éducation. Nous pourrions l'appeler encore un enfant qui a été « trop caressé »; cette dénomination caractériserait assez bien les particularités qu'il présente.

Lorsqu'il arrive à l'école, cet enfant est très gêné par son nouveau milieu; il n'ose ni se lever, ni s'asseoir, ni faire quelques pas de son propre mouvement. Le doigt enfoncé dans la bouche, il regarde ce que font les autres et les imite dans les plus petits détails. S'il est forcé de faire une chose tout seul, il se montre maladroit et ne sait s'y prendre. Dans toutes les circonstances difficiles, il a recours aux larmes; quant à sa manière de pleurer, c'est celle d'un enfant de trois à quatre ans. La face dorsale de la main appliquée sur les yeux, il hurle et pousse des cris; sa bouche entr'ouverte laisse couler une salive abondante.

Peu à peu, il s'habitue à l'école; il fait alors partie du troupeau et c'est l'hypocrite ou l'ambitieux qui le dirigent, tandis que l'enfant débonnaire prend sa défense à l'occasion. L'enfant hébété-mou est toujours sous l'influence de celui qui le protège, pour le moment. Ses actes et ses raisonnements dépendent absolument de celui-ci; aussi est-il tantôt doux et obéissant, tantôt au contraire exigeant, méchant et rebelle. Lorsqu'il est avec d'autres enfants, il prend bien part aux polissonneries, mais ce n'est qu'en imitant ce qu'il a vu faire ou entendu dire. Il est moutonnier. Dans tout ce qu'il fait, en un mot, il n'a pas la moindre indépendance. Quant au règlement, il s'y conforme absolument et sans jamais le raisonner. Il fait de même ses devoirs. Ses qualités sont des qualités toutes négatives : il ne fait pas le mal parce que sa mère lui a dit que ce n'est pas bien et que c'est un péché. Il accomplit tous les rites de l'Église, mais il bâille pendant tout le temps que dure le service et regarde de tous les côtés. Il n'altère pas la vérité, en général. S'il lui est arrivé de mentir, il rougit et fait une série de mouvements absurdes. Il se couvre la face avec la main et tourne le dos à la personne à laquelle il a menti. Il maintient souvent son dire en pareil cas, parce qu'il ne se rend pas bien compte de ce qu'il a dit. Il ne sait comment faire d'ailleurs pour changer de situation et rétablir les choses dans le vrai.

Un pareil enfant étudie avec une indifférence parfaite ; il fait tout ce qu'on lui ordonne de faire et apprend scrupuleusement ses leçons. Toutes les fois qu'il peut se débarrasser d'une leçon, néanmoins, il le fait avec plaisir. Il laissera volontiers un thème de côté, ou il cherchera à se soustraire à une règle dont l'application n'est pas rigoureuse. Lorsqu'il a commis une faute il fait des aveux facilement ; il dénonce avec la même facilité l'instigateur et les complices s'il en a. Il est donc un mauvais camarade. Il est toujours un enfant *sage* et plein de bonnes intentions. Quant aux dénonciations qu'il fait, elles ne sont motivées ni par son intérêt personnel ni par le désir de plaire aux supérieurs. Il dit ce qu'il sait parce qu'on le lui demande, et voilà tout.

Froid et indifférent, il n'aime personne ; il se colle à un de ses camarades comme il avait l'habitude de se coller à sa mère ou à sa bonne. Abandonné à ses propres efforts, il perd la tête, même lorsqu'il atteint l'âge viril. Le plus grand chagrin qu'on puisse lui faire, c'est de faire en sorte que personne ne s'inquiète de lui et ne lui vienne en aide. S'il nous est permis de parler de lui d'une façon allégorique, nous dirons qu'il peut mourir de faim ayant à côté de lui un gros pain. Il attendra qu'on vienne lui montrer comment il faut couper ce pain. C'est là de l'exagération, sans doute, mais elle est bonne à faire voir dans ce qu'il a de plus frappant l'enfant qui nous occupe. Ainsi que nous venons de le dire, c'est là la seule peine qu'on puisse lui faire; tout autre trouble, toute autre inquiétude lui passent rapidement sans laisser de traces. Tout se passe dès qu'il a dormi là-dessus, et le sommeil lui vient facilement. Lorsqu'il est seul, il s'ennuie toujours parce qu'il ne saurait trouver à s'occuper. Il ne sait pas non plus s'inventer une distraction. Tout obstacle, tout insuccès le prennent au dépourvu. Il ne fera aucun effort pour se tirer d'affaire, mais attendra qu'on lui vienne en aide. Si personne ne vient il pleurera, il sanglotera et donnera tous les signes extérieurs de détresse. Ce sera tout. Lorsqu'on lui fait faire une commission, il faut avoir soin de lui donner des instructions précises, parce qu'il ne sait qu'imiter et copier. Il supporte mal la souffrance physique; il se laisse aller en pareil cas, et se montre excessivement poltron. Dès qu'il est excité puissamment, il se livre à des paroles ou à des actes incohérents.

Pendant qu'il est à l'école, il peut être diligent et ponctuel. En apprenant ses leçons, il saura trouver l'exacte mesure de ce que demande le maître et il n'apprendra rien au delà, ni d'une autre façon. Il suffit qu'on exige moins de lui ou qu'on le surveille de moins près pour qu'immédiatement il devienne paresseux et négligent. Il est donc timide et même poltron, lorsqu'on est sévère envers lui; dans les circonstances inverses, il devient capricieux et excessivement exigeant. Dans le cours de ses études, il devient bientôt très sûr de lui-même. Il s'imagine qu'il sait les sciences nombreuses qui remplissent les programmes de nos écoles. Il est prêt à enseigner aujourd'hui ce qu'il a appris hier; si on le laisse faire il ne pourra que copier scrupuleusement ces maîtres. Comme il est peu observateur, il n'imitera que leurs côtés les plus saillants; il prête par là même à la caricature, fréquemment.

Toute sa manière d'être prouve qu'il ne sait pas envisager d'une façon consciente ses besoins; il salue avec grâce, il est propre et élégant si tout a été préparé pour lui et si on lui a dit, à l'avance, comment il doit faire. Abandonné à lui-même, il sera désordonné, malpropre et déguenillé. Loin de saluer un étranger, qu'il voit venir, il s'enfuiera et se cachera si personne n'a songé à lui apprendre comment il devra se comporter.

Lorsqu'il est laissé sans surveillance, il abuse de tout ce qui lui plaît en faisant sur lui une vive impression. Il mangera, il boira, il dansera sans mesure. Des amusements dénués de sens esthétique, mais qui agissent sur lui par leur succession rapide et par leur excitation toujours croissante, pourront lui donner une maladie. Au moment où il cherche à satisfaire ses besoins, il ne tient nul compte de ceux d'autrui; il ne songe qu'à se rassasier et à être content. Toute lecture sérieuse lui répugne, et même les œuvres de littérature; il ne lit jamais de son propre mouvement.

Son séjour à l'école lui permettra de développer un peu sa mémoire; mais il ne saura généralement pas utiliser les connaissances qu'il aura acquises. Sans expérience, ignorant de la vie, absolument incapable d'agir avec indépendance, il est néanmoins très content de lui-même. S'il n'a pas à gagner son pain et s'il ne souffre jamais de privations, il est très satisfait de son sort. Il n'a pas une seule idée abstraite; il est réaliste à tous les points de vue, mais toujours par imitation. Il peut l'être jusqu'au cynisme.

Les enfants hébétés-mous se trouvent principalement dans les institutions de jeunes filles, et par exception dans les écoles secondaires de jeunes gens. Ceux qu'on rencontre dans les écoles de l'enseignement supérieur présentent ce type d'une façon assez nette. Nous trouvons encore, ici, les mêmes qualités négatives que nous avons énumérées plus haut. L'individu appartenant au type qui nous occupe a partout l'air d'un mouton qui cherche son troupeau. Il va où son berger l'envoie. Dans le cas le plus favorable, il est laborieux et obéissant, il apprendra par cœur tout ce qu'on veut, mais il le retiendra à sa manière d'une façon toute mécanique. Si on a vu comment il travaille, quand il est tout seul, on aura constaté une particularité très remarquable. Il ne peut pas se concentrer trop longtemps sur une même occupation : aussi travaille-t-il par accès. Il commence par répéter à haute voix des phrases, puis des segments de phrase; puis des mots, des syllabes, des sons, des tons. Puis il hume un air sur un motif connu; vient ensuite le repos : pendant ce temps, il fume et marche dans sa chambre de long en large. Le repos est suivi d'un nouvel accès de travail et ainsi de suite. Ces études avancent mal, parce qu'il ne peut pas s'arrêter de longue haleine sur une même occupation, et parce qu'il ne sait pas disposer ses instants de façon à les utiliser le plus possible. Il met un temps infini à apprendre ses leçons, et c'est tout au plus ensuite s'il peut passer des examens. Quant à appliquer ce qu'il a appris, il en est absolument incapable. Il ne s'intéresse à rien, il n'a ni initiative ni indépendance d'esprit. Il est irrésolu et ne reconnaît en même temps aucune règle morale. Il n'a ni affection ni attachement pour personne. C'est un franc égoïste, toujours content de lui-même. Tous ces attributs de l'enfant hébété-mou se manifestent chez les petites filles d'une façon non moins accusée. Très estimées chez les jeunes filles quelquefois, ces particularités sont prises pour de la naïveté. Chaque nouvelle impression un peu vive détermine chez ces demoiselles des soubresauts, des éclats de voix, des exclamations, toutes sortes de mouvements absurdes et de grimaces. C'est là leur façon de réagir contre les impressions qu'elles reçoivent. Ces personnes se font remarquer encore par une absence totale de physionomie. Leurs traits sont comme figés et immobiles; leur figure exprime l'indifférence. La même indolence s'observe dans leur manière de parler; souvent larmoyants, leurs yeux regardent au loin dans le vague. Ajoutons que ces jeunes filles se couvrent volontiers d'ornements. Leur inconstance et leur mobilité sont vraiment étonnantes : tous leurs actes dépendent des personnes qui les entourent. Elles imitent ces dernières, autant que possible, dans tout ce qui les a frappées. Les enfants hébétés par la tendresse sont incapables de mener à bout une œuvre sérieuse qui exige la faculté de comprendre et de penser par soi-même. Les travaux manuels leur conviennent mieux, encore faut-il qu'il n'y ait pas besoin de modifier ou d'inventer quelque chose. Si on ne perd pas de vue l'enfant hébété-mou après qu'il aura quitté l'école, on verra qu'il a encore les principaux attributs parmi ceux que nous venons de signaler. Ce sont là des gens qui présentent, pendant toute leur vie, le type brave homme; toujours contents d'eux-mêmes et pleins d'assurance, ils ne demandent pas mieux que d'entreprendre une besogne quelle qu'elle soit. Quant à ne pas la gâcher, c'est une autre affaire. En règle générale, ils ne savent que déranger ce qui marchait avant eux. Ils ne sont au fond que des égoïstes froids et insouciants; ce sont des esprits formalistes et sans indépendance aucune. Qu'on les prenne dans toutes les carrières qu'on voudra, — celle du savant et du professeur non exceptée, — ils seront toujours les mêmes. Lorsqu'ils sont au pouvoir, ils sont graves jusqu'à la naïveté et tout bouffis d'orgueil, toutes les fois qu'ils se trouvent avec leurs inférieurs. Lorsqu'ils sont en présence de leurs supérieurs, au contraire, ils sont plats, lâches et même poltrons. Quant aux idées abstraites, ils n'en ont pas la moindre trace, bien que des phrases apprises par cœur et des citations puissent donner le change quelquefois.

On voit ce type se former toutes les fois qu'un enfant est empêché d'agir par lui-même, parce qu'il est entouré d'un excès de prévenance. Tout est préparé pour lui à l'avance ; il n'est jamais forcé de raisonner ses actes et d'agir à sa guise, il ne lui est pas permis non plus de disposer librement de son temps. Une mère ambitieuse ou irritable, qui ne supporte pas la contradiction, désire pouvoir montrer ses enfants à leur avantage. Elle cherche donc à les rendre obéissants et sages en les comblant de caresses et en prévenant tous leurs désirs. C'est en agissant de cette façon qu'elle contribue, surtout, à en faire des enfants hébétés-mous. L'habitude de forcer un enfant d'accomplir, dans la forme, les rites et les usages établis, produit le même effet, — si on prévient tous leurs désirs, en même temps, surtout. Cette tendresse absurde abrutit l'enfant non moins bien que les coups. Ajoutons qu'on l'entoure, en pareil cas, de luxe et d'apparat. On le soumet de bonne heure à de fortes impressions ; on le conduit au bal, au concert et au spectacle. On le promène d'un pays dans un autre ; on prévient tous ses désirs et on ne le laisse jamais manquer de rien. Sa liberté est entravée en même temps par des sentences idiotes, comme celles-ci : « Ne fais pas de bêtises », « les enfants sages ne sont pas comme cela », « tu m'ennuies avec tes questions », « ne raisonne pas, mais fais ce que je te dis », etc. On redit ces paroles vides de sens, on les ressasse à cœur joie, tout en se gardant bien de raisonner. Quant aux moyens de coercition, ils n'ont jamais été employés ici. On s'est bien occupé de l'enfant, mais d'une façon tout extérieure, avec beaucoup d'insouciance, au fond ; on s'est borné à satisfaire les besoins de ses organes de la vie végétative et de la vie animale, laissant absolument de côté tout ce qui pouvait exciter l'activité cérébrale. C'est en l'abreuvant de caresses qu'on lui a surtout prouvé son attention.

Telles sont les conditions qui favorisent dans la famille la formation du type qui nous occupe.

Ce dernier se retrouve dans les établissements fermés, ceux pour jeunes filles, surtout. Lorsqu'ils se sont développés dans la famille, ils prennent le nom de « fils ou fille de sa maman »; lorsque c'est dans un établissement qu'ils se sont formés, ils sont connus plus tard, dans la société, sous le nom « d'un élève de l'Institut ». Les causes qui ont eu de l'influence dans ce dernier cas sont, d'une part, une soumission constante à une règle sévère; l'observation rigoureuse des formes extérieures du culte apprises par cœur, et la conformation à des usages de convenance. Les jeunes filles dont toute l'attention est appelée sur ces points n'ont pas à songer à se procurer ce qu'il leur faut; tout leur arrive à point. Elles n'ont donc jamais à exercer un acte d'indépendance. D'autre part, nous trouvons, en général, chez les supérieures et le personnel enseignant une parfaite insouciance et une manière tout officielle de comprendre leur devoir. Des conditions comme celles-ci doivent nécessairement produire le type hébété-mou sous sa forme la plus accentuée : aussi est-ce dans ces établissements de ce genre qu'on peut le mieux faire l'étude de ce type.

On voit que les causes principales qui contribuent au développement du type hébété-mou sont partout les mêmes. Voici comment nous pourrions les résumer : abolition de toute initiative chez l'enfant, par suite d'une prévenance trop grande qui rend inutile de sa part tout acte indépendant; absence ou même écartement systématique de tout ce qui peut développer son activité cérébrale.

Si on se rappelle ce que nous avons dit plus haut sur les conditions de développement des trois premiers types que nous avons admis, on comprendra aisément le rapport qui existe ici entre la cause et ses effets. Qu'il nous suffise de nous arrêter sur les principaux traits que présente ce type.

Ce qui frappe ici principalement, c'est le manque de l'esprit d'observation, de l'expérience et de l'initiative. Ce sont là des individus qui n'ont pas d'indépendance dans les actes et dans les pensées. Tel est, en résumé, l'enfant hébété-mou. Or, en étudiant l'enfant hypocrite, nous avons dit que ses actes sont, en général, des actes réflexes rationnels. Nous avons vu que, laissant de côté les mouvements désordonnés ou non coordonnés qui ne peuvent pas le mener à un but déterminé, il choisit bientôt ceux qui lui permettent de satisfaire un besoin ou d'atteindre le but qu'il se propose. Abandonné à lui-même pour la plupart du temps, l'enfant hypocrite gagne bientôt une certaine expérience qui lui servira plus tard. Lorsqu'il a été pris une fois, il n'y retournera pas ensuite, mais il se dirigera d'un autre côté. Il ira là où il a pu satisfaire un besoin. Il se borne à remarquer les conditions qui amènent à leur suite des phénomènes qui lui sont favorables. C'est ainsi qu'il arrive à se former une ligne de conduite, qui constituera plus tard son sens pratique. Quant à l'enfant hébété-mou, on a soin de le prévenir toutes les fois qu'il court un danger; on veille constamment à ce que tous ses besoins soient satisfaits. Le stimulant qui force l'enfant hypocrite à gagner de l'expérience fait donc complètement défaut chez l'enfant hébété-mou. De plus, ce dernier n'a jamais agi par lui-même; on lui avait toujours dit ce qu'il devait faire. On lui avait indiqué de quel côté il devait se diriger et ce qu'il devait dire. On lui avait appris comment il devait s'amuser et à quel moment il pouvait le faire. On lui disait toutes les fois qu'il fallait qu'il mange, qu'il boive, qu'il se promène ou qu'il dorme. Il n'avait à s'occuper de rien, car tous ses besoins et tous ses désirs étaient prévenus. Il n'est donc pas étonnant qu'il soit arrivé à manquer d'initiative. Il n'est pas surprenant non plus qu'il soit absolument dénué d'indépendance dans les idées et dans les actes. On n'a jamais cherché à faire travailler son cerveau; lorsqu'il posait une question, on lui répondait, en général, qu'il ne devait pas faire du bruit. On ajoutait qu'il ne fallait pas qu'il raisonne. On lui disait d'être sage et convenable. Une fois qu'il n'était pas habitué à raisonner, ses facultés cérébrales ne pouvaient pas se développer, sa volonté le pouvait encore moins. Comme il ne possède ni expérience, ni initiative, ni indépendance d'aucune sorte, ni volonté, il ne lui reste plus qu'à imiter les personnes qui cherchent à avoir de l'influence sur lui. Voilà pourquoi l'activité de cet enfant est toute d'imitation ; voilà pourquoi il fait tous ses efforts pour suivre les pas de quelqu'un et pour faire partie d'un troupeau. Il ne peut s'empêcher de remplir les ordres de son berger. Il ne saurait jamais mener à bonne fin une entreprise qui demande de l'initiative, de l'indépendance dans les actes et dans les idées. Tout ce qu'il peut faire en pareil cas, c'est des grimaces et une série de mouvements n'ayant aucun but déterminé. C'est là la conséquence forcée pour lui des excitations ou des irritations qui ont agi sur lui ; elles sont en rapport avec l'intensité et le genre des impressions qu'il a reçues. Les grimaces et les mouvements qui n'ont pas de but déterminé prouvent toujours l'absence de l'activité cérébrale ; en effet, l'impression qui vient d'être reçue passe immédiatement en travail musculaire. Grâce à la prévenance avec laquelle tous les besoins de cet enfant ont toujours été satisfaits, il s'est habitué aux sensations qui correspondent à ces besoins, et qui sont devenues de plus en plus absorbantes. L'alimentation forcée, par exemple, amène les sensations qui accompagnent la plénitude de l'estomac. Les enfants hébétés-mous mangent volontiers beaucoup ; plus on leur donne de nourriture, et plus ils en demandent. Aussi ont-ils souvent une affection du tube digestif. Il semble qu'ils ont tout ce qu'il faut en abondance, et, cependant, ils regardent autour d'eux pour voir s'ils ne pourraient pas attraper un morceau ; souvent, ils ne sont même pas difficiles dans leur choix, et mangent tout ce qui leur tombe sous la main. Ceci prouve que ce n'est pas le sens du goût qui les dirige ; ils ne songent qu'à se remplir l'estomac et à le distendre, afin d'avoir la sensation de plénitude à laquelle ils sont habitués. Lorsque l'estomac s'étant quelque peu vidé ils n'ont plus cette sensation, il faut qu'ils prennent de nouveau de la nourriture, tellement ils ont besoin de se procurer cette sensation. Nous avons dit, plus haut, qu'à mesure que notre caractère devient plus ferme, notre volonté apprend à dominer nos sensations. Si un jeune homme est, au contraire, l'esclave de ces dernières, il deviendra forcément un homme faible de caractère. N'étant pas à même de maîtriser ses sensations, il deviendra inquiet ; dès qu'il en éprouvera une, il se sentira mal à l'aise et fera des mouvements désordonnés, jusqu'à ce qu'il l'ait satisfaite. C'est ainsi que s'explique le manque de caractère et le défaut de fermeté de certaines gens. Les conditions du développement physique et du développement moral, étant exactement les mêmes, il est facile de comprendre pourquoi ces individus sont pusillanimes, lâches et poltrons. Les effets dus à de pareilles causes se reproduisent chez l'adulte, aussi bien que chez les enfants. Tout homme dont on prévient les besoins et les désirs s'habitue peu à peu à ne plus s'occuper de lui-même, en rien. Il peut aller jusqu'à ne plus remarquer que sa toilette est en désordre, que ses cheveux n'ont pas été peignés, etc. Il peut même trop manger par mégarde. Il suffit que son entourage fasse moins attention à lui, et il devient excessivement malpropre, ou bien il se donne un catarrhe de l'estomac. La seule différence que nous voyons dans les deux cas, c'est que chez l'adulte l'incurie et le désordre ne se manifestent que dans son extérieur; l'enfant, au contraire, est désordonné et insouciant dans tout ce qu'il fait.

Lorsque l'enfant qui s'est trouvé dans les conditions que nous venons de voir n'a pas été soumis en même temps à de vives impressions, son impressionnabilité aura été conservée. Il va sans dire que ce n'est pas son activité cérébrale qui sera mise en mouvement par les excitations venues du dehors. Il se borne à reproduire ce qui l'a impressionné; quant aux irritations plus intenses, elles déterminent chez lui une série de mouvements et d'actes qui n'ont aucun but déterminé. Sa joie est très bruyante; il pousse des cris; il a des soubresauts et s'inquiète vivement à la moindre contrariété. On le voit même pleurer amèrement. Sitôt que la cause qui a produit ces émotions a disparu, néanmoins, ces dernières s'effacent avec la même rapidité avec laquelle elles sont venues. Il suffit que cet enfant ait passé quelques heures à dormir après les avoir éprouvées. Il va sans dire qu'il est encore assez facile de venir à bout d'un pareil enfant; si l'école est sérieuse, si ceux qui la dirigent sont des gens de principes, cet enfant peut encore prendre l'apparence d'un être humain. Pour peu qu'au contraire il ait été secoué, de bonne heure, par de fortes impressions, pour peu qu'il ait été conduit au bal, au spectacle, etc., pour peu qu'il ait été entouré de luxe et habitué à des vêtements bigarrés et à l'éclat, son impressionnabilité aura été par là même émoussée. Il sera devenu nonchalant et apathique. Des irritations très intenses pourront seules le sortir de son état de somnolence.

On habitue de bonne heure une petite fille à s'ajuster et à porter des robes à couleurs voyantes, on la couvre d'ornements brillants, sous forme de bracelets, de boucles d'oreilles, de boutons de manchettes, etc. Dès l'âge de sept à huit ans, on lui met un corsage fait avec une étoffe résistante et rendue plus ferme par de gros cordons. Ce corsage est destiné à serrer le thorax dans sa partie inférieure principalement. Plus tard, à l'âge de dix à douze ans, on lui met un corset muni d'une planchette métallique et on lui serre la taille de plus en plus fortement. On l'habitue à se tenir debout d'une certaine façon, en se tenant très droite, à croiser les mains sur le ventre; on lui donne des règles pour les lèvres, les yeux et le nez. On lui indique comment elle doit être assise et comment elle doit saluer. On lui fait apprendre par cœur des phrases entières; on lui montre un certain nombre de position qu'elle doit prendre pendant la danse. On la fait entrer dans un cadre tellement étroit, en un mot, que c'est tout au plus si elle peut se mouvoir comme une marionnette. Les règles de morale sont également apprises par cœur; elles sont ainsi conçues : « Ceci est honteux »; « ceci n'est pas honteux »; « ceci est convenable » et « ceci ne l'est pas ». Comme le fait d'apprendre une chose par cœur exclut complètement la compréhension de cette chose, ces règles de morale peuvent être modifiées d'un instant à l'autre. L'enfant ne possède pas d'ailleurs le critérium qui lui permettra de juger si elles sont vraies ou non; aussi prennent-elles parfois l'apparence la plus grotesque. Tous les ornements dont la jeune fille se couvre ne sont là que pour remplacer les qualités intimes qu'elle n'a pas. C'est du clinquant dont elle couvre sa frivolité. Un homme vraiment intelligent frappe par sa simplicité; il est facile de s'assurer qu'à mesure qu'une femme est développée d'intelligence et instruite, son extérieur sera simple par rapport à son milieu au moins. Qu'a-t-on besoin de faire d'une enfant un espèce de porte-manteau sur lequel on accroche des ornements? Qu'a-t-on besoin de lui faire éprouver des impressions trop intenses? Qu'a-t-on besoin, enfin, de l'habituer à tromper quand ce ne serait que par son extérieur. Il est clair que c'est là un moyen de la corrompre et de diminuer son impressionnabilité.

Certaines parties de la toilette féminine, le corset surtout, peuvent agir d'une façon nuisible sur un organisme qui est en voie de formation. Les conditions mécaniques du thorax sont telles qu'on obtient le plus d'effet en dépensant le moins de force, lorsque c'est la partie inférieure de la cage thoracique qui se dilate de préférence. C'est dans ces conditions que l'expansion du poumon est la plus considérable. La mobilité de cette partie qui rend ce travail plus facile augmente grâce à l'exercice constant auquel les muscles correspondants sont astreints. Or, le corset, qui serre la moitié inférieure de la poitrine, empêche celle-ci de se dilater pendant l'inspiration. La conséquence forcée de cet état de choses, c'est que la partie supérieure de la poitrine doit fournir une respiration supplémentaire. Comme nous l'avons déjà dit, l'effort musculaire étant plus grand en pareil cas, la dépense de matériaux nutritifs sera plus grande, l'effet restant le même. Quant à l'expansion du poumon, elle ne peut *jamais* atteindre le même degré qu'elle atteint lorsque la portion inférieure du thorax se dilate. On distingue en général, la respiration de la femme, ou respiration pectorale, de celle de l'homme qui est abdominale. Cette distinction n'existe pas en réalité, et elle est contraire à ce que nous savons sur le mécanisme de l'organisme humain. L'observation démontre que les femmes qui n'ont pas porté le corset dans leur enfance respirent par le diaphragme. De plus, en comprimant la partie inférieure (ou postérieure) chez de jeunes chiens, on a obtenu chez eux une respiration semblable à celle de la femme. Il est démontré que le corset a pour résultat de faire perdre au poumon de son poids et de son volume : le poids absolu du poumon, qui est de 1,320 grammes chez l'homme, est de 1,050 grammes seulement chez la femme. Pris par rapport au corps tout entier, le poids du poumon n'est que de 1/43 chez la femme ; le même rapport chez l'homme étant de 1/37. A dimensions absolument égales du corps, la capacité du poumon sera de 1,000 à 1,800 centimètres cubes moindre chez la femme que chez l'homme. Remarquons, cependant, que chez les jeunes filles qui n'ont jamais porté de corset, le volume du poumon (pris par rapport à l'âge et à la taille) est en moyenne le même que chez les jeunes gens. L'afflux moindre d'oxygène ralentit dans le corps tout entier l'échange des matières qui se fait dans les tissus. C'est ainsi que se produit toute une série de phénomènes qui sont mis sur le compte de la différence de sexe. L'insuffisance de l'oxygène et le ralentissement des échanges nutritifs qui en est la conséquence contribuent à la formation de dépôts de graisse. Le système nerveux devient alors plus irritable. Fixés par le corset, les muscles qui s'insèrent sur la colonne vertébrale et sur la partie inférieure du thorax restent dans l'inaction. Ceci a pour effet une modification de leur structure. Or, nous avons dit plus haut que lorsque l'échange nutritif baisse dans une partie du corps, elle baisse immédiatement dans tous les autres tissus du même organisme. Ajoutons que par suite du genre de vie de la jeune personne, son activité cérébrale n'est jamais mise en jeu. Cette dernière cause vient s'ajouter aux autres. La compression de la partie inférieure du thorax agit, de haut en bas, sur les organes contenus dans la cavité abdominale. Ces derniers poussent en dehors les parois de l'abdomen, les distendent et entravent, par là même, l'action des muscles qui composent cette paroi. Viennent ensuite les dépôts de graisse qui se font dans les mêmes muscles; ces dépôts amènent à leur suite toute espèce de souffrances et constituent d'ailleurs un obstacle au moment de l'accouchement. Les jeunes chiens qui ont été soumis aux expériences dont nous avons parlé plus haut commençaient par engraisser, puis ils devenaient anémiques. Ils ont tous péri. L'autopsie démontra que leur thorax avait pris la forme de celui de la femme; le poumon était comprimé dans sa partie inférieure, le cœur était dévié vers la ligne médiane et les parois abdominales étaient distendues. Ces résultats ont été obtenus dans le courant de six à sept mois. Elles ont été faites il est vrai, sur des animaux très jeunes, circonstance qui a contribué à les rendre plus nettes. Nous pouvons donc dire à l'égard du corset, que plus on le portera de bonne heure, en se serrant beaucoup la taille, plus les facultés intellectuelles seront faibles. Il nous paraît difficile de nier ce fait : en effet, nous avons dit plus haut, qu'en comprimant la portion inférieure du thorax on diminue par là même la quantité d'oxygène qui pénètre dans le poumon. La conséquence forcée d'un pareil état de choses sera une diminution dans l'activité des organes dont la vitalité est d'une importance capitale et au premier rang desquels nous trouvons les centres nerveux conscients. De plus, le retour vers le cœur du sang veineux contenu dans la cavité cranienne se trouve entravé, circonstance qui amène une gêne notable dans la circulation cérébrale. Ce sont là, sans doute, des conditions qui ne peuvent guère rendre plus actif le travail de la pensée. Ajoutons que le développement moral est certainement sous la dépendance directe du degré de développement de l'intelligence, il sera donc entravé également. Ce sera là encore une influence funeste ajoutée à celle qui agit sur le progrès de l'instruction en l'arrêtant. En résumé, nous nous croyons autorisé à dire que l'usage du corset est nuisible au point de vue physique, intellectuel et moral. Nous l'interdirions donc d'une façon expresse pendant l'adolescence. Nous le ferions d'autant plus volontiers qu'il ne sert qu'à déformer le corps, et ceux qui pensent le contraire, ont, suivant nous, une conception très fausse des règles de l'art. Ce n'est pas là d'ailleurs ce que doit se proposer l'école. Nous pourrions faire une critique analogue des autres parties du costume féminin, la chaussure, par exemple.

Trop apathique pour avoir le désir de contrôler et d'élargir sa sphère d'action, l'enfant hébété-mou devient, par là même, suffisant et présomptueux. Tout ce qu'il fait est de l'imitation; aussi arrive-t-il facilement à avoir une certaine aptitude pour tout ce qui est de pure forme. Il en résulte qu'il s'imagine bientôt qu'il est à même de résoudre toutes les questions et qu'il n'y a rien qu'il ne puisse faire. C'est le fait de tout homme ignorant; ce dernier croit tout savoir et se prononce avec assurance sur toutes les questions. Un enfant qui vient de commencer à lire dira toujours qu'il sait lire et ajoutera qu'il lit bien. Si vous montrez à un enfant quelques expériences de physique ou de chimie, il ne manquera pas de dire, dans l'occasion, qu'il connaît ces sciences. Le peu qu'il a appris lui a coûté à peine un effort : voilà pourquoi il s'imagine qu'il apprendra avec la même facilité ce qu'il ne sait pas encore. Afin de savoir quelle tension de force intellectuelle il faut employer pour s'assimiler véritablement des données scientifiques, il importe d'avoir travaillé soi-même d'une façon sérieuse et persévérante. Il faut avoir pris l'habitude de vérifier ces données, en appliquant diverses méthodes d'investigation; on doit commencer par les données les plus simples, pour passer ensuite à des données plus compliquées. Ce n'est qu'ainsi qu'on accumule les matériaux d'investigation nécessaires pour pouvoir acquérir des connaissances. On est à même, alors, de comprendre la valeur d'une vérité scientifique et d'en faire la critique, au besoin. Lorsque, au contraire, on n'apprend que les résultats de recherches scientifiques qu'on retient de mémoire, c'est celle-ci qu'on développe, tout au plus. On s'habitue encore à répéter ce qu'on a appris. C'est là un travail tout à fait mécanique qui ne demande que peu d'efforts, mais qui ne donne aussi que peu de résultats. On ne développe de cette façon que l'esprit d'imitation. Il va sans dire que plus un enfant travaille d'une façon mécanique et superficielle, plus il imite, en un mot, et plus l'étude lui semble facile. L'assurance lui vient en proportion. Il devient apathique, et les influences extérieures l'impressionnent moins; aussi s'y arrête-t-il moins pour réfléchir. Devenu de plus en plus tolérant envers lui-même, il finit par être toujours satisfait de sa personne. Son intelligence devient absolument inactive à la fin. Plus, au contraire, on se livre à un travail sérieux et persévérant, plus on analyse les phénomènes qu'on observe dans le but de se créer des notions véritables, plus on s'assure que la vérité est difficile à atteindre. On s'habitue à voir et à comprendre ses défauts et les erreurs qu'on a commises. On ne se laisse pas abattre par les revers qu'on éprouve, mais on lutte avec les difficultés de la vie. On arrive à les vaincre, ou bien on est vaincu par elles. Chemin faisant, on voit combien la vérité est difficile à atteindre. On devient plus modeste et plus prudent, et on est excité à marcher en avant; on se perfectionne, en un mot.

L'enfant hébété-mou fait surtout des caresses à ceux qui peuvent donner satisfaction à ses principaux besoins. Il s'attache de préférence sur les pas des personnes qu'il lui est facile de suivre sans faire le moindre effort sur lui-même. Froid et indifférent de sa nature, il n'a d'affection réelle pour aucun de ceux qui l'entourent. Il est tellement hébété et tellement apathique qu'il est à peu près impossible de l'instruire ou de le développer. Aucune des impressions qu'il reçoit ne pénètre d'ailleurs dans la profondeur de son être. Comme on tient peu compte dans les écoles des différences individuelles, il devient bientôt effronté et plein d'assurance; ses prétentions égalent son défaut de savoir-faire. Il est prêt sur toutes les questions et ne doute jamais de rien. Il peut tout faire, mais en paroles seulement. Il n'est capable que d'imitation, en réalité; encore n'imite-t-il que d'une façon maladroite et grossière. Au premier obstacle qu'il rencontre sur ses pas, le voilà démonté; les bras lui tombent aussitôt, et il laisse là l'entreprise qu'il a commencée. C'est par des larmes et par toute espèce de sons inarticulés qu'il exprime alors qu'il est incapable de continuer. Il est tout naturel qu'un pareil enfant ne réfléchisse jamais aux besoins d'autrui; il ne peut pas se rendre compte non plus des conséquences que peuvent avoir pour eux ces besoins. C'est ce qui le rend d'un égoïsme étroit.

La pédagogie n'étant pas encore constituée à l'état de science, chacun apporte dans l'œuvre de l'éducation son point de vue et son sentiment personnel. On l'enseigne bien dans les classes supérieures de nos établissements de jeunes filles, mais ce n'est là qu'un prétexte pour apprendre par cœur beaucoup de mots. Ces mots, on les récite pendant les répétitions et les examens. Guidés par un sentiment individuel non raisonné, nos pédagogues font quelquefois, en matière d'éducation, les expériences les plus impossibles. Les résultats de ces expériences sont malheureusement trop peu connus; ils perdent ainsi l'utilité toute négative qu'ils pourraient avoir. Nous ne pouvons nous empêcher de faire connaître une expérience de ce genre, dont la marche et les résultats ont pu être constatés.

Un petit garçon, âgé de cinq mois, fut placé dans une école dont la directrice était animée par les meilleures intentions; elle se proposait comme but de développer l'intelligence de ses élèves et d'en faire des hommes indépendants. Cet enfant se trouvait, d'ailleurs, dans les meilleures conditions hygiéniques possibles et menait à la campagne une vie calme et paisible. Il était sous la direction d'une institutrice aimante et attentive. Les jeux et les études de l'établissement étaient organisés conformément à la méthode des meilleurs pédagogues. Pendant les récréations et les promenades, on lui faisait des petits récits qui avaient rapport à la vie des plantes et des animaux. Tout en cherchant à lui faire connaître la nature qui l'environnait, on tâchait de l'intéresser et même de frapper son imagination.

Cet enfant n'était jamais puni, au début; lorsqu'il avait mal agi, on lui expliquait ce que ses actions avaient d'incorrect et on tâchait de lui montrer leurs mauvaises conséquences. Tout était préparé pour lui à l'avance et tous ses désirs étaient prévenus. Il était de règle, dans cette institution, que tous ceux qui approchaient les enfants ne prononceraient pas, en leur présence, les mots ou les expressions dont l'explication était gênante. On devait éviter également de parler de tout ce qui pouvait faire sur les enfants une impression désagréable. On avait donc banni de la circulation les mots suivants : calomnie, tromperie, maladie, mensonge, bigoterie, vol, meurtre, divorce, fiançailles, mort, etc. Toute conversation relative à des profits matériels et à des calculs mesquins d'intérêt était interdite également. On voulait, ainsi, que les enfants comprissent tous les phénomènes avec lesquels ils étaient en rapport; on espérait pouvoir répondre à chacune de leurs questions et pouvoir éloigner tous leurs doutes.

L'enfant qui nous occupe devint le favori de la directrice, qui lui donna des soins tout particuliers. On le trouvait intelligent et on ne lui voyait aucun défaut. Femme nerveuse, irritable et très mobile, sa mère venait le voir quelquefois. Elle restait longtemps chaque fois; afin de se faire aimer de son fils, elle le comblait de caresses et de friandises. Elle restait parfois des heures entières à lui demander la permission de lui baiser la main. Il vécut ainsi jusqu'à l'âge de cinq ans. A ce moment, la directrice ne put continuer à s'occuper de lui et fut forcée de confier son favori à d'autres mains. Les personnes qui en avaient soin changeaient à chaque instant; on ne s'occupait plus autant de lui et il était souvent abandonné à lui-même. Il fut placé plus tard dans un jardin d'enfants où on avait établi la règle suivante : pour peu qu'un enfant ait été inattentif pendant la leçon ou qu'il n'ait pas obéi à un ordre, il était renvoyé de la classe pour toute la journée. Or, la personne qui donnait la première leçon s'entendait mal avec cet enfant. Celui-ci était donc renvoyé de la classe très souvent et restait ainsi, sans occupation, pendant des journées entières. Il arriva peu à peu à ne pas faire la moindre attention aux observations qu'on lui faisait et à ne tenir aucun compte des ordres qu'il recevait. Il prit enfin l'habitude de pousser ses camarades à la désobéissance et à les exciter contre la directrice de l'établissement. Pour le punir de sa mauvaise conduite, on l'enfermait dans une pièce écartée ; une fois là, il cassait tout ce qui lui tombait sous la main. On fut obligé, à la fin, de lui faire quitter cette école.

Ce petit garçon ne savait absolument rien de la vie : s'il voit quelque part un objet qui lui plaît, par exemple, il demande avec instance qu'on le lui donne. Si on lui répond que cet objet coûte trop cher, il supplie qu'on demande au marchand de lui en faire cadeau. « Il me le donnerait sûrement », dit-il. S'il voit un fiacre, il veut à toute force qu'on l'y fasse monter. Si on objecte qu'on n'a pas de quoi payer le cocher, il s'obstine et insiste quand même. Il est sûr que le cocher le mènera gratis si l'on veut. Notons qu'il avait neuf ans à ce moment-là. A partir de cette époque, il changea de maître à chaque instant. Il contracta peu à peu l'habitude de se cacher dans un coin ou sous une table lorsqu'il fallait aller en classe. Un de ses nombreux précepteurs eut la patience de rester en face de lui des journées entières jusqu'à ce qu'il finisse par sortir de sa cachette. Il n'était rendu à la liberté qu'après avoir fait son thème ou appris sa leçon. Lorsqu'il était avec sa mère, celle-ci le frappait de verges dans des moments d'irritation. Elle espérait le corriger ainsi de sa désobéissance et de sa grossièreté. Il eut, entre autres, la mauvaise chance d'entrer dans une institution où on donnait aux enfants du vin tous les jours ; le jour de fête de l'endroit, on leur donnait même de l'eau-de-vie.

Voici dans quels termes sa mère nous décrivit cet enfant, lorsque nous eûmes l'occasion de le voir et lorsqu'il avait onze ans : « C'est « un enfant, nous dit-elle, dont la volonté est faible ; il cherche à « éviter toute besogne qui exige un effort. Les livres d'enfants, les « récits qu'on leur fait, les promenades ne l'intéressent pas. Il est « très bavard et raconte tout ce qui se fait autour de lui. Son défaut

« principal c'est la gourmandise, la voracité même; il cherche à as-
« souvir sa faim en prenant de grandes quantités de nourriture. Il
« se bourre de pain, au besoin. Il est cruel envers les faibles, les
« animaux, surtout. Il n'est attaché à personne et il n'aime aucun
« de ceux qui l'entourent. Les souffrances d'autrui le touchent fort
« peu. Il prend volontiers, pour les jeter ou en faire cadeau ensuite,
« l'argent et des objets, tels que des boîtes, des plumes et des
« crayons qui appartiennent à autrui. Il donne avec la même faci-
« lité tout ce qui lui appartient. Pour dire tout, en un mot, il n'a
« pas la moindre notion des rapports qui existent entre les hommes
« et de ce qu'ils se doivent les uns aux autres. »

En l'étudiant de plus près, nous avons pu voir que c'est un enfant
simple et droit, qui vous regarde bien en face. Un peu gêné en présence d'un étranger, il fait ce que les enfants font souvent : il se
cache la figure avec les mains et fait une série de mouvements qui
n'ont aucun but déterminé. Il répond directement aux questions
qu'on lui pose; lorsqu'il s'est habitué à une personne, il lui communique volontiers ses impressions. Il ne réagit pas facilement sur
les impressions qu'il reçoit; si on cause posément avec lui et si on
le raisonne, il peut s'assimiler une analyse et des explications assez
compliquées. Habitué à faire sa volonté et à voir remplir chacun de
ses désirs, il a beaucoup de peine à se plier à une nécessité, quelle
qu'elle soit. Il a envie de prendre tous les objets qu'il voit et qui
l'impressionnent par leur volume, leur couleur et leur éclat principalement. Ce désir est tellement intense chez lui, que s'il ne peut
pas les prendre ouvertement il les prendra en cachette. Sa passion,
c'est la voracité; en mangeant, il songe moins à satisfaire son sens
du goût qu'à s'emplir l'estomac autant que possible. Lorsqu'il a dîné
en ville, il regarde l'heure à chaque instant, sans s'occuper de ce
qui se passe autour de lui. Il ne parle que de ce qu'il pourrait manger et il a peur de ne pas rentrer à temps; il craint qu'il ne vienne
en son absence des visites qui mangeront tout et ne lui laisseront
pas assez. Il gouverne fort mal ses sensations de la faim et de la
soif et ne réagit pas du tout contre elles. En règle générale, il ne
sait résister à aucun de ses désirs. Il lui est assez facile d'étudier
tout seul, mais si on veut le forcer à travailler, il se cachera sous la

table, chose qu'il fait volontiers. S'il a reçu de l'argent d'une façon quelconque, il s'achète immédiatement des provisions; il s'achète aussi des objets absolument inutiles, qui lui plaisent par leur couleur bigarrée ou par leur éclat. Il ne connaît le prix d'aucune chose. S'il a soif, il faut qu'il boive immédiatement. Il est prêt, en pareil cas, à payer n'importe quel prix et offrira lui-même le double au besoin. Les punitions corporelles elles-mêmes ne lui feront jamais avouer sa faute. Lorsqu'on l'interroge avec calme, au contraire, en lui promettant qu'il ne sera pas puni s'il fait des aveux, il fera une confession pleine et entière. Il avoue non seulement les fautes qu'il vient de commettre, mais encore celles, plus anciennes, qui lui avaient valu une correction sévère et qu'il avait continué à nier après celle-ci. C'est là un fait qui n'est pas douteux et qui mérite toute attention. Nous avons déjà dit qu'il s'intéresse peu aux personnes qui l'entourent et qu'il n'est attaché à personne; il est même froid avec sa mère, qui lui prodigue des témoignages extérieurs de son affection et qui le supplie d'être plus attentif envers elle. Il n'a pas encore des principes de morale bien arrêtés, mais on peut toujours agir sur lui en le raisonnant et en lui donnant des motifs de ce qu'on lui demande. Il est en état de distinguer le vrai du faux.

En résumé, c'eût été un petit garçon comme un autre s'il n'avait eu le malheur de perdre de bonne heure une personne qui l'aimait et qui l'entourait de soins attentifs. Ajoutons qu'il ne s'était jamais séparé de cette personne pendant les premières années de sa vie. On cherchait à l'intéresser à l'étude par des moyens factices, à force de prévenances on l'empêchait d'agir par lui-même. On lui avait appliqué une certaine méthode d'éducation qui ne convenait pas à un enfant aussi jeune et aussi impressionnable. Plus tard, il a été séparé brusquement de la personne qui l'aimait et mis en rapport avec des maîtres qui le traitèrent avec indifférence. Au début, on l'avait tenu à l'écart de la vie réelle et on lui avait donné une satisfaction trop ample à tous ses besoins. Ce n'était certes pas un moyen de lui apprendre à gouverner ses sensations et à limiter ses désirs. Plus tard, cet enfant fut persécuté en quelque sorte; il fut châtié trop sévèrement par des personnes qui lui étaient absolument étrangères et qui agissaient sous l'influence de l'irritation. Un pareil traitement ne pouvait que l'aigrir. C'était là, d'ailleurs, une circonstance qui ne pouvait agir que d'une façon dépressive. Ajoutons que les prières et les supplications ne sauraient forcer un enfant à avoir de l'affection pour celui qui les prodigue.

Nous sommes ici en présence d'un type complexe, qu'on ne saurait comprendre à moins de trouver le lien causal qui existe entre les influences qui ont agi sur lui et les phénomènes qu'il présente. Un enfant simple d'abord a été arraché d'un terrain qui lui était favorable ; on lui a enlevé les conditions qui étaient propices à son développement ; on l'a soumis, d'un côté, à l'action dépressive de châtiments injustes, de l'autre, à l'action exclusive de la sensation de plénitude de l'estomac. Ces circonstances réunies font qu'il s'est endurci et est devenu peu à peu apathique. A moins que l'école n'agisse sur un pareil enfant d'une façon favorable, ce dernier risque de devenir un homme tout à fait malheureux. Pour peu, au contraire, qu'on le traite avec affection et sincérité, tout en étant toujours vrai avec lui, pour peu qu'on lui donne en même temps une éducation sérieuse, il deviendra un homme bon et utile. Il importe aussi d'aider au développement de sa volonté. Les traces des conditions défavorables dans lesquelles s'est passée son enfance resteront, néanmoins, longtemps sans être effacées. Il n'oubliera pas facilement non plus le désappointement qu'il a eu avec la première personne qu'il a aimée. Remarquons que dans l'institution où il a passé sa première enfance, il avait fini par prendre l'habitude d'exciter les autres élèves contre la directrice. Il n'admettait pas les bonnes qualités de cette dernière.

Qu'on prévienne tous les besoins d'un enfant et qu'on le dirige, dans tous ses actes et dans toutes ses pensées, et on le rendra absolument impropre à la vie. C'est tout au plus si des enfants qui se sont développés dans de pareilles conditions peuvent devenir obéissants. Ils sont malheureusement, en même temps, égoïstes et pleins d'assurance. Nous avons vu des jeunes gens, — des étudiants même, — dont la naïveté et le manque d'expérience égalaient ceux d'une jeune fille élevée dans un couvent. En étudiant les mathématiques, par exemple, ces jeunes gens apprennent, par cœur, les formules les plus compliquées ; quant au sens intime de ces formules, ils ne songent seulement pas à le pénétrer. Quand un jeune homme de ce genre, que nous avons connu, voulait sortir, il en demandait chaque fois la permission à sa maman. Un jour, qu'il voulut montrer son indépendance et s'acheter, lui-même, un chapeau, il n'arriva rien de bon : il déboursa beaucoup d'argent pour un chapeau qui ne valait rien. De pareils individus sont incapables de se charger d'une besogne sérieuse ; ils resteront des enfants toute leur vie.

Le type hébété-mou est très fréquent dans les établissements de jeunes filles ; ceux de l'enseignement supérieur le présentent aussi, parfois, dans toute sa pureté. Il semblerait que l'école reste sans influence sur ces enfants. Ce qui les caractérise, surtout, c'est la froideur, l'apathie et l'absence de sentiments affectifs ; indifférents, n'allant jamais au fond des choses, ne pouvant qu'imiter, ils n'ont pas la moindre notion du vrai. Ils peuvent aller jusqu'au cynisme dans les efforts qu'ils font, pour satisfaire leurs besoins sensuels. Tel est, en somme, l'héritage que leur a laissé l'éducation et avec lequel ils entrent dans la vie.

V

DU TYPE HÉBÉTÉ-MÉCHANT

Lorsque cet enfant arrive à l'école, il est obstinément silencieux ; il a l'air timide et embarrassé. Sitôt qu'il pense que personne ne l'observe, on le voit faire une série de mouvements brusques, comme qui dirait involontaires et qui n'ont pas de but déterminé. Il est excessivement difficile d'obtenir de lui une réponse ; au lieu de répondre, il fera une impertinence, un geste grossier, ou bien il marmottera, sur un ton de mauvaise humeur, quelques sons inarticulés. Le regard, toujours en dessous, il se tient à distance de ses camarades, en général. S'il s'en approche, c'est pour donner un coup à quelqu'un ou pour le pincer. Lorsqu'un camarade lui pose une question, ou lui propose de prendre part à un délassement, il ne répond pas, ou il refuse. Quelquefois, il fait rire les autres élèves par des incartades brutales ou par de petites scènes qu'il met en acte. L'étude ne l'intéresse guère. Il ne fait à cet égard que le strict nécessaire ; s'il peut s'y soustraire complètement, il le fait volontiers. Très soupçonneux de sa nature, il l'est surtout avec les supérieurs ; il repousse, d'un mouvement brusque, toute tentative qu'on fait de lui montrer de la tendresse. Ces dernières le mettent en fuite, souvent. Il lui arrive même quelquefois de ne pas supporter les caresses. Ses mouvements sont généralement brusques et raides ; lorsqu'il est embarrassé, il tourne le dos à son interlocuteur, puis il se couvre la face avec la main ou avec le coude. Quelquefois, il tire la langue de dessous son coude.

Comme il n'aime pas à raisonner, il l'évite tant qu'il peut. Il ne cause pas beaucoup, surtout avec les étrangers. Lorsqu'il est persécuté ou châtié, il sait prendre un masque d'indifférence. Une offense légère, au contraire, ou un manque d'attention le blessent facilement ; il peut être grossier en pareil cas. Il est très bon camarade ; il se lie surtout avec les enfants appartenant au même type, et cela dans un but de défense commune. Ce n'est point là un pacte d'amitié. Il se rapproche aussi de l'enfant débonnaire, parce qu'il sent que celui-ci le met sur un pied d'égalité avec les autres élèves. Il ne trahira jamais un camarade, et les punitions les plus sévères ne sauraient l'y forcer. En règle générale, la patience et la fermeté avec lesquelles il subit les punitions sont vraiment étonnantes. L'enfant hébété-méchant prend souvent sous sa protection quelque animal avec lequel il partage sa nourriture.

Lorsqu'un pareil enfant est persécuté ou sévèrement châtié, il devient très inquiet. Il se crée, en pareil cas, les distractions les plus bizarres, caractérisées par le désir de faire du mal : il tourmente, il torture des animaux, il fait des insultes aux différentes personnes qui l'entourent, les maîtres d'étude, surtout. Il cherche même à leur faire du mal. Il arrache les ailes et les pattes des insectes; il écrase de petits animaux ou il en noie de plus grands. Il accroche à un clou ou à une branche un chat qu'il attache par la queue ou par une patte; il tue des chiens. Plus les souffrances qu'il occasionne sont grandes, plus il est content. Il manifeste sa joie par un rire sauvage et des gestes qui deviennent de plus en plus brusques.

Après être resté pendant un certain temps en classe, immobiles et raides, ces enfants se précipitent quelquefois dehors en poussant des cris et en faisant les gestes les plus absurdes. Ils se cognent les uns contre les autres et ils tombent sur tout ce qui se trouve sur leur chemin, un mur, au besoin.

Lorsqu'on est de plus en plus sévère envers l'enfant hébété-méchant et qu'on lui défend constamment ce dont il a envie; lorsque d'une façon arbitraire on lui refuse des objets de première nécessité, il cherche à prendre en cachette ce qu'il lui faut. Il ne s'arrête devant aucun obstacle pour s'approprier ce dont il a envie. Il est prêt à partager ce qu'il a pris avec les autres enfants du même type. Si le vol est découvert, ces enfants forment une ligue étroite et nient le méfait avec assurance; aucun d'eux ne trahira le coupable. Celui-ci ment selon son habitude; ne sachant rien inventer, il se borne à nier sa faute. Il lui arrive de prendre des objets de valeur qu'il détruit aussitôt. Cet enfant est toujours prêt à mutiler, à couper en morceaux et à brûler quelque chose. Il peut traverser en courant un espace considérable, il peut manger une grande quantité de la substance la plus indigeste telle que : du turneps, des trognons de choux, des punaises, des mouches, etc. Il est prêt à boire une quantité énorme d'une boisson forte, à fumer du tabac jusqu'à ce que les oreilles lui en tintent. C'est pour se faire plaisir qu'il fait tout cela et non pour s'en vanter ensuite. Tous les jeux, tous les amusements qu'il organise ont pour but de lui procurer de fortes sensations. Loin de le toucher, la faiblesse, la douceur, la tendresse le repoussent. Elles déterminent même chez lui des actes brutaux. Tout spectacle qui produit une impression forte, tels que : une course agile et rapide, la poursuite d'hommes ou d'animaux, une rixe acharnée l'amusent et le distraient. Lorsqu'il vient d'entrer à l'école, il est toujours prêt à pincer ou à battre un camarade ou bien à lui donner un coup d'épingle. Il se comporte ainsi avec des camarades plus jeunes que lui et même avec de petits enfants. Lorsqu'il est devenu plus âgé, il ne fait plus de mal aux petits enfants; il les protège, au contraire.

Malgré tous ses défauts, l'enfant hébété-méchant a des élans très généreux. Lorsqu'un autre enfant est persécuté et devient la victime d'une injustice flagrante, il sera avec lui d'une douceur et d'une prévenance infinies. Il en fera autant si un enfant infirme est laissé à l'abandon. Rarement sincère et profonde, sa religion est plutôt de forme que de fond.

Il étudie avec beaucoup d'indolence et manque absolument d'initiative; toutes les fois qu'il peut se débarrasser complètement de l'étude il ne manque pas de le faire. Lorsqu'il tombe dans l'apathie on ne saurait l'en faire sortir autrement que par des moyens très énergiques. Ces derniers ne font qu'aggraver sa situation; ils l'abrutissent de plus en plus. C'est sans approfondir en général le sens de ce qu'il apprend, qu'il le retient, par un simple effort de la mémoire. La forme en toute chose et en matière de religion les cérémonies religieuses, voilà tout ce qu'il possède comme bagage intellectuel : il s'y tient avec énergie. Lorsqu'il est resté quelque temps à l'école, l'extérieur de cet enfant ne se distingue plus en rien de celui des autres élèves. Devenu craintif, néanmoins, il se renferme de plus en plus dans son for intérieur, qu'il protège contre toute immixtion. Son amour-propre est excessivement mesquin. Lorsqu'un enfant présente le type hébété-méchant dans toute sa pureté il cherche à faire tout le contraire de ce qu'on lui demande. Il semble faire tout ce qu'il peut pour attirer sur lui l'attention et pour être rappelé à l'ordre ; on dirait même, qu'il multiplie à volonté les occasions qui lui permettent de faire preuve de rébellion. Qu'on fasse, par exemple, mettre tous les élèves en rang, et il se placera certainement le dos tourné vers son maître. Qu'on lui dise de s'asseoir à telle place, et il s'assoira nécessairement à une autre, etc. Animé de l'esprit de contradiction, il répond d'une façon négative à toutes les questions qu'on lui pose. Quant à ce qui le concerne, lui personnellement, il ne dit jamais la chose au vrai. Il apprécie à sa plus haute valeur tout effort qu'il est obligé de faire : aussi s'arrange-t-il, dans ses études, comme dans toute autre occupation, pour ne donner que le strict nécessaire.

Dès qu'ils ont quitté l'école, ces jeunes gens recherchent avec avidité les fortes impressions ; ils se lancent à toute vapeur. Ils font absolument comme lorsqu'ils sortaient de classe en se précipitant dehors. Pas plus qu'autrefois, ils ne tiennent compte aujourd'hui des obstacles qui se trouvent sur leur chemin ; ils absorbent de grandes quantités de mets variés et fortement épicés. Ils boivent sans mesure des boissons alcooliques ; ils se livrent à des excès sexuels et ont même souvent des vices contre nature ; ils prennent part à des orgies ou à des rixes ; ils s'occupent de chevaux, vont à des courses et à des chasses à courre, etc. Dans toutes ces occasions, ils font, autant que possible, du bruit et du scandale. Il n'est pas d'acte indécent, en un mot, dont ces jeunes gens ne soient capables. C'est ainsi qu'ils profitent de leur liberté dès qu'ils l'ont, quand ce ne serait que pour un instant. Dans leurs discours, dans leur manière de se vêtir, dans toutes leurs habitudes enfin, ils prennent généralement pour modèles les gens les plus grossiers et les plus extrêmes. Leur effronterie se fait voir dans tout ce qu'ils font. Ajoutons que les jeunes filles qui appartiennent à ce type sont en tout semblables aux jeunes garçons ; elles ont du cynisme au même degré. Ces individus sont tellement importuns et tellement impitoyables dans leurs exigences qu'il est difficile de les contenter. Quant à leur suffisance elle va jusqu'à l'absurde.

Voici quels sont en résumé les traits les plus accentués des jeunes gens hébétés méchants. Ils sont soupçonneux, brusques et rudes dans leur manière d'être ; renfermés en eux-mêmes, ils réagissent lentement sur les impressions extérieures. Leur amour-propre est aussi mesquin que possible. Devenus apathiques sous la règle qui pèse sur eux ils se laissent aller aux incartades les plus inattendues, toutes les fois qu'ils peuvent s'y soustraire.

Nous avons dit plus haut, qu'ils se distinguent par une grande nonchalance et par un grand défaut de mobilité : aussi opposent-ils une résistance toute passive aux occupations et aux amusements qui leur sont proposés ; ils cherchent même à s'y soustraire. Nous en avons connu qui ne se permettaient jamais une incartade, jamais une orgie ; en revanche, ils cherchaient à se distraire en s'adonnant à une occupation favorite ; les uns jouaient d'un instrument quelconque et leur jeu bruyant et maladroit excitait fortement l'organe de l'ouïe. D'autres faisaient de la mauvaise peinture ou exerçaient un métier. En règle générale, ils choisissent un travail rude qui amène à sa suite une forte sensation de fatigue. Ils remueront de la neige, par exemple, ils se mettront à scier ou à fendre du bois, etc. A défaut de ce genre de distraction, ils s'adonnent à toutes sortes de mauvaises habitudes, comme les excès sensuels, les vices contre nature, l'alcool, le tabac, etc. C'est en petit comité ou dans l'isolement que cela se passe ; ils se grisent tout seuls, ou bien ils se font l'esclave d'une femme hypocrite ou ambitieuse dont tous les caprices sont une loi pour eux. Lorsqu'ils entreprennent un travail, il leur est difficile de sortir des voies d'un formalisme rigoureux, que n'anime aucun souffle de vie. Ils se conforment strictement à une règle qui leur a été posée à l'avance et dont ils auraient de la peine à s'écarter.

Arrivé à l'âge mûr, l'enfant hébété-méchant se transforme dans les circonstances les plus favorables, en un employé, ganache et soupçonneux ; sans faire aucun raisonnement, celui-ci remplit avec zèle tout travail qui lui a été confié. Il est silencieux et ne saisit qu'avec une grande difficulté toute pensée nouvelle. C'est avec beaucoup de peine qu'il se met à un travail dont il n'a pas l'habitude. Si on veut lui faire changer de méthode, il écoute en silence l'exposé des procédés nouveaux qu'on lu' ...pose, puis il continue à faire comme il en a pris l'habitude. Il s'en tient de nouveau à la méthode qu'il sait par cœur depuis longtemps. Obséquieux avec ses supérieurs, il se montre exigeant avec ses inférieurs. Notons cependant, qu'il ne saurait laisser passer sous silence un acte, une exigence, ou une prétention qui lui paraissent injuste. Il résiste en pareil cas, avec aussi peu de ménagements, à un de ses chefs, qu'à un subordonné. Ajoutons qu'il est toujours l'esclave d'une faiblesse qui lui sert de distraction dans sa vie monotone. Dans certains cas, il se cantonne dans son bureau, avec sa pipe et son eau-de-vie; il déteste tout ce qui l'entoure et grogne toutes les fois qu'il voit quelque chose de nouveau ou qu'un étranger l'approche. Dans d'autres cas, l'homme hébété-méchant devient l'ennemi acharné de la société; il se venge sur elle des souffrances et des injustices qui ont empoisonné son enfance et sa vie ultérieure.

Examinons maintenant les principales causes qui ont contribué dans la famille, à la formation du type qui nous occupe : ce sont, surtout, la défense de raisonner et des exigences injustes et sans fondement. Ajoutons encore, l'habitude d'avoir recours à la contrainte pour stimuler l'enfant ou pour l'apaiser. Une belle-mère méchante et irritable, par exemple interdit à un enfant tout raisonnement dès son bas âge. Elle lui fait des remontrances ou le talonne sans se rendre compte des motifs qui la font agir ainsi; elle le limite, en même temps, dans tous ses actes. Ces derniers lui paraissent incorrects et mauvais ; ils lui inspirent même de la répugnance. En règle générale, il faut que la personne qui a élevé un pareil enfant, ait eu peur, principalement, de le gâter : aussi aucune des fautes qu'il a pu commettre n'a-t-elle échappé à une punition. Supposons, que l'enfant ait pris, en cachette, un objet qui lui a plu ou dont il avait besoin ; supposons qu'il ait été pris sur le fait : on s'empressera de l'appeler un voleur. Supposons, encore, qu'involontairement il ait causé des souffrances à autrui ou qu'il ait même donné la mort à un être. On le qualifiera de « monstre » et « d'assassin ». Une fois marqué de ce nom, il n'en reçoit pas d'autre ; il est livré ainsi à la persécution des gens de la maison, et même des enfants de l'alentour. Une autre fois un enfant aura menti et on l'aura appelé un « menteur ». Ce nom ne lui est pas donné une fois par hasard, mais on se plaît à le répéter constamment et à haute voix. Ce qui joue ici le rôle principal, c'est une persécution constante, faite avec persévérance et d'une façon toute arbitraire. Venue en conséquence de l'irritabilité de la personne qui dirige l'enfant, cette persécution a pour effet de l'humilier devant les autres, ses camarades y compris. Il sera d'autant mieux atteint que les occasions de le traiter ainsi se présenteront devant des étrangers ou des gens qu'il n'aime pas. D'autres causes peuvent agir dans le même sens, comme une répartition trop sévère de son temps et des occupations toujours obligatoires. L'enfant n'est même pas laissé libre, quelquefois, de disposer de ses amusements et de ses jeux ; il est soumis à chaque instant à des punitions sévères pour avoir enfreint la règle. Tantôt formalistes, tantôt inhabiles et même grossiers, ceux qui le dirigent ne lui témoignent ni bienveillance, ni affection. Ne sachant rien d'ailleurs sur les mœurs et les besoins des enfants, ils cherchent avant tout à étouffer leur personnalité. Ils veulent leur désapprendre à penser et à raisonner.

Si on se rappelle tout ce qui a été dit plus haut, on comprendra aisément le lien qui existe entre les phénomènes que nous venons de voir et leurs causes. En employant des mesures de coercition extérieures, en limitant constamment la liberté de l'enfant et en l'empêchant de raisonner, on empêche forcément le développement de ce qu'il y a d'élevé dans l'homme. Il suffit de connaître les conditions de ce développement pour comprendre le lien qui existe ici entre la cause et l'effet. On saisira celui-ci encore mieux, si on s'arrête un instant, pour examiner l'influence des diverses « mesures » pédagogiques, usitées de nos jours.

Supposons, que dans une famille, où il y a de petits enfants, un enfant de deux ans ait eu l'idée de planter son doigt dans la figure d'un de ses cadets. Il peut l'avoir fait par mégarde. Pris à l'improviste et se sentant du mal, l'enfant qui a été maltraité de la sorte se mettra à crier. Sa mère qui a assisté à cette scène gronde l'agresseur en élevant la voix et en faisant des gestes, ce qui vient rendre plus forte l'impression qu'elle produit. Le coupable peut éprouver un certain plaisir à contempler ce tableau ; il reçoit en effet une série d'impressions très vives. D'un côté, il y a son petit frère qui réagit fortement sur l'irritation reçue ; de l'autre, il y a sa mère qui agit par action réflexe, également. Il peut être porté ainsi à recommencer une autre fois ; il le fera surtout dans un moment où il se trouvera dans un état de dépression (fatigue ou mécontentement). Sa mère impatientée, cette fois, criera plus fort, fera des gestes plus violents et frappera peut-être son enfant indocile. A côté de la scène qui agit en l'excitant, celui-ci aura donc à subir l'action dépressive d'une correction. Tout cela l'empêchera-t-il de recommencer ? Non pas, pour la plupart du temps. Il s'arrangera seulement pour faire la chose en cachette afin d'éviter la sensation de dépression ; il poussera même son petit frère plus fort, en général. La mesure pédagogique employée ici n'a servi à rien pour le convaincre qu'il avait mal agi ; elle n'a pu effacer l'impression d'une scène qui l'avait fortement émotionné. Elle n'a pu détruire ni l'association des sensations, ni l'état d'apathie sous l'influence desquelles cet enfant a été porté à pousser son petit frère du doigt. En soulignant, en quelque sorte, ce qui s'est passé, elle a pu rendre le fait plus attrayant ; elle a augmenté par là même les chances d'un nouvel acte du même genre.

Les pédagogues de notre temps se dirigent souvent, par un principe vrai en lui-même, mais dont ils font mal l'application, à savoir : que toute impression peut être effacée par une impression plus forte encore. Dans le cas que nous venons de voir, par exemple, l'impression produite par les actes réflexes de la mère et du petit enfant disparaît devant celle, plus forte, d'une correction reçue par le coupable. Nous examinerons plus loin en détail le principe que nous venons de voir et nous tâcherons d'en faire comprendre la signification. On verra que le but qu'on se propose n'est pas atteint de cette façon, parce que la seconde impression n'est que passagère, la première étant au contraire très durable. De plus, en déprimant ainsi le système nerveux, on amène un état d'apathie qui deviendra un terrain propice pour des irritations constantes (survenant sous la forme de diverses sensations). Il s'ensuit, qu'en ayant recours à certaines « mesures » qui sont sensées détruire ces causes constantes d'irritation, on les produit, au contraire. Dans le cas précédent, il eût été plus sage, sans aucun doute, d'avoir eu *l'air de ne pas remarquer* ce qui s'était passé ; tout l'effet du tableau eût été annulé de cette façon. On eût mieux fait d'avoir eu plus de retenue sans tenir compte de ce qui n'était qu'un pur accident, on aurait dû se garder d'en faire un délit. Toutes les fois que les yeux prêts à observer et les mains prêtes à châtier sont en petit nombre, de pareils faits insignifiants passent inaperçus. Une mère intelligente saura toujours se taire à propos et ne pas faire attention à ce qui n'en vaut pas la peine. Mettez, par exemple, une assiette de confitures sur une table et défendez à un enfant d'y toucher, sur un ton des plus sévères : dites-lui qu'il sera puni en cas de désobéissance. Si cet enfant sait que ce n'est pas là une simple menace, il sera certainement tenté de toucher à ce plat de friandises. Il le fera certainement, dès qu'il se trouvera tout seul. Il mettra dans l'assiette son doigt, qu'il léchera ensuite, puis, il s'enfuira à toutes jambes, laissant des traces de confitures sur ses lèvres et sur ses vêtements. Un enfant qui n'a jamais été traité avec rudesse et qui n'a jamais été puni, agira tout autrement : si une mère *douce* et *aimante* lui dit sérieusement de ne rien prendre sur l'assiette en question, si elle lui explique en même temps pourquoi il ne doit pas le faire, il obéira très certainement.

Nous pourrions citer beaucoup d'exemples du même genre ; ceux-ci font voir, d'une façon expresse, combien il importe d'approcher un enfant avec simplicité et affection. L'influence de paroles douces et affectueuses dites à propos, est telle, qu'elle ne saurait être comparée à celle d'un châtiment. C'est là une chose qu'on oublie trop facilement en matière d'éducation. Voilà pourquoi on a souvent recours à des mesures pédagogiques qui peuvent avoir des conséquences funestes. Sous l'influence de l'irritation, les pédagogues ont recours d'une façon inconsciente à des moyens dont ils ne voient pas la portée. Sans approfondir les causes du délit qui vient d'être commis, par leur élève, ils donnent libre cours à leur irritation. Ils traduisent celle-là par une série de gestes et de paroles désordonnés. Il importe, suivant nous, qu'un instituteur ne se laisse jamais aller à des actes réflexes, mais qu'il raisonne toujours. Autrement, il arrive une chose absurde : il reproche à son élève d'avoir manqué à la discipline et il prouve, en même temps, qu'il ne sait pas se gouverner ; en d'autres termes, il fait voir qu'il manque lui-même de discipline. Nous avons vu dans une école primaire de Leipzig un maître qui se promenait dans la classe une férule à la main ; il frappait avec celle-ci tantôt un élève, tantôt un autre : s'étant aperçu qu'un petit garçon de sept ans chuchotait à l'oreille de son voisin, il s'approcha de lui vivement et, laissant tomber sa férule, il lui appliqua un vigoureux soufflet. Ce devait être une chose habituelle, car le petit garçon ne souffla mot ; il jeta seulement à son maître un regard courroucé. Après la leçon, nous demandâmes à ce pédagogue, qui était un jeune homme de vingt-six ans, s'il lui semblait indispensable de battre les enfants pendant la classe. « Loin de là », nous répondit-il, « c'est même nuisible. On le fait, parce que cela va plus vite ainsi. C'est l'habitude et nous n'avons guère le temps de raisonner, d'ailleurs. » On ne devrait pas tolérer dans une école des actes d'arbitraire comme ceux-là : ils y sont habituels, cependant. Une pareille manière d'agir facilite bien la besogne de l'instituteur, mais c'est au détriment de l'enfant. Si on rappelle un enfant à l'ordre, en élevant la voix ou en criant, il fera un soubresaut et s'apaisera ensuite. Moins l'interpellation aura été brusque, moins il aura l'habitude d'être bousculé de la sorte et plus longtemps il restera tranquille. Après être resté quelque temps immobile, l'enfant se mettra à se remuer et fera quelque geste indécent, celui de tirer la langue, par exemple. Nous avons eu l'occasion de voir dans un internat un maître qui exigeait de sa classe le silence le plus absolu toutes les fois qu'un des supérieurs était attendu. Il exigeait des élèves non seulement de ne pas remuer, mais encore de retenir leur respiration. En revanche, il leur donnait une liberté absolue sitôt que le supérieur était parti. Ce qui se passait alors serait difficile à décrire : les élèves jetaient les cris les plus sauvages et se précipitaient les uns sur les autres. Ils se jetaient sur tout ce qui se trouvait sur leur passage, ils allaient jusqu'à se cogner contre le mur. On faisait bien de s'écarter de leur chemin, crainte de recevoir quelque affront.

Les propriétés du système nerveux, que nous avons décrites plus haut, expliquent parfaitement les phénomènes qui se passent en pareil cas. Nous avons vu qu'en excitant le bout périphérique du

rameau d'un nerf, on abolit par là même les sensations douloureuses dues à l'excitation du bout périphérique d'un autre rameau
du même nerf. Lorsqu'on a mal à une des dents de la mâchoire inférieure, il suffit d'irriter la peau de la région temporale correspondante pour faire cesser immédiatement cette douleur. Il est évident,
qu'en irritant fortement le rameau d'un nerf, on paralyse l'action
des autres conducteurs du même tronc nerveux. Hâtons-nous
d'ajouter, cependant, que les sensations douloureuses en question
reviennent avec une augmentation d'intensité, sitôt que cette irritation supplémentaire a cessé d'avoir lieu. Si on veut les faire cesser
de nouveau, on sera obligé d'avoir recours à une irritation de plus
en plus forte. Pour peu que cela se prolonge, on sera mis dans l'impossibilité de continuer de cette façon.

Des phénomènes analogues s'observent dans la vie psychique
d'un enfant; supposons qu'une excitation ou une irritation ait déterminé chez lui un acte quel qu'il soit : irrité à son tour et désireux de
ramener l'enfant à l'ordre, son maître cherche à lui faire éprouver
une irritation plus grande. Il lui fait une réprimande en élevant
fortement la voix, il le frappe même quelquefois. Les centres régu-
lateurs sont excités de cette façon, mais l'activité intellectuelle est
déprimée. Les mouvements cessent alors d'être conscients. Dans
l'exemple cité plus haut, la sensation douloureuse un instant
amortie apparaît de nouveau. C'est qu'au lieu d'avoir été écartée,
la cause qui l'a produite n'a été qu'affaiblie. La même chose se passe
ici : l'enfant répète les actes pour lesquels il a été réprimandé. Il le
fait même avec un certain acharnement. Cet acharnement sera
directement proportionnel à la force et à la durée de l'action dépressive qui a agi précédemment. De même, que le fer incandescent
peut rester sans effet, le châtiment le plus énergique peut l'être,
aussi nous avons eu l'occasion d'observer le cas suivant : une mère
qui voulait forcer son enfant âgé de six ans à se lever de bonne
heure était forcée de le gronder plus fort tous les jours. Il fallait
qu'elle élevât la voix de plus en plus pour obtenir qu'il obéisse.
Il arriva un jour que les paroles cessèrent de faire de l'effet ; elle
saisit donc l'enfant, le sortit du lit avec violence et le frappa de
verges de la façon la plus brutale. L'enfant ne souffla mot pendant

que dura l'exécution : l'instant d'après, il désigna les restes du paquet de verges répandues sur le parquet et dit avec un sourire haineux : « Voilà comment une mère traite son enfant. » Ajoutons que le châtiment resta sans effet et que cet enfant continua à faire la grasse matinée. Cet enfant, qui a atteint l'âge mûr aujourd'hui, présente les traits les plus accentués du type hébété-méchant.

Nous ne pouvons nous empêcher de citer un fait qui s'est passé dans un des établissements de bienfaisance où les enfants restent à partir de trois ans jusqu'à douze ans. Un élève âgé de neuf ans eut l'idée de publier un journal où il faisait la caricature de ses maîtres. Instruits de ce fait, ceux-ci prirent la chose au sérieux et voulurent faire un exemple. Le coupable fut cruellement fouetté en présence de tous les élèves. On le fit passer, plus tard, dans un autre établissement, dont on se prépara à l'exclure également. Tout ce qu'on obtint de lui par les punitions corporelles, c'est de le faire rire méchamment, après la correction. Nous pourrions citer un grand nombre d'exemples du même genre qui concourent à confirmer la règle posée plus haut. Ils prouvent que les mesures de coercition tuent ce qu'il y a d'élevé dans l'enfant et en font un homme méchant et apathique.

Il est un principe posé par M. Wundt qui vient confirmer ce que nous venons de dire et qui est surtout vrai en ce qui concerne l'intensité toujours croissante des sensations. En voici les termes : « Le sen-« timent de contentement, provoqué par l'accroissement du bien-être « matériel, est directement proportionnel à la grandeur *relative* de « cet accroissement et non pas à sa grandeur *absolue*. Dans d'autres « termes : le bien-être moral (plaisir) est en proportion directe du « logarithme du bien-être physique, ou encore : l'intensité croissante « des sensations représente une progression arithmétique au lieu que « l'intensité croissante des impressions reçues doit représenter une « progression géométrique. »

Voyons, maintenant, si on ne saurait trouver un système meilleur que celui des réprimandes, des menaces et des tortures. Nous avons vu plus haut, que si une excitation ou une irritation est forte et agit d'une façon immédiate, elle n'amènera que des mouvements réflexes. Il s'ensuit que pour forcer les enfants à agir d'une façon consciente il importe de traiter avec calme et méthode ces êtres éminemment réflexes. Après avoir appris ainsi à raisonner, l'enfant pourra faire des actes de volonté, et saura réagir contre des sensations et des désirs accidentels et anormaux. Lorsque c'est par des influences extérieures, au contraire, qu'on cherche à enrayer les impressions, l'activité intellectuelle est abaissée en proportion. Les impulsions de la volonté, qui ne doivent pas être confondues avec la faculté de tenir en bride les actes réflexes, sont déprimées par là même. C'est alors qu'en vertu de la loi psycho-physique énoncée plus haut (description de l'enfant ambitieux) les irritations venues de l'extérieur doivent être augmentées suivant une progression géométrique. Sinon, l'enfant étant plongé par les excitations précédentes dans un état de dépression et d'apathie, elles resteront sans effet. Nous ne saurions trop répéter que toute discipline purement extérieure risque de plonger un enfant dans l'apathie; elle est donc en contradiction formelle avec le but que doit se proposer l'école. Elle abaisse et déprime l'activité intellectuelle de l'enfant. De plus, l'état d'irritation dans lequel se trouve le pédagogue, au moment où il a recours à des mesures de coercition, l'empêche de faire l'appréciation juste et calme du délit commis par son élève. Il peut être porté, en conséquence, à persécuter celui-ci d'une façon toute arbitraire et à offenser en lui la dignité humaine. L'enfant, à son tour, ressentira de la colère et de la haine contre son persécuteur. Si au contraire, on cherche à éveiller chez l'enfant le besoin de réfléchir, si on excite en lui l'activité de l'intelligence et de la volonté, on l'habitue par là même à se maîtriser. Après l'avoir aidé ainsi à développer en lui une discipline morale, qui lui suffira pour se gouverner dans l'avenir, on aura rempli le but que doit se proposer l'éducation. Si l'impressionnabilité de l'enfant n'a pas été émoussée de bonne heure, il pourra être doux et calme dans ses relations avec le monde extérieur. S'il a été habitué à réfléchir, il saura analyser les notions et les vérités qu'on lui enseigne, et il pourra en développer les conséquences. Il distinguera le vrai du faux et aimera le vrai. Il aimera et respectera également ceux qui l'ont conduit vers le vrai, sans jamais offenser en lui la dignité humaine. Le pédagogue qui a recours à des moyens de coercition, ignore certainement la puissance que peut avoir un langage calme, juste et vrai. Il n'a de plus aucune idée de l'inviolabilité de la personne humaine et du respect qu'on lui doit. L'influence d'un homme vrai et aimant est si grande, qu'elle peut rendre débonnaire un enfant qui se trouve dans les conditions les plus fâcheuses quant à son développement moral. Il suffit que celui-ci se rencontre de temps en temps avec une telle personne. Il s'y attache en pareil cas très fortement.

Une mère, une bonne ou un instituteur qui éprouvent pour un enfant un attachement vrai et qui lui portent un intérêt peuvent avoir recours à des punitions sans abrutir pour cela l'enfant et sans qu'il en résulte, pour lui, un dommage réel. C'est là, en pareil cas, une tout autre affaire, et de pareils actes ne sauraient être néanmoins élevés en principe. Une réprimande, une correction même, venues d'un de ses proches qu'il aime, peuvent être facilement supportées par un enfant; celui-ci sera même parfois excité d'une façon agréable. Lorsque c'est, au contraire, un étranger froid et sans affection qui lui inflige une punition absolument analogue, l'enfant pourra se sentir froissé. Une dépression morale en sera la conséquence parfois. Nous avons connu un ouvrier qui aimait bien son fils et lui témoignait beaucoup d'affection; étant ivre cet homme le battait néanmoins. Une fois dégrisé, il devenait sombre et évitait la présence de son fils; celle-ci le gênait beaucoup. Malgré les coups qu'il reçoit, de temps en temps, cet enfant appartient au type débonnaire; il a même de l'affection pour son père. Lorsqu'il s'aperçoit de la confusion de celui-ci, il l'interpelle en disant : « Cesse donc « de te fâcher, laisse ça. C'est des bêtises. » En résumé, la violence qui a été exercée n'est pas tout dans une correction : il faut savoir tenir compte des circonstances morales qui l'accompagnent. Ce sont elles qui peuvent déprimer l'état psychique de l'enfant.

Hâtons-nous d'ajouter, que certaines punitions ont une action mécanique nuisible à la santé de l'enfant. On pense, en général, qu'il est sans importance de forcer un enfant à se tenir debout au milieu d'une chambre ou dans un coin : il s'en faut pourtant de beaucoup qu'il en soit ainsi. Un adulte, en effet, peut garder sans inconvénient cette position pendant un temps assez long; mais l'enfant, c'est autre chose. En effet, la colonne vertébrale qui sert de point d'appui au tronc, n'a pas encore acquis chez l'enfant son entier développement; ce dernier ne saurait donc se maintenir dans la position debout, grâce à l'équilibre seulement des diverses parties qui composent la colonne vertébrale. Il faut nécessairement que l'activité d'un certain groupe de muscles se mette de la partie. Or, on sait qu'un travail musculaire uniforme occasionne rapidement de la fatigue. Celle-ci est suivie naturellement d'une dépression morale qui met l'enfant dans l'impossibilité de faire quoi que ce soit. C'est donc une fort mauvaise manière de corriger ce dernier. On n'y arrive certainement pas en le fatiguant et en le rendant incapable de travail. Qu'on essaie de tenir le bras élevé dans une position horizontale, au niveau de l'épaule, pendant quinze à vingt minutes; on verra combien la fatigue musculaire sera pénible. Peu d'adultes sont capables d'un pareil effort; celui qui pourra le faire sera ensuite tellement fatigué qu'il lui sera impossible de se livrer à un travail. C'est ce qui se passe chez un enfant qui est resté longtemps agenouillé; nous pourrions en dire autant des autres positions incommodes que certains pédagogues s'ingénient à inventer comme punition. On a tort d'oublier encore que le corps de l'enfant est appelé à croître et à se développer : il est donc insensé de le priver de nourriture ou de le mettre au pain et à l'eau. Il faudrait pour être logique lui demander, en pareil cas, un travail moindre. Toutes les fois qu'on diminue l'apport de matériaux nutritifs, en effet, il importe de diminuer également la dépense.

En dehors de la dépression morale et de l'affaiblissement de l'impressionnabilité qu'elles causent, les punitions corporelles ont une autre influence nuisible qu'il importe de signaler. Lorsqu'on traîne un enfant par les cheveux en lui appliquant des soufflets, on risque de produire une commotion cérébrale. Lorsqu'on le frappe de verges, on irrite une région riche en vaisseaux et en nerfs : c'est de ces derniers que prennent leur issue les vaisseaux et les nerfs des organes génitaux. Lorsqu'un afflux de sang considérable a augmenté la pression qui existe dans les vaisseaux de la région fessière, la quantité de sang contenu dans les vaisseaux des organes génitaux augmente également. Il s'ensuit une excitation de ces organes; celle-ci est surtout nuisible pendant que ces organes sont en voie de développement. Sous peine d'amener de mauvaises habitudes, on ne doit donc pas frapper de verges les adolescents. Ajoutons que des exemples fâcheux de ce genre ont été observés assez souvent. De plus, il importe de ne pas oublier que le squelette osseux est d'autant moins résistant que l'enfant est plus jeune : les nombreux points d'ossification qui se trouvent dans les cartilages interosseux sont formés d'éléments délicats en voie de formation. Ils sont entourés par des anses vasculaires qui apportent en abondance des matériaux nutritifs. C'est grâce à ces derniers que le squelette peut prendre du développement et se solidifier. Toute irritation locale surajoutée en ce point peut rendre aisément ce processus anormal ou pathologique et amener par là même des affections très sérieuses. En résumé, toutes ces mesures de coercition, qui ne correspondent nullement au but que doit se proposer l'éducation, peuvent avoir pour l'enfant des conséquences funestes.

Il ne s'agit pas, suivant nous, de soumettre l'enfant pendant qu'il est à l'école à une discipline venue du dehors. Ce qu'il importe avant tout, c'est qu'il se crée une discipline morale qui lui servira plus tard. Il faut qu'il apprenne à se maîtriser, et que devenue consciente, sa volonté dirige tous ses actes. Les punitions doivent être bannies de l'école ; c'est là, un traitement chirurgical qui ne trouve pas sa place dans les conditions normales de l'éducation. De pareilles mesures limitent et font baisser forcément les facultés intellectuelles de l'enfant. Quelle que soit d'ailleurs le genre d'activité auquel on prépare les enfants dans une école, qu'on veuille en faire des militaires, des administrateurs ou autre chose, le but qu'on doit se proposer est toujours le même : faire des hommes dans le sens élevé de ce mot. Un homme que son éducation a hébété ne peut qu'exécuter aveuglément les instructions qu'il a reçues. Toutes les fois qu'il faut qu'il agisse par lui-même, en connaissance de cause, il se trouve à court. Il se montrera timide ou il sera impertinent, mais sa besogne n'avancera pas pour cela.

On entend dire, quelquefois, que des enfants qui ont subi des punitions corporelles sont devenus plus tard des hommes remarquables. C'est là une affirmation qui ne prouve rien : nous avons dit plus haut, en effet, que les conditions morales dans lesquelles s'est trouvé un enfant sont importantes à connaître. Un homme remarquable, d'ailleurs, peut être étroit et manquer d'intelligence. Il est également faux de dire qu'une punition corporelle est admissible dans le cas d'un enfant très jeune ; plus un enfant est jeune, en effet, et moins son organisme est résistant. Les diverses affections ont plus de prise sur lui, par conséquent.

N'oublions pas que la mortalité des nouveau-nés est environ quatre fois plus grande que celle des enfants qui sont dans leur seconde année ; elle est cinquante fois plus grande que celle des enfants qui sont dans leur septième année et cent trente-deux fois plus grande que celle des adolescents âgés de quatorze ans. Jusqu'à l'âge de quinze ans la mortalité moyenne est de 51,37 pour 100 ; elle est de 48,96 pour 100, si on ne tient pas compte des enfants mort-nés. Cette grande mortalité est due, suivant nous, à ce que les parents et les instituteurs ne connaissent pas la construction du corps de l'enfant, ainsi que les besoins de son organisme. On pense même en général, que le pédagogue qui comprend les conditions qui agissent mal sur le développement de l'enfant devient par là même timide et irrésolu. Ce n'est pas la peine, dit-on, d'approfondir le lien qui existe entre les conditions dans lesquelles l'enfant s'est développé et ce qu'il sera plus tard, au point de vue physique, intellectuel et moral. Parmi les personnes qui se trouvent à la tête des maisons d'éducation, il y en a qui nient absolument l'utilité de recherches scientifiques faites sur cette matière ; ils n'en parlent qu'avec un dédain plein d'ironie et l'économe de l'établissement est pour eux l'homme le plus compétent en hygiène.

Nous avons examiné plus haut l'influence qu'un état de dépression exerce sur les forces physiques et intellectuelles de l'enfant. Il nous est donc facile de trouver le lien qui existe ici entre la cause et son effet. L'apathie de l'enfant hébété-méchant et la lenteur avec laquelle se meut sa pensée sont une conséquence forcée des impressions trop fortes qu'il a eues à subir autrefois. A force de le stimuler d'une façon incessante, on a fini par amener chez lui un état de dépression. L'enfant devient indolent et apathique sitôt que ces excitations, devenues habituelles, ont cessé. Ajoutons, qu'on n'explique pas à l'enfant, en pareil cas, le but qu'on se propose en le faisant étudier, ni la signification de ce qu'il apprend. Tout à fait mécanique, un travail de ce genre n'excite en rien sa pensée; on ne saurait donc rien imaginer qui débilite autant l'intelligence.

Il est absolument faux de dire qu'il faut stimuler un enfant à s'occuper et l'y forcer, au besoin. C'est lui-même qui doit apprendre à disposer de son temps et à trouver le genre d'occupation qui lui convient. Lorsqu'on a pris l'habitude de réfléchir posément sur son travail, les organes de la vie psychique et ceux de la vie physique prennent également part à ce dernier. Devenus plus variés, les actes fonctionnels n'amènent pas aussi rapidement la fatigue à leur suite. Il est donc possible alors de travailler d'une façon incessante. Dirigé par l'intelligence, un travail manuel change d'aspect et les groupes de muscles qui y prennent part varient d'un moment à l'autre. Le surmenage est évité de cette façon. Lorsque l'enfant dispose lui-même de son temps, il change de genre de travail, sitôt qu'il a éprouvé de la fatigue; il fait alterner ainsi le travail manuel avec celui de la pensée. Si le travail qu'il fait pour le moment dépasse les limites de ses forces, il passe aussitôt à autre chose. Lorsque abandonné à lui-même un enfant reste dans l'inaction, c'est qu'il est devenu apathique, parce que les impressions et les excitations trop vives qu'il a reçues ont diminué son impressionnabilité. Un enfant ne devient paresseux que sous l'action de causes déprimantes; il ne le sera jamais dans des conditions normales. Si on lui enseigne trop de matières, si on exige de lui ce qui n'est pas en rapport avec le niveau de son développement, il sera obligé de faire un effort trop considérable. La fatigue viendra rapidement et amènera à sa suite, si elle est trop prolongée, l'épuisement des forces. Celles-ci s'exténueront peu à peu, parce que l'apport des matériaux sera bientôt au-dessous de la dépense. En règle générale, il est inutile d'avoir recours à des excitations factices pour éveiller dans un enfant l'intérêt de l'étude; c'est même là un mauvais moyen, parce que cela peut l'habituer à de pareilles excitations. Ce qu'il faut savoir éviter avant tout, c'est l'uniformité du travail qui fatigue, déprime et endort les facultés. Si on s'aperçoit qu'une occupation ennuie un enfant, il faut en conclure qu'elle le fatigue. Il est important de savoir faire varier le genre d'activité qu'on impose à un enfant; il faut de plus que cette dernière aille en augmentant d'une façon graduelle et successive. Autrement, on risque d'abrutir l'enfant par l'étude. L'uniformité du travail amène forcément, à sa suite, l'ennui, l'indolence, l'apathie et la paresse.

Dans les internats, on a l'habitude de ne laisser à la disposition des enfants qu'une heure ou une heure et demie, tout au plus. Tout le reste de la journée est réparti suivant une règle sévère. Ce n'est qu'à des heures déterminées à l'avance qu'il est permis à un enfant de jouer ou de causer avec ses camarades. Ce malheureux enfant n'a pas un seul instant pour réfléchir sur ses actes ou sur les questions qui l'embarrassent. Il est tout simple qu'il devienne apathique et ne travaille qu'avec indolence; il fuit sa besogne tant qu'il peut et commet par moments des actes aussi absurdes qu'indécents. On est amené ainsi, peu à peu, à prendre des mesures de coercition plus énergiques, ce qui l'irrite de plus en plus contre ceux qu'il considère comme ses persécuteurs. Si on commet envers lui quelques injustices ou si l'on manque à une parole donnée, il devient méfiant et soupçonneux. La règle de l'établissement où il se trouve est tellement sévère, en général, qu'il lui est impossible de s'y conformer; il s'habitue donc à l'enfreindre. Voilà pourquoi les délits commis dans les internats sont vraiment innombrables. La moyenne des punitions notées dans des établissements de ce genre, contenant 325 élèves, est de 750 par semaine; or, il faut y ajouter celles qui n'ont pas été inscrites (réprimande, station debout, acte d'avoir les oreilles ou les cheveux tirés, etc.). Celles-ci comptent deux fois autant. Viennent encore les fautes plus graves qui sont examinées par le conseil de l'établissement. Il semblerait que la grande quantité d'infractions à la règle devrait montrer son insuffisance; il semblerait qu'on devrait conclure à la nécessité d'y amener des modifications. Nous ne voyons pourtant rien de semblable poindre à l'horizon.

Lorsqu'un enfant est persécuté par tous ceux qui l'entourent, il se concentre en lui-même; il s'habitue à approfondir sa valeur personnelle. Celle-ci croît à ses yeux. Son amour-propre se développe en conséquence. Il lui arrive de réagir avec violence contre des causes qui paraissent insignifiantes et qui l'ont pourtant offensé. Une fois qu'il s'est débarrassé des circonstances qui le dépriment et qu'il s'est libéré de toute contrainte, il cherche à se dédommager en quelque sorte des privations qu'il a subies. Il se livre aux plaisirs les plus grossiers et il n'est pas toujours scrupuleux dans les moyens qu'il emploie pour satisfaire ses besoins.

Nous avons dit que l'enfant hébété-méchant devient facilement soupçonneux : le premier symptôme qui s'aperçoit, en pareil cas, c'est qu'il devient sceptique et n'admet rien de nouveau. Il ne consent pas non plus à aucune des propositions qui lui sont faites. C'est là, sans contredit, une conséquence forcée de l'injustice et de la façon arbitraire dont il a été traité, ainsi que du manque de parole dont son entourage s'est rendu coupable. Devenu de plus en plus méfiant, il ne croit plus ni au bien ni à la vérité. Il rit méchamment lorsqu'on lui parle d'idéal et n'admet pas qu'il y ait des hommes qui dirigent leur conduite par d'autres mobiles que leur intérêt personnel. La force brutale, d'après lui, gouverne le monde et la justice n'est qu'un mot vide de sens. Il n'a d'estime pour rien et pour personne ; aussi traite-t-il avec le mépris le plus profond tous ceux qui l'approchent. Voilà pourquoi sa propre conduite est si peu scrupuleuse. Parmi les injustices dont de pareils enfants ont pu être victimes, nous pourrions signaler les sobriquets qu'ils ont reçus parfois, sans qu'ils les aient mérités, au fond.

Nous ne pouvons nous empêcher de citer encore quelques exemples d'une manière arbitraire et injuste de se comporter avec des enfants. Un enfant, élevé dans un internat par exemple, se trouve dans une ville où il n'a ni parents ni amis. Il reçoit de la maison un peu d'argent de poche tous les mois, cet argent lui est remis les jours de sortie, lorsqu'on lui permet de faire un tour dans la ville. Or, il arriva que son maître d'étude eût un jour l'idée de le punir, en lui enlevant ce privilège. Cet enfant, âgé de douze ans, fut donc privé de son unique plaisir, pendant trois dimanches de suite. Son argent de poche ne lui fut pas remis ces jours-là non plus. Il voyait, pendant ce temps, ses camarades revenir de congé et apporter des friandises ; il les entendait raconter comment ils s'étaient amusés. Ces récits l'impressionnèrent si bien qu'il choisit un bon moment et ouvrit la boîte d'un de ses camarades pour s'approprier les friandises qu'elle contenait. Au lieu de manger en cachette ce qu'il avait pris, il le montra à des camarades et se vanta d'avoir des friandises, lui aussi. Découvert de cette façon, il fut accusé de « vol avec effraction » et fut mis aux arrêts pour toute une semaine. Le nom de « voleur » lui resta. Après qu'on l'eut mis en liberté, on le priva encore une fois de sa sortie du dimanche et on ne lui donna pas son argent. Là-dessus, il brisa encore une fois la boîte d'un camarade pour prendre les friandises que celui-ci avait rapportées de la maison. Trois alternatives furent alors posées aux parents de cet enfant : une punition corporelle, l'exclusion ou le passage dans une maison de correction gouvernée par la règle la plus sévère. Nous ne saurions nous représenter qu'on puisse se comporter envers un enfant d'une façon plus dure, plus arbitraire et plus injuste. Il est certain que c'est la conduite inhumaine du maître d'études qui a gâté à tout jamais la vie de cet enfant.

Un petit garçon de village, âgé de six ans, se baignait avec un camarade et se mit, en jouant, à cheval sur celui-ci. Se sentant aller au fond, ce dernier se débattait. Le premier crut à une plaisanterie et maintint sa position, jusqu'à ce qu'il vit que son camarade était en train de se noyer. Ce malheur étant arrivé en effet, le petit coupable reçut le nom de « meurtrier ». Stigmatisé de la sorte, il fut repoussé par tous les enfants du village. Avons-nous besoin de dire à quel point un pareil état de choses doit agir sur un enfant d'une façon dépressive? Il n'y a rien comme l'oppression pour faire qu'un homme soit aigri et devienne apathique peu à peu. Il aura forcément recours aux excitations les plus fortes, ou bien il cherchera l'oubli dans l'usage de l'alcool et des narcotiques. Il est absolument inexact de dire qu'on ne saurait agir autrement sur un enfant qui a été battu déjà qu'en le battant. Les faits que nous avons cités plus haut font amplement voir jusqu'où on peut aller en se dirigeant par un principe de ce genre.

Habitué à réagir sur des impressions très vives seulement, le jeune homme hébété-méchant ne comprend que les amusements les plus grossiers. Il ne donne son estime qu'à celui qui est capable d'un exploit hors ligne, qui a pour conséquence des sensations très fortes, comme par exemple : de boire une grande quantité de liqueur alcoolique, d'aspirer une grande quantité de fumée, de supporter patiemment les châtiments et les tortures les plus atroces, de manger une grande quantité de nourriture indigeste, de piller un potager, un verger ou un garde-manger, etc. Plus l'action commise est frappante, plus le mérite de la personne qui l'a faite croît à ses yeux. Tandis que les autres élèves prisent avant tout l'honnêteté et les autres qualités morales, les jeunes gens hébétés-méchants n'admirent que les actions déterminées par des mobiles directement opposés. Ils placent même au premier rang ceux qui ont été coupables de délits de ce genre. C'est là la conséquence forcée de l'état d'apathie dans lequel ils sont plongés. Les sensations les plus fortes sont les seules qui puissent leur faire secouer la dépression qui pèse sur eux. Quant à leur sentiment religieux, il s'exprime d'une façon particulière : tantôt ils se prosternent un grand nombre de fois, tantôt ils font le vœu de ne pas prononcer un seul mot, de n'émettre aucun son pendant toute la durée du carême. D'autres fois, ils se permettent des actes très accusés dans le sens absolument inverse.

Il est clair qu'on n'obtiendrait rien avec des caresses dans des cas de ce genre. La meilleure façon de se comporter avec de pareils enfants, c'est d'être *juste, simple et attentif;* il faut aussi leur donner une certaine indépendance d'action et leur rendre ainsi peu à peu leur liberté. Il est possible, qu'ils fassent au commencement des actes indécents, mais le meilleur moyen d'y mettre fin, c'est de les exciter au travail intellectuel. Les paroles tendres et les caresses n'amèneront que la méfiance ; il est donc inutile d'y avoir recours. Quant à une manière d'être, vraie, simple et juste, il est difficile de croire qu'elle ne produise pas son effet. C'est là ce que fait voir l'expérience, du moins ; aussi ne pouvons-nous que regretter qu'on n'ait pas plus souvent recours à de pareils moyens.

L'enfant hébété-méchant se montre parfois très compatissant envers certains enfants et certains animaux. Ceux qu'il choisit de préférence, ce sont les enfants atteints d'une difformité qui leur attire des railleries et des persécutions. Il est très attentif envers eux et remplit tous leurs désirs. Prêt à partager avec eux tout ce qu'il possède, il leur donne toujours le meilleur morceau. Il fait tout pour les préserver d'un ennui et les défend tant qu'il peut. La façon dont il remarque et prévient tous leurs désirs est vraiment étonnante ; on le voit même tenir compte de leurs caprices. On observe la même chose dans ses rapports avec les animaux ; il choisit, d'habitude, les chiens de basse-cour, les plus laids et les plus sales. Galeux parfois, chassés et battus par tout le monde, ces animaux ont toutes les chances pour devenir les favoris de cet enfant. Rien n'est trop bon pour eux, en pareil cas. Il partage avec eux sa nourriture et son lit ; il leur fait une couche avec ses propres vêtements au besoin. On voit qu'il sait par expérience combien il est pénible de supporter constamment de mauvais traitements et des privations. Les qualités du cœur ne sont pas encore éteintes chez lui, aussi s'attache-t-il puissamment à tout être qui est persécuté. Il n'est plus le même en pareil cas. Nous pouvons en dire autant de tout individu qui respecte en lui la dignité humaine. Celui-ci devient facilement son idole. Devenu l'humble esclave de cette personne et prêt à tout supporter d'elle, il remplit la moindre de ses volontés. C'est là un des traits les plus frappants de l'enfant hébété-méchant ; il prouve, d'une part, que cet enfant est touché lorsqu'on respecte en lui la dignité humaine et lorsqu'on est juste envers lui. D'autre part, cela fait voir que cet enfant sympathise avec les souffrances d'autrui. On a tort de penser, en général, que les enfants n'ont aucune idée de l'inviolabilité de la personne humaine. Beaucoup de parents considèrent leurs enfants comme leur propriété et n'admettent pas qu'ils aient une personnalité par eux-mêmes ; ils exigent d'eux une obéissance toute passive. C'est là un point de vue faux, que nous ne saurions admettre ; il est important, que l'enfant comprenne de bonne heure les droits qu'il possède en sa qualité d'être humain et qu'il en sache le prix. Ce n'est qu'alors qu'il apprendra à respecter les mêmes droits dans les autres. Qu'on bannisse tout arbitraire de ses rapports avec lui et on atteindra ce résultat-là, où des tirades bien senties n'aboutiraient à rien. C'est en étudiant l'enfant hébété-méchant qu'il est surtout facile de constater la vérité de ce que nous venons de dire.

Si en étudiant l'enfant hypocrite nous avons vu l'influence du mensonge et de l'absence de travail intellectuel, en étudiant l'enfant ambitieux, nous avons constaté l'importance d'un sentiment unique

qui exclut tout autre sentiment, et qui mène à l'égoïsme; en étudiant l'enfant débonnaire, nous avons compris l'effet que produit la
vérité, la réflexion, l'habitude de conformer ses besoins et ses désirs
à ceux d'autrui; l'étude de l'enfant hébété-méchant, enfin, nous a
montré l'influence d'une éducation basée sur l'arbitraire et l'injustice. Nous avons vu combien il était dangereux de ne pas respecter
dans un enfant la dignité de la personne humaine et de le tenir
dans un état de dépression. Fondés sur le sentiment de la justice, les
sentiments affectifs élèvent l'homme et lui apprennent à respecter
ses semblables, ce qui favorise le développement de ce qu'il y a
d'élevé dans l'être humain; aussi l'affection, lorsqu'elle est profonde
et sincère, forme-t-elle la base essentielle de l'éducation. La force
toute-puissante de ce sentiment apparaît dans toute sa grandeur,
quand on observe attentivement l'enfant hébété-méchant qui n'a
rencontré dès son bas âge, qu'indifférence et froideur.

Si nous comparons entre elles les causes qui ont rendu un
enfant hébété-méchant et celles qui ont agi sur un autre enfant pour
le rendre ambitieux, nous voyons un côté commun, qu'il importe
de signaler. Dans les deux cas, en effet, nous avons vu, que l'enfant
se trouvait sous l'empire d'une sensation toujours invariable : dans
le premier cas, c'était celle que lui valaient les insultes qu'il avait à
subir; dans le second cas, c'était celle que lui donnait le sentiment
de sa supériorité, — voire même de sa grandeur. Or, nous savons,
déjà, que les sensations sont directement proportionnelles au logarithme de l'irritation; il s'ensuit que, pour produire de l'effet,
celles-ci devront aller en augmentant d'une façon progressive.
Comme conséquence forcée, nous verrons donc apparaître un état de
dépression et finalement d'apathie.

Hâtons-nous d'ajouter qu'il est néanmoins plusieurs points de
dissemblance entre les deux cas que nous venons de voir : nous
voulons parler d'abord de l'irritation toute mécanique qui vient parfois augmenter l'effet de l'insulte chez l'enfant hébété-méchant. En
second lieu, l'excitation déterminée ici par les mesures pédagogiques
mises en vigueur est désagréable et occasionne même de la souffrance. L'enfant cherche donc à s'y soustraire; le fait de s'enfuir
détermine même quelquefois une nouvelle excitation qui lui est

agréable. L'enfant ambitieux, au contraire, ne reçoit que des impressions qui lui sont agréables et qu'il est porté à rechercher. En troisième lieu, la cause excitante qui agit dans le premier cas est brutale; elle agit par cela même avec une intensité plus grande que dans le second cas. Ici, elle agit avec plus de douceur et d'une façon plus progressive. En quatrième lieu, l'impression reçue par l'ambitieux étant agréable, celui-ci cherche à la prolonger par la pensée. L'enfant hébété-méchant, au contraire, fait tous ses efforts pour oublier l'impression désagréable du châtiment qu'il a reçu ; aussi l'état de dépression ou d'apathie est-il plus prononcé et plus intense en ce qui le concerne. Il laisse également des traces plus profondes. En cinquième lieu, enfin, l'enfant hébété-méchant fait des efforts énergiques pour sortir de son état d'apathie ; il le fait d'une façon brutale par moments. L'ambitieux, au contraire, ne cherche qu'à vaincre les obstacles qui s'opposent à son ambition.

Toutes ces différences réunies font que l'enfant hébété-méchant est grossier, même brutal; il est souvent paresseux. Ses actes et ses amusements sont pleins de cynisme parfois. Laborieux, au contraire, l'ambitieux a le sentiment du beau; il a de l'élégance dans sa mise comme dans tout ce qu'il fait. Loin d'être raide, son attitude est pleine de douceur.

Arrivés à leur extrême, l'expression du plaisir et celle du chagrin (le rire et les larmes) se confondent en un sens et ne peuvent plus être distinguées l'une de l'autre, nous pouvons en dire autant des deux types que nous venons de comparer. Ils peuvent se rencontrer dans l'abus de l'alcool et dans le crime. Préoccupé uniquement de son intérêt personnel, l'ambitieux aspire à conquérir l'univers tandis que l'homme hébété-méchant est animé de l'esprit de destruction. Il veut avant toute chose se venger des insultes et des souffrances qu'il a eu à subir dans le passé.

VI

DU TYPE DÉPRIMÉ

Lorsqu'il arrive à l'école, l'enfant déprimé est pâle et faible d'apparence; il a l'humeur douce et tranquille. A voir son air préoccupé, on dirait qu'il est en train de travailler ou bien qu'il cherche un travail. Sa modestie est extrême. C'est même ce qui frappe le plus en lui. Excessivement laborieux, il ne reste jamais sans occupation et concentre toute son attention sur ce qu'il fait. Il se tient généralement à l'écart. Soucieux de n'être pas dérangé, il se retire dans un coin où il peut rester isolé et consacre au travail tout son temps. Jamais il ne se met en avant. Placé autant que possible au dernier rang, il est tout entier aux leçons du maître. Il ne prend ordinairement aucune part aux jeux et aux amusements de ses camarades. Il ne pleure pas facilement et sait maîtriser sa douleur. Pas plus que celle-ci, sa joie ne se manifeste jamais à l'extérieur. Toute louange, toute marque de distinction le gêne outre mesure et le fait rentrer en lui-même.

Sa franchise et sa sincérité sont vraiment remarquables : aussi a-t-il l'habitude de regarder son interlocuteur bien en face, quand même ce serait un étranger. Comme il est porté à exagérer ses défauts et son manque d'habileté, c'est lui-même qu'il accuse dans le cas où il a éprouvé un échec. N'aimant pas les caresses, il cherche à s'y soustraire autant que possible. Il ne se ménage en rien. Voilà pourquoi il est sûr de vaincre tout obstacle qui peut être surmonté par le travail. Il possède d'ailleurs une fermeté et une persévérance hors ligne. Il sait limiter ses besoins dans la mesure la plus extrême, de sorte qu'il ne saurait être arrêté dans une entreprise par les privations, la pauvreté ou la souffrance.

Peu exigeant envers ceux qui l'entourent, l'enfant déprimé est bienveillant envers tout le monde; il prend toujours la défense de ses condisciples et cherche à donner à leurs actes une explication favorable. C'est certainement un bon camarade qui ne trahira jamais un des siens. La persécution la plus injuste ne saurait avoir raison de lui, en pareil cas. Si on l'outrage, il s'éloigne sans mot dire. Oublieux de ses propres besoins et plein d'intérêt envers tous ceux qui souffrent, il passera auprès d'eux des journées et des nuits entières, si c'est nécessaire. Il se suffit toujours à lui-même. S'il lui arrive d'échouer dans une tentative, il cherche avant tout à approfondir la cause de son échec; il fait ensuite tous ses efforts pour vaincre les obstacles qui se trouvent sur son chemin. Il est très attentif pendant qu'il fait ses devoirs, il apprend ses leçons de la façon la plus consciencieuse. Son obéissance est exemplaire. Fondée sur un sentiment religieux aussi sincère que profond, sa conception du bien et du mal est aussi ferme qu'inébranlable. Jamais il ne se plaint des privations qu'il éprouve; il en parle si peu qu'il faut l'observer de très près pour s'en apercevoir. C'est surtout lorsqu'il tombe malade qu'elles deviennent évidentes. Il supporte la souffrance physique avec un stoïcisme parfait et sans se trahir par un geste ou par une parole. Bien au contraire, il cherche à faire croire à ceux qui l'entourent que ce n'est rien et qu'il n'a aucun mal. Sa modestie égale le courage avec lequel il supporte les privations et la douleur. Il sait réduire à leurs limites les plus extrêmes les besoins de ses organes de la vie végétative. Il peut manger et boire, par exemple, excessivement peu. Comme il manque d'assurance, il refuse souvent de se charger d'une besogne qui demande de l'initiative, mais une fois qu'il l'a entreprise il ne recule plus devant aucun obstacle. Quelque rudes que soient le travail et les privations qu'il a à supporter, il marche vers son but avec une fermeté inébranlable.

Pendant les leçons, il prête l'attention la plus soutenue à tout ce que dit le maître. Il se soumet à la règle avec une précision parfaite. Malgré toutes ses qualités, il s'attire par moments le mécontentement de ses précepteurs et voici pourquoi : il a si peu confiance en ses forces qu'il suffit qu'il ne soit pas très sûr d'une question pour qu'il affirme ne pas la savoir.

Sa faculté d'observer avec attention les faits qui l'entourent lui a permis d'acquérir de bonne heure de l'expérience; celle-ci le dirige dans tous ses actes. Dénué d'égoïsme, attentif et doux envers ceux qui l'entourent, il n'offense jamais personne tout en gardant toujours sa dignité. Il est très reconnaissant du moindre service qu'on lui a rendu et fait tous ses efforts pour s'acquitter avec usure. Toutes les fois que l'intérêt d'autrui n'est pas en jeu, ou que lui seul est dans la gêne, il ne demande du secours qu'à la dernière extrémité. Il s'empresse, en pareil cas, d'accuser sa propre inaptitude. Il s'intéresse peu aux arts et à la littérature : aussi ne s'en occupe-t-il que rarement. Ce qui le caractérise surtout c'est la modestie, l'amour du travail et la fermeté; lorsqu'il a pris une décision il s'y tient résolument. Ces qualités persistent chez lui pendant tout le temps qu'il reste à l'école. Il ne se dirige dans ses actes ni par l'intérêt personnel ni par les calculs matériels; on peut dire même que ces mobiles lui sont absolument étrangers. Le besoin le plus extrême auquel il est souvent exposé ne saurait l'y forcer certainement. Ce n'est que par inadvertance et parce qu'il n'est pas guidé par une idée abstraite qu'il semble faiblir quelquefois à ce côté. C'est avec la plus grande honnêteté et de la façon la plus stricte qu'il remplit tous ses devoirs. Quant à sa manière d'être avec ceux qui l'entourent, elle est simple, franche et droite. Il ne se lie pas facilement d'amitié, mais lorsqu'il a conclu un pacte de ce genre, il donne sa confiance d'une façon absolue. De même qu'il ne défend pas d'une façon active les malheureux qui souffrent d'une injustice, il ne se pose pas en défenseur énergique des intérêts de ses amis. Éminemment pacifique, son entremise n'ira jamais au delà de quelques paroles grossières qu'il dira tout au plus en s'en allant. C'est sa timidité et son défaut d'assurance qui l'empêchent, en pareil cas, de se mettre en avant, avec ardeur. Cela n'empêche pas qu'il est constant dans ses affections et qu'il prend à cœur profondément tout ce qui concerne ses amis. C'est un camarade très sûr en un certain sens : jamais il n'abandonnera un de ses proches dans le besoin. Bien au contraire il partagera avec lui le peu qu'il a lui-même. De ce côté nous ne saurions trouver une différence entre les petits garçons et les petites filles.

Les qualités que nous avons observées chez l'enfant déprimé, persistent lorsqu'il a atteint l'âge mûr. Ce ne sera jamais un exécuteur aveugle capable uniquement d'un travail mécanique. Son expérience et son talent d'observation, qui augmenteront de plus en plus tous les jours, lui permettront d'apporter des modifications dans les détails et de créer, au besoin. Peu confiant en lui-même et porté à diminuer la valeur des résultats qu'il a obtenus, il ne les fait pas connaître; il s'ensuit que l'ambitieux ou l'hypocrite en profitent souvent. Quant à ses efforts personnels, il les estime à un bas prix et n'en tient aucun compte; quelquefois, sa véracité l'empêche souvent d'être un instrument aveugle entre les mains d'autrui et de se soumettre à une volonté étrangère. Pareille chose peut lui arriver, cependant, lorsque c'est son intérêt matériel qui est en jeu. Toutes les fois, au contraire, qu'il s'agit de commettre une action qui heurte ses principes de morale, il ne saurait fléchir. Nous avons vu de pareils étudiants (hommes ou femmes) qui avaient 10 à 15 roubles par mois (de 25 à 37 francs) pour toutes leurs dépenses : loin de se plaindre ils paraissaient contents de leur sort. S'il leur venait, par hasard, une somme supplémentaire, ils se gardaient bien d'améliorer leur genre d'existence. C'est un livre ou un microscope qu'ils s'empressaient d'acquérir, ou bien ils partageaient avec leurs proches. Notons que ces individus sont toujours très attachés à leur famille.

Joint aux privations qu'ils ont à subir, le travail démesuré auquel se livrent ces jeunes gens ou ces jeunes filles produit bientôt ses effets. Ce n'est pas impunément qu'ils peuvent vivre longtemps dans des locaux insalubres, se nourrissant à demi dans des restaurants de bienfaisance. On sait, par parenthèse, que nos institutions de ce genre ne servent souvent qu'au profit de ceux qui les ont organisés; quant à ceux qu'ils sont destinés à secourir, ils ne servent qu'à les rendre malades. Affaiblis par une affection du tube digestif devenue chronique, ces jeunes gens n'ont d'autre refuge que l'hôpital, où ils trouvent souvent la mort.

Quelles sont les circonstances qui contribuent au développement du type qui nous occupe? Ce sont des parents aimants, doux et laborieux qui se trouvent constamment dans la gêne. Ce sont les privations qui représentent ici le rôle d'un agent de dépression. Nous pouvons en dire autant de toutes les conditions qui forcent les membres d'une famille à lutter constamment avec des difficultés matérielles. Ce n'est qu'à force de travail et de persévérance qu'ils arrivent à vaincre ces difficultés. Le type qui nous occupe se développe, par conséquent, dans des familles pauvres où des parents bons et laborieux partagent avec leurs enfants tout ce qu'ils possèdent. Bien que ces derniers aient toujours la part du lion, leurs besoins les plus modestes sont à peine satisfaits. Attaché sincèrement à ses parents ou aux personnes qui l'élèvent, l'enfant déprimé a constamment leurs privations devant les yeux. Il voit clairement qu'on lui donne tout ce qu'on peut lui donner. Il constate, à chaque instant, que ses aînés, dont la vie se passe dans le travail et les privations, se dépouillent en sa faveur. En même temps, ils sont contents de leur sort et ne se plaignent jamais. Tous leurs loisirs appartiennent à cet enfant avec lequel ils causent volontiers. Attentifs envers ses besoins, ils leur donnent satisfaction dans la mesure de ce qui est possible. L'enfant s'habitue à voir dans le travail et dans les privation un fait habituel, normal pour ainsi dire. Il a vu qu'il a fallu épargner l'argent sou par sou, pour pouvoir l'envoyer dans une école primaire, dans une université, ou dans une école des beaux-arts. La question de savoir comment il fera pour exister une fois là-bas l'inquiète fort peu. Il ne compte pourtant pas sur des subsides venus de la maison; bien plus, il ne désire pas en avoir. Il sait trop bien, en effet, que ce n'est qu'en s'imposant des privations que les personnes qu'il aime le mieux au monde pourraient lui envoyer la moindre chose. Il compte sur son travail seulement et il sait qu'il saura limiter ses besoins. Telles sont, en résumé, les principales conditions qui font que le type qui nous occupe se développe dans toute sa pureté.

Nous avons vu, ici, l'absence totale de toute mesure pouvant blesser un enfant; toutes les fois que celui-ci s'est trouvé dans des circonstances défavorables, il a pu constater l'action d'une force extérieure à laquelle il fallait bien se soumettre. Un type moins net, — type de passage pour ainsi dire, — s'observe dans le cas où un des parents exige de l'enfant une obéissance absolue, tandis que l'autre le traite avec bonhomie et affection. Ce dernier favorise, par là même, les épanchements de cet enfant. Il peut arriver, qu'un autre membre de sa famille joue le rôle de ce dernier parent. L'enfant qui se trouve dans des conditions de ce genre ne présentera pas le type hébété-méchant dans toute sa pureté. Ainsi que nous l'avons dit plus haut, la force de l'affection est si grande qu'elle paralyse dans une certaine mesure, l'influence de l'arbitraire. Sans qu'on ait eu recours aux punitions corporelles, les mesures de coercition employées dans le cas qui nous occupe, par le chef de famille despotique, porteront néanmoins leurs effets. L'action des exigences aussi importunes que non motivées qui auront pesé constamment sur cet enfant se fera sentir. Il va sans dire, que nous ne parlons ici que des circonstances qui agissent dans la famille. Plus un enfant est jeune, et plus les circonstances extérieures ont sur lui de l'action, l'affection entre autres. Celle-ci pourra laisser sur lui des traces qui dureront toute la vie. En résumé, lorsqu'un enfant se développe sous l'influence de la sévérité et de l'arbitraire d'un côté et de l'affection de l'autre, nous verrons se former de bonne heure la seconde variété du type déprimé : l'enfant sera raide et soupçonneux. Or, ce sont là des attributs qui font totalement défaut chez l'enfant appartenant au type déprimé pur. Ce sont là des conséquences des mesures de sévérité dont il a été l'objet.

Passons au lien qui existe entre les particularités que nous venons de constater chez l'enfant déprimé et les causes qui les ont produites. Ainsi que nous l'avons vu, cet enfant est avant tout modeste, laborieux et ferme. Il l'est devenu par suite de la lutte constante qu'il a eu à supporter avec les conditions défavorables (dépressives) dans lesquelles son enfance s'est passée. Si on le considère de près, on s'aperçoit que c'est à peine s'il a été enfant. On dirait que l'austérité de l'existence qu'il a menée l'a fait mûrir de bonne heure. Il a pris si bien l'habitude du travail, qu'une fois arrivé à l'école, il évite les amusements de ses camarades. Il trouve toujours à s'occuper utilement lorsque l'étude ne réclame pas son attention. Contractée d'abord par esprit d'imitation, cette habitude du travail est devenue chez lui une nécessité physiologique, en quelque sorte. Dès qu'il a atteint l'âge de raison, il a vu, que les personnes qu'il aime le plus au monde, travaillent sans se plaindre pour gagner leur pain quotidien. C'est tout au plus s'il a pu remarquer, de temps en temps, que sa mère avait l'air préoccupé. Il a pu voir qu'elle se prive souvent pour le préserver, lui, autant que possible, du besoin. Toutes ces circonstances réunies font que l'enfant s'habitue à examiner avec attention les actes de ceux qui l'entourent. Il apprend à ne pas se payer de paroles, mais à voir si le mot s'accorde avec la chose. Il remarque qu'on se dépouille souvent en sa faveur sans prononcer une seule plainte.

Ajoutons que son entourage étant toujours occupé, il reste souvent seul; ses aînés ont autre chose à faire que de le préserver d'un danger. Il apprend ainsi, à ses dépens, les conséquences d'une conduite imprudente et il sait bientôt se garder lui-même. Cette existence, trop rude pour un enfant de son âge, contribue à développer en lui l'esprit d'observation. Il acquiert ainsi peu à peu de l'expérience.

Un entourage affectueux et bienveillant est indispensable à la formation du type qui nous occupe; autrement l'enfant deviendra hébété-méchant. C'est là la condition *sine qua non* pour que l'enfant comprenne la portée de ce qui se passe autour de lui. Ce n'est qu'alors qu'il remarquera les privations que sa mère, par exemple, supporte sans se plaindre. Il verra qu'elle se refuse souvent le nécessaire pour satisfaire à ses propres besoins. Cet enfant s'attache à sa mère, non pas parce que cette dernière le couvre de caresses, mais parce qu'elle lui prouve par ses soins combien elle lui est dévouée. Toutes ces causes réunies contribuent à développer chez un pareil enfant beaucoup de délicatesse et à le rendre attentif envers les autres. Cette dernière qualité se rencontre également chez l'enfant débonnaire. Quant aux autres enfants décrits par nous, ils sont égoïstes et ne poursuivent que leur intérêt personnel. Jamais ils ne remarqueront les besoins et les désirs d'autrui. Les marques extérieures d'affection, les caresses qu'on prodigue à un enfant ne peuvent que le rendre hypocrite envers les gens qui l'entourent. Leur absence, au contraire, jointe à une manière d'être sincère, attentive et aimante attache puissamment les hommes les uns aux autres. C'est ce qui arrive surtout lorsqu'on fait passer les intérêts de la personne aimée avant ses intérêts personnels.

L'enfant déprimé voit tous les jours combien ceux qui l'entourent ont de la peine à se procurer le nécessaire. Il a eu les preuves les plus palpables de l'intérêt que lui portent ses parents; dès qu'il en aura les moyens, il cherchera à leur venir en aide, lui aussi. Il fera tout pour permettre à sa mère de se donner moins de mal et d'avoir moins de soucis. C'est ainsi qu'il s'acquitte envers ceux dont il a appris de bonne heure à priser la délicatesse envers lui. Il leur sait gré des attentions qu'ils ont toujours eu pour lui. Quant au travail, il s'y est habitué depuis longtemps ; aussi n'y attache-t-il aucune importance. Les résultats qu'il peut obtenir sont encore minimes, mais peu importe ! Il est heureux de pouvoir soulager quelque peu sa mère et de l'aider dans une certaine mesure.

L'air sérieux avec lequel un enfant accomplit, en pareil cas, sa besogne est vraiment remarquable. Il entreprend volontiers un travail qui est au-dessus de ses forces ; aussi lui arrive-t-il souvent de ne pas réussir. Il ne se déconcerte pas en pareil cas, mais il redouble d'énergie et fait tous ses efforts pour atteindre le but qu'il s'est proposé. C'est ainsi que viennent se développer en lui l'amour du travail et la persévérance. Les échecs qu'il éprouve fréquemment, font qu'il cesse d'avoir confiance dans ses forces. La médiocrité des résultats qu'il obtient en faisant des efforts considérables agissent dans le même sens. D'autre part, il s'aperçoit qu'à force d'un travail continu on peut vaincre bien des obstacles et réparer quelquefois un échec. Voici comment il devient laborieux, modeste, délicat et ferme. Toutes ces qualités sont venues se développer, grâce à son esprit d'observation et à l'expérience qu'il a acquise.

Lorsqu'on travaille constamment et sans jamais s'interrompre, on n'a pas le temps de réfléchir sur ce qu'on fait. On accomplit en pareil cas un certain nombre d'actes mécaniques qui n'impliquent que des procédés, pour ainsi dire, de routine. C'est là un travail de pure forme. Il est facile de voir par expérience qu'une concentration de l'intelligence, lorsqu'elle est trop prolongée, fatigue ceux mêmes qui en ont le plus l'habitude. Il est rare qu'on puisse travailler ainsi avec une attention soutenue pendant trois heures de suite. Devenus incapables, au bout de ce laps de temps, d'une tension intellectuelle aussi intense qu'au début, ceux mêmes qui savent le mieux travailler, finissent par ne plus faire usage que de la mémoire. Lorsqu'il s'agit de faire la théorie d'un phénomène ou de tirer d'un ensemble de faits analogues une loi générale et d'arriver ainsi à la vérité, on est obligé de tendre son esprit outre mesure. Un pareil effort de l'intelligence ne saurait durer que quelques minutes; il n'est qu'instantané quelquefois. Voilà pourquoi on a l'habitude de dire que l'idée créatrice ne vient que par hasard et sous l'influence d'une inspiration. On croit que c'est là une faculté innée. Nous ne saurions admettre cette dernière opinion. Ce n'est, suivant nous, qu'une question d'éducation. Il faut que l'intelligence ait passé par une certaine école, afin qu'on sache profiter d'un moment où elle est en pleine activité et saisir au vol une idée nouvelle. D'autres fois, on arrive à donner, dans les mêmes conditions, un sens plus large à une idée ancienne. Ceci se passe ordinairement sous l'influence d'une impression nouvelle qui a déterminé une tension extrême des facultés. Celles-ci doivent nécessairement avoir été préparées à l'avance d'une certaine façon. Un effort considérable de ce genre est toujours suivi de fatigue, voire même d'épuisement. Pendant cette dernière période, généralement assez prolongée, on ne saurait se livrer à aucun travail intellectuel. Il y a plus : on a de la répugnance à regarder un livre, un journal, une feuille imprimée. C'est là, d'ailleurs, un cas extrême. Il faut dire aussi que les résultats fournis ici en peu de temps, par un seul effort de l'intelligence, sont immenses comme largeur et comme importance. Ce sont, en effet, des idées abstraites qui ont été obtenues de cette façon. Un travail d'analyse fait posément et sans se presser, fatigue l'esprit beaucoup moins. On se lasse encore moins vite, lorsqu'on raisonne sur des faits qui appartiennent à des régions déjà explorées, et lorsque, en même temps, on fait alterner le travail intellectuel avec le travail physique. Toute occupation dont on a l'habitude exige une tension moindre de l'intelligence : aussi peut-elle se prolonger plus longtemps sans que la fatigue intervienne. Lorsqu'on a travaillé de l'intelligence pendant un certain temps sans s'interrompre, on commence à assimiler les notions d'une façon purement mécanique. Ce dernier genre de travail exige une tension moindre de l'intelligence; étant aussi plus facile, il peut durer plus longtemps. Il en résulte que le travail intellectuel (la synthèse comme l'analyse) réclame du temps et des intervalles de repos.

Ces conditions ne sauraient être atteintes, à moins que la contrainte et la violence ne fassent absolument défaut. Il importe qu'on puisse se concentrer posément sur son travail en l'absence de toute pression extérieure, celle du besoin, non excepté. S'il en était autrement, l'activité intellectuelle serait déprimée par les conditions qui déterminent cette pression ; les mesures de contrainte ou de coercition agissent dans le même sens. Il en résulte qu'un travail intellectuel libre, accompli dans le calme et dégagé de toute contrainte, est le seul qui puisse être vraiment fécond, quand même il ne durerait qu'un instant. Un travail persévérant et sans trêve, au contraire, ne peut développer que la mémoire, s'il est d'imitation, et si d'ailleurs, on l'a entrepris par habitude ou sous l'influence de circonstances dépressives. Comme il fait connaître seulement des phénomènes particuliers, que des notions et des vérités générales ne viennent pas éclairer de leur lumière, il conduit souvent à des échecs. L'activité vraiment féconde de l'intelligence, à laquelle nous venons de faire allusion, ne pourra se manifester que dans l'âge mûr ; il faut que, grâce à une série de travaux faits au préalable, on ait compris ces vérités et ces notions et qu'on se les ait assimilées. Ce sont ces travaux préparatoires qui rendent possible dans l'avenir le développement de l'activité consciente d'un jeune homme. Si celui-ci se borne à retenir les déductions et les résultats même exacts des diverses sciences, il ne sera jamais à même de s'en servir pour expliquer des phénomènes particuliers. C'est tout au plus s'il pourra énoncer ces déductions et ces résultats. Il ne saura pas en faire l'application. Afin d'être à même de faire cette dernière, il faut avoir parcouru par un travail personnel de l'intelligence le chemin qui mène à la vérité. Ce n'est qu'ainsi, qu'on apprendra à analyser les phénomènes et les pensées, puis à les ramener à quelque idée générale. On pourra ensuite décomposer ces idées et ces déductions générales, de façon à trouver les images, les représentations et les phénomènes qui ont servi à dégager ces idées et ces déductions. C'est ainsi que l'intelligence d'un jeune homme devient peu à peu capable d'évaluer à leur juste valeur les phénomènes qu'il observe et d'en faire la critique. La puissance créatrice elle-même pourra venir se développer en lui. Tout cela n'est possible que si l'intelligence d'un jeune homme a été exercée par un travail qui est allé en progressant d'une façon graduelle et successive. Il faut aussi que ce travail ait été accompli avec patience et dans le calme le plus absolu. L'intelligence de l'enfant ou du jeune homme devra prendre une part active à tout ce qu'il fait. Ajoutons que la violence, la moindre contrainte elle-même, devra faire absolument défaut. Il s'ensuit qu'on doit aller d'autant plus lentement et d'autant plus tranquillement qu'on a moins l'habitude du travail. Il est absolument inutile de se sur-charger de besogne. On doit commencer par gouverner ses fonctions et ses actes physiques : c'est en les exerçant d'une façon graduelle et successive qu'on peut y arriver. Ce résultat une fois atteint, on doit apprendre à gouverner de même ses facultés intellectuelles. C'est seulement lorsqu'il a atteint ce double but qu'on peut dire d'un jeune homme qu'il est devenu vraiment *mûr*. On peut supposer qu'il a appris à observer, à comprendre et à créer ; il pourra donc faire beaucoup en peu de temps. L'exemple du célèbre mathémati-cien Eyler prouve, entre autres, qu'on peut atteindre un pareil empire sur ses facultés cérébrales. Eyler a vécu soixante-dix-huit ans (de 1705 à 1783); il a commencé à écrire en 1727, et a publié en tout sept cent cinquante-six travaux scientifiques (13,5 en moyenne par an). Remarquons, cependant, qu'il n'en a publié que soixante-treize jusqu'en 1744. C'est pendant les dix dernières années de sa vie (depuis 1774 à 1783) qu'il a publié trois cent cinquante-cinq tra-vaux, ce qui lui fait une moyenne de 35,5 par an. Ajoutons qu'il était aveugle pendant cette dernière période de son existence [1].

L'étude du type déprimé nous montre que, devenu peu à peu habituel, un travail qui n'a été entrepris que par esprit d'imitation peut devenir à la fin une nécessité physiologique. Hâtons-nous d'ajouter cependant qu'il ne contribuera que dans une mesure fort restreinte au développement de l'intelligence. L'enfant appartenant à ce type ne s'habitue pas à observer tranquillement, et sans qu'un autre intervienne, les divers phénomènes qui l'entourent. Il ne prend pas non plus l'habitude de réfléchir de la même façon sur ces phé-nomènes. D'autre part, il ne fait pas alterner le travail avec des

---

1. Les données numériques que nous venons de citer nous ont été fournies par l'aca-démicien Imschenetzky.

délassements et ne se livre jamais à des jeux bruyants. Absorbé par un travail incessant, il ne peut pas se *manifester* librement par des actes et des désirs qui lui sont personnels. Pour tout dire, en un mot, il est tout entier sous l'action dépressive des difficultés matérielles, que les gens qu'il aime supportent avec vaillance. Il apprend donc de bonne heure à s'y plier. Il ne lui vient même pas à l'idée de témoigner un désir ou de s'amuser à jouer. Toujours occupés à leur tour, ses parents ne peuvent pas l'aider à examiner d'abord, à résoudre ensuite, les questions qui se présentent à son esprit. Ils ne font rien, par conséquent, pour favoriser sa tendance de raisonner, sur ce qu'il entend et sur ce qu'il voit. Ils lui donnent bien ce qu'ils ont de mieux, mais ils ne sauraient faire disparaître les circonstances dépressives de la vie qu'ils mènent en commun. Ils sont donc impuissants à le placer dans des conditions qui pourraient favoriser un large développement de son intelligence. La façon dont s'est passée son enfance, le rendra laborieux, ferme, modeste et délicat. Il apprendra à observer et il pourra acquérir de l'expérience. Quant à la faculté d'analyse et à celle de comprendre les faits en les fondant sur l'abstraction, elles lui feront défaut. Il manquera aussi de largeur d'esprit et d'un pouvoir créateur vrai. L'expérience qu'il a acquise lui permettra bien de *créer* quelquefois, mais ce qu'il *trouvera* ainsi ne sortira pas du domaine de la vie réelle. Ce sera une puissance créatrice, concrète, *partielle* pour ainsi dire. Elle ne sera ni *abstraite* ni *idéale*.

Ce que nous venons de voir, par rapport au travail intellectuel, se rapporte également au travail physique. Plus un enfant est jeune et plus il est mobile; il passera donc aisément d'une occupation à une autre. Son organisme est encore délicat; un tissu interstitiel riche en vaisseaux se trouve interposé entre les diverses parties de son squelette. Il souffrira nécessairement si on le soumet à un travail trop prolongé qui est au-dessus de ses forces. Il a été fait dans le laboratoire d'anatomie de l'Académie impériale de médecine de Saint-Pétersbourg des études suivies sur les modifications pathologiques qu'on observe dans le squelette humain et, notamment, dans la colonne vertébrale. Or, dans 47 à 48,56 pour 100 de cas on a trouvé ici des modifications si profondes que ces parties ont dû être nécessairement atteintes autrefois d'une maladie. Ces squelettes appartenaient généralement à des individus de la classe ouvrière âgés de vingt à quarante ans. Ces derniers s'étaient évidemment surmenés dans leur jeune âge, ce qui avait été la cause des affections que nous venons de signaler. Nous croyons pouvoir affirmer que dans le nombre de ceux qui en paraissent exempts, au moment de l'autopsie, il y en avait qui se trouvaient encore dans la période aiguë du mal. Or, pendant cette dernière période, on ne trouve pas une modification accusée de la colonne vertébrale. Arrivé à l'âge mûr, l'organisme humain peut supporter un travail physique plus pénible sans que la santé soit pour cela altérée. Ce travail peut aussi durer un temps plus considérable.

Le travail physique étant soumis aux mêmes lois que le travail intellectuel, l'enfant doit être laissé absolument libre de ses mouvements. On ne doit jamais exiger de lui un travail qui sera au-dessus de ses forces. Il importe, avant tout, qu'il change souvent d'occupation ; de plus, l'effort qui lui sera ainsi imposé devra aller en progressant d'une façon graduelle et successive. S'il est laissé libre, il sera toujours gai et ne tombera pas dans la dépression. Or, c'est ce dernier état qui contribue à la mortalité qui existe dans le jeune âge. Ajoutons, que les individus qui n'ont pas eu une véritable enfance et qui se sont trouvés dans de mauvaises conditions hygiéniques, tombent facilement dans la dépression. Les maladies sont aussi relativement fréquentes chez eux.

Ce que nous venons de dire devrait n'être jamais oublié par ceux qui sont à la tête d'un établissement scolaire. Nous avons le regret de dire néanmoins, que dans les écoles de notre époque, on songe avant tout, à ce que les enfants apprennent sans raisonner. C'est là, un but absolument contraire à celui qu'on devrait poursuivre dans l'éducation. Ce n'est pas ainsi, en effet, qu'on peut atteindre chez un enfant, le développement harmonique de ses facultés individuelles ; on ne développera pas non plus chez lui les qualités morales qui doivent faire l'apanage d'un être humain. Nous avons vu, par nous-même, les conséquences fâcheuses de l'oppression par laquelle on cherche à rétablir l'ordre dans les écoles. Tantôt les enfants tombaient dans l'apathie, tantôt ils manifestaient des instincts tout à fait bestiaux. Comme on devait s'y attendre, ces manifestations prenaient une forme effrayante. L'usage de l'eau-de-vie, le jeu, le dérèglement des mœurs, les risées, les calomnies, etc., telles étaient les conséquences, que nous avons vu suivre des actes oppressifs. On aurait été en peine de trouver là, une idée, ou la moindre trace d'une abstraction ; l'homme avait disparu pour faire place à la bête.

Ainsi que nous l'avons dit plus haut, les échecs éprouvés par l'enfant déprimé lui enlèvent toute confiance en lui-même. Ainsi que le défaut de toute manifestation d'un sentiment vrai du beau, ce peu de confiance en lui-même est dû à ce que cet enfant ne se guide pas dans sa conduite par des principes abstraits. Ce sont ces principes qui nous préservent mieux qu'autre chose d'un échec ; ce sont eux aussi qui nous permettent de comprendre le sens des phénomènes esthétiques. En décrivant les attributs de l'enfant déprimé, nous avons dit, que ce qui frappe surtout en lui, c'est la fermeté avec laquelle il persiste dans ses résolutions. Nous avons ajouté qu'il supporte aisément le besoin et qu'il sait dominer ses sensations. Il ne tombe pas facilement sous l'influence d'une autre personne. Nous avons dit plus haut que le caractère d'un individu est déterminé par les rapports qui existent entre ses actes volontaires et ses sensations. Or, l'enfant qui nous occupe s'est habitué de bonne heure à se soumettre à la force des choses ; il sait limiter ses besoins et ses désirs. Il supporte facilement la faim et la soif ; de petites quantités de nourriture et de boisson lui suffisent. Il n'a jamais cherché à satisfaire son sens du goût. Il connaît les sensations du froid et de l'humidité et les supporte fort bien. Il n'a pas l'habitude de chatouiller son sens de l'odorat par des parfums. Il sait réagir contre la fatigue et il n'a pas besoin de caresser son ouïe par des sons harmonieux. Il ne s'est pas dorloté sur une couche meilleure et ne connaît pas le chatouillement des caresses. Il reposera fort bien sur un lit dur et incommode. Voilà comment il s'est habitué à dominer toutes les sensations qui correspondent aux organes de la vie végétative et à ceux de la locomotion. Il sait même les arrêter dans leur développement. Plus tard, il saura gouverner de la même façon les manifestations de sa vie psychique. C'est là un phénomène général ; aussi pourrons-nous formuler la loi générale suivante : l'homme s'habitue d'abord à se comporter d'une certaine façon, envers les influences et envers les irritations immédiates qu'il reçoit plus tard, il se comporte de la même manière envers les manifestations psychiques correspondantes.

C'est en étudiant les diverses expressions de la physionomie que nous pouvons vérifier la loi que nous venons de poser : sous l'influence des impressions reçues par nos organes des sens les plus élevés l'homme s'habitue, tout d'abord, à contracter les muscles qui entourent ces organes. Plus tard, il pourra contracter ces mêmes groupes musculaires sous l'influence des sensations qui correspondent à ces impressions. Ajoutons que la force de cette contraction et le nombre de groupes musculaires qui y prennent part seront directement proportionnelles à l'intensité de l'impression qui a été reçue. Comme nous le verrons plus tard, la même loi s'applique au développement du caractère chez l'homme. Elle est, d'ailleurs, confirmée en tous points par l'étude du type déprimé; c'est elle, aussi, qui nous permet de trouver le lien causal des phénomènes qu'on observe chez l'enfant qui appartient à ce type. Ce dernier a appris de bonne heure à dominer ses besoins; il s'habitue à se contenter du strict nécessaire. En même temps, il ne tient que fort peu compte des efforts qu'il est obligé de faire et ne se ménage en rien. Les mêmes particularités s'observent plus tard dans ses facultés morales et intellectuelles : toujours modeste, il travaille énormément et ne s'imagine pas être très bien doué; il ne croit ni à ses facultés ni à son talent. Très affectueux, il s'attache profondément, lorsqu'il aime. Ce qu'il demande à la personne aimée, c'est seulement de l'attention et de bons rapports. Lorsqu'il trouve des obstacles sur son chemin, il n'a pas recours à des artifices pour les vaincre plus facilement. Bien au contraire, il tend toute son énergie et prend la difficulté d'assaut. Il est toujours franc, droit et sincère; jamais il ne se place autrement qu'à un point de vue objectif. Il n'aura jamais recours à des phrases creuses où à un air mensonger afin de se placer dans des circonstances plus faciles. Il ne dira pas non plus, à cet effet, une seule parole qui ne soit vraie. Au contraire, il redoublera d'efforts et ne ménagera aucunement ses forces. Ce n'est qu'à la dernière extrémité qu'il permettra qu'un autre travaille pour lui. Il sait donc ce que coûte un effort. Il est très reconnaissant de la moindre attention. Généralement économe, il partage pourtant volontiers ce qu'il a. Lorsqu'il rend un service, il ne le fait pas avec l'arrière-pensée d'en tirer, plus tard, un profit. Il a observé qu'on ne saurait faire autrement que de se soumettre à la force des choses et à limiter ses besoins. C'est donc l'expérience tirée de sa vie antérieure et non un principe abstrait qui le force à commettre des actes de volonté, dirigés en ce sens. Comme nous l'avons déjà dit, cet enfant est très bon observateur et a beaucoup d'expérience. Une vie trop occupée, l'a empêché, néanmoins, de réfléchir sur les impressions qu'il a reçues et d'en déduire des notions abstraites. Emmagasinées dans sa mémoire, ces impressions s'y trouvent à l'état d'images concrètes ; il serait en peine de soumettre ces dernières à une critique circonstanciée. Les conditions dans lesquelles il a vécu l'ont forcé à suivre avec attention les phénomènes qui l'entourent, et à se les approprier dans leur forme extérieure. Constamment en butte avec les difficultés de la vie, il n'a pu faire autrement que d'acquérir de l'expérience. Malheureusement pour lui, son apprentissage de la vie réelle n'a pas été graduelle comme elle aurait dû l'être. Parmi les impressions de hasard qu'il a reçues, il y en a eu de trop rudes. De plus, il n'a jamais eu la possibilité de vérifier ses réflexions en causant avec un homme intelligent. Il a même souvent été obligé de prendre une résolution soudaine et d'agir séance tenante. Toutes ces circonstances réunies l'ont empêché d'analyser les faits qu'il a observés et d'en déduire des principes abstraits.

Si nous comparons le type débonnaire avec le type déprimé, nous trouvons entre ces deux types les différences suivantes : l'enfant déprimé n'est pas assez porté vers l'abstraction ; il n'a pas non plus l'habitude de raisonner sur les phénomènes qu'il voit. Il s'assimile des faits, des impressions et des représentations, bien plus que des notions. Il ne sait ni généraliser, ni penser d'une façon abstraite : aussi manque-t-il d'initiative et d'indépendance d'esprit. L'homme débonnaire est toujours idéaliste dans ses actes, comme dans ses raisonnements ; on ne saurait en dire autant de l'homme déprimé. Réaliste avant tout, il sait, néanmoins, gouverner ses sensations et il se dirige dans ses actes par l'expérience qu'il doit à son esprit d'observation. C'est sur cette expérience qu'est basée toute sa conduite ; il a senti, par lui-même, combien il en coûte de supporter des échecs, des privations et des souffrances. Voilà pourquoi il s'oublie complètement lui-même lorsqu'il est en présence du malheur d'autrui. Il est prêt, en pareil cas, à donner tout ce qu'il possède. Peu sujet aux entraînements de l'imagination et sachant se placer à un point de vue objectif, il est toujours juste et droit. C'est dans sa foi qui est aussi profonde que sincère qu'il a l'habitude de chercher une consolation. Très religieux, tout en étant très tolérant, il est toujours préoccupé de ne froisser en rien les convictions religieuses ou morales d'autrui. Timide à l'excès, il ne croit pas avoir des capacités ou des talents : aussi se tient-il modestement à l'écart. Lorsqu'une personne lui a porté offense, il s'en écarte et se borne à l'éviter dorénavant. Lorsqu'il faut qu'il se prononce sur les actes d'autrui, il cherche toujours à leur donner une explication favorable ; c'est qu'étant lui-même droit, sincère et dénué d'égoïsme, il juge les autres d'après lui-même. D'autre part, il a vu, par expérience, combien il est facile de se tromper en jugeant autrui ; il a donc peur de commettre une erreur en se basant sur des faits inexacts.

Nous avons vu que l'assurance des enfants hypocrites et hébétés-mous peut aller jusqu'à l'impudence. Ce défaut, qui s'observe surtout chez les premiers, s'explique par leur habitude de traiter toute chose à la légère. Ils ne savent rien, d'ailleurs, d'une vie laborieuse. Quant au travail rude de l'intelligence, qui permet de comprendre la portée des divers phénomènes, il ne leur est pas connu. Les gens du type déprimé, au contraire, savent trop bien apprécier la valeur du travail ; ils se rappellent avec combien de peine ils ont acquis les connaissances qui servent de base à leur activité. Ils ont supporté pas mal d'échecs également. Voilà pourquoi ils se défient d'eux-mêmes et craignent de tomber dans l'erreur. Ils ne se croient jamais sûrs d'arriver au but qu'ils poursuivent. Il est certain qu'un homme qui ne sait pas abstraire et qui a peu observé par lui-même a d'autant plus d'aplomb, d'impudence même, qu'il est plus ignorant. L'étude du type hébété-mou et celle du type hypocrite surtout, viennent confirmer, autant que possible, la règle que nous venons de poser.

Si nous cherchons à comprendre le lien qui existe entre les phénomènes qu'on observe chez l'enfant déprimé et les causes qui les ont produits, nous nous apercevons de l'influence du surmenage. Nous entendons ici le surmenage au point de vue intellectuel, comme au point de vue physique. On a tort d'oublier, trop souvent, que l'organisme de l'enfant diffère profondément, quant à sa structure et quant à son organisation, de celui de l'adulte. C'est ce qui fait que le surmenage agit très différemment dans les deux cas. Les diverses influences psychiques et mécaniques agissent avec d'autant plus de force sur un enfant, que celui-ci est plus jeune. Toute irritation puissante fait baisser l'énergie vitale du tissu sur lequel elle vient agir ; la fonction de l'organe correspondant est affaiblie en proportion. Comme conséquence, nous voyons survenir l'apathie de l'être tout entier, dont l'activité diminue et devient moins indépendante. L'action dépressive des privations et du surmenage agit forcément sur l'organisme délicat de l'enfant; pour peu qu'elle se prolonge, elle est sûre d'amener une maladie. C'est ce qui s'observe en effet. Affreusement pâles et exténués, ces enfants présentent tous les signes extérieurs du dépérissement. Ils sont, néanmoins, tellement habitués aux privations et à la souffrance, que, loin de se plaindre, ils affirment se très bien porter.

Nous avons vu les principaux types qui se développent dans la famille et qui se présentent sous une forme très accentuée lorsqu'un enfant entre à l'école : nous avons constaté, de plus, qu'ils sont le résultat de l'éducation qu'a reçue cet enfant, ou des circonstances dans lesquelles il a grandi. Il importe de ne pas oublier que nous n'avons examiné que la période pendant laquelle un enfant se trouve à l'école. Il ne faut pas perdre de vue, non plus, que nous ne nous sommes pas borné à décrire un enfant en particulier; nous avons cherché à peindre un être abstrait qui s'est développé dans une certaine direction par suite de circonstances particulières.

En résumé, le type auquel appartient un enfant est sous la dépendance directe de son développement intellectuel et moral;

c'est là l'idée principale qui découle des observations citées plus haut et de l'explication théorique qui en ont été données. L'enfant hypocrite, par exemple, se distingue des autres enfants par des côtés tout extérieurs. Il se modifie à volonté. Il sait adapter son extérieur et ses actes aux circonstances dans lesquelles il se meut. Les attributs qu'il manifeste sont de pure forme ; quant à leur essence, les phénomènes qu'on observe chez lui sont réflexes-rationnels, c'est de l'imitation en grande partie. Or, lorsqu'un enfant ne sait qu'imiter, lorsqu'il ne poursuit que son intérêt matériel ou la satisfaction de ses instincts bestiaux, nous pouvons dire, sans faute, que le développement de son intelligence est faible ; il est certain, aussi, qu'il manque d'un principe moral.

Ce n'est pas d'une façon arbitraire que nous avons choisi les divers types décrits plus haut ; leur développement n'est pas dû au hasard non plus. C'est aux circonstances dans lesquelles il s'est trouvé dans la famille que sont dus, nous ne saurions trop le répéter, les principaux attributs qu'il manifeste au moment de son entrée à l'école. Si nous avions à classer les types admis par nous, par rapport au degré de développement intellectuel qu'ils comportent, nous admettrions volontiers trois catégories : nous placerions dans la première le type hypocrite et le type hébété-mou. Ces derniers ont ceci de commun qu'ils ne présentent l'un et l'autre que des phénomènes réflexes-rationnels (très peu conscients). Quant aux enfants qui appartiennent au type ambitieux et au type hébété par la méchanceté, leur développement intellectuel est d'un ordre un peu plus élevé : aussi appartiennent-ils à une seconde catégorie. Nous trouvons ici l'influence d'une sensation prédominante, absorbante même et des actes imitatifs raisonnés. La troisième catégorie, enfin, comprend le type débonnaire et le type déprimé. Tous deux prouvent par leurs actes qu'ils ont de l'intelligence et de l'indépendance d'esprit. Ils diffèrent l'un de l'autre en ce que le premier peut joindre au travail physique, celui de la pensée. Il peut raisonner d'une façon abstraite. La véracité est encore un des traits les plus caractéristiques qu'ils ont en commun. En d'autres termes, nous trouvons dans le premier groupe le développement des organes qui correspondent à l'activité cérébrale réflexe-rationnelle ; dans le second, celui des organes de l'activité cérébrale imitative-raisonnée qui s'exprime par les désirs et les volitions, et dont le siège est dans l'organe de l'action de recevoir l'objectif. Dans le troisième groupe, enfin, nous trouvons le développement des organes qui correspondent à l'activité intelligente et libre, ainsi qu'aux actes de volonté. Nous ne connaisons pas d'organes intermédiaires entre ceux-là. Il peut y avoir dans le développement de ces trois organes des degrés différents qui donneront lieu à des variétés dans leurs manifestations respectives. Il est clair, néanmoins, qu'il ne saurait y avoir plus de trois types fondamentaux. Toutes les fois que des conditions venues du dehors arrêtent le développement intellectuel d'un enfant et viennent diminuer sa faculté de recevoir des impressions, nous voyons apparaître le type hébété (par la tendresse ou par la méchanceté) ou le type déprimé. Nous ne saurions voir ici aucun effet du hasard. Quant aux descriptions que nous avons faites de ces divers types, nous croyons pouvoir affirmer qu'elles n'ont jamais été arbitraires. Il est certain que les attributs essentiels que possède un enfant, lorsqu'il entre à l'école ne sont qu'une conséquence forcée de la façon dont s'est passée son existence antérieure.

De même que deux corps chimiques mis en présence l'un de l'autre donnent lieu à une réaction qui peut être prévue à l'avance, de même qu'en nous plaçant dans certaines conditions physiques nous voyons apparaître des phénomènes toujours identiques, de même certaines influences données qui viendront agir sur un organisme humain donneront toujours lieu à des conséquences qui peuvent être déterminées au préalable.

Lorsqu'on fait l'étude approfondie de la construction de l'organisme humain et de ses fonctions, de façon à en dégager l'idée fondamentale, on acquiert la conviction inébranlable de l'imminence de certains effets par rapport à certaines causes. L'étude de l'anatomie prouve certainement l'existence d'un lien causal de ce genre. Pour le voir, il suffit qu'en étudiant cette science on ne se borne pas à l'examen des formes extérieures, mais qu'on en pénètre la signification. Il ne s'agit pas de décrire une partie du corps humain ; ce qui importe c'est de savoir en trouver la destination. En d'autres termes, il faut dégager l'idée dont cette forme extérieure n'est que la réalisation. Quant aux types d'enfants que nous avons décrits, ils ne sont que l'*image abstraite* de la forme qu'au moment d'entrer à l'école chacun de ces enfants présente en particulier. Ce qui importe avant tout au pédagogue, c'est de savoir pénétrer dans le sens intime des phénomènes qu'il observe dans les élèves. Il faut qu'il sache *dégager l'idée fondamentale qui en est la base et dont ils ne sont en quelque sorte que la réalisation.* Nous avons voulu, avant tout, faire voir l'influence que les diverses formes du mensonge ont eue dans le type hypocrite, le sentiment de supériorité ou de grandeur dans le type ambitieux, la vérité dans le type débonnaire, et la pression des circonstances dans tous les autres types. Nous avons cherché de plus à approfondir les causes qui ont contribué au développement des sentiments et des idées qui s'observent chez les divers types d'enfants. Nous espérons que notre étude anthropologique servira de base à des études nouvelles entreprises dans le même sens ; ce n'est qu'ainsi qu'on trouvera peu à peu la meilleure manière pour observer les diverses manifestations que présente l'enfant. Faute de bien savoir le lien qui existe entre celles-ci et les causes qui leur ont donné naissance, on restera forcément dans l'arbitraire. Or, ce qui importe avant tout, c'est d'en sortir et d'accumuler sur la pédagogie des notions vraiment scientifiques. Une fois qu'on sera en possession de la vérité à ce sujet, on pourra baser sa manière de faire sur cette vérité. Ce n'est qu'alors qu'on pourra sortir enfin du domaine du subjectif.

Ce n'est qu'en partant d'une idée ou d'un principe que les hommes peuvent arriver à s'entendre et à agir de concert. La pédagogie ne saurait donc être considérée comme une science tant qu'on n'aura pas formulé nettement l'idée qui lui sert de base.

DEUXIÈME PARTIE

DES PHÉNOMÈNES PRINCIPAUX

QUI SE MANIFESTENT CHEZ L'ENFANT

ET DE LEUR SIGNIFICATION

INTRODUCTION

En étudiant l'enfant que nous avons appelé l'enfant normal, nous serons obligé de suivre une méthode toute différente de celle que nous avons suivie jusqu'ici. En effet, lorsque nous décrivions les divers types d'enfants qu'on trouve à l'école, nous avions devant les yeux un objet réel. Notre tâche se bornait donc à expliquer, si possible, les causes des phénomènes que nous faisions remarquer, puis à montrer le lien qui existe entre ces divers phénomènes. Quant à l'enfant normal, il n'existe aujourd'hui qu'à l'état d'idéal. Il s'agit donc de faire un effort d'imagination et de le créer de toutes pièces. Voici comment nous pourrions le définir : l'enfant normal est celui dont le développement physique, intellectuel et moral a marché de front pendant la période qui a précédé son entrée à l'école. Lorsque nous aurons étudié les conditions nécessaires à ce développement harmonique, les traits essentiels de l'enfant normal seront clairs à nos yeux. Nous examinerons d'abord l'influence de l'hérédité et de la vie intra-utérine; puis nous suivrons pas à pas les modifications anatomo-physiologiques qui ont lieu dans l'organisme de l'enfant pendant les dix premières années de son existence. Nous verrons, en passant, ce que sa croissance et son développement peuvent avoir d'anormal; ceci fait, nous montrerons dans quelles conditions l'enfant doit se développer au point de vue intellectuel, physique et moral afin de présenter le type normal dans toute sa pureté. Nous aurons à tenir compte, cela va sans dire, des différences individuelles qu'on trouve dans les diverses natures d'enfants; c'est de ces différences, en effet, que dépend ce que chaque individu présente de particulier au point de vue physique, intellectuel et moral. Nous nous proposerons de faire dans cette seconde partie de notre étude l'exposé des moyens qui permettent d'atteindre le but essentiel de l'éducation. Voici dans quels termes nous pourrions définir ces moyens : *il s'agit de mettre l'enfant dans des conditions telles, qu'il puisse se développer librement. En d'autres termes il s'agit de lui permettre d'atteindre le développement harmonique de ses facultés physiques, intellectuelles et morales.* C'est là, sans contredit, une tâche excessivement difficile. Il y a plus, on ne saurait l'atteindre à moins de savoir se placer à un point de vue purement objectif. Notre tâche actuelle consiste principalement en ceci : rassembler le plus de matériaux possible afin de pouvoir déduire d'une façon scientifique les lois suivant lesquelles se font la croissance et le développement d'un enfant.

Avant d'entrer plus avant dans notre sujet, il importe de s'entendre sur la signification de certains termes : on est loin d'être d'accord, en effet, sur ce qu'on appelle le tempérament, le type, et le caractère d'un enfant. Il importe également de préciser les attributs qui peuvent être admis comme héréditaires. Faute de définir ces termes de la façon la plus rigoureuse, on ne sortira jamais de la confusion qui règne à cet égard dans la littérature de la pédagogie. On confond, par exemple, le tempérament avec le caractère : aussi Ouchinsky[1] emploie-t-il alternativement les expressions de tempérament et de caractère bilieux. On ne distingue pas non plus le type du tempérament et du caractère, ce qui ne nous paraît pas devoir être utile au point de vue scientifique. Examinons successivement la signification de ces différents termes.

---

1. *De l'Homme considéré comme l'objet de l'éducation.* Publié en langue russe à Saint-Pétersbourg. T. II, p. 327.

I

DU TEMPÉRAMENT

Dans son acception la plus ancienne, le mot de tempérament voulait dire le degré et la qualité des sensations que pouvait éprouver un homme. On mettait ce qu'on appelait alors le tempérament sous la dépendance de la composition du sang. Gallien distinguait quatre sortes de tempérament : le tempérament sanguin, le tempérament mélancolique, le tempérament cholérique et le tempérament flegmatique. Kant[1] distingue chez l'homme : 1° son naturel (Naturell), 2° son tempérament et 3° son caractère. Le naturel d'un homme se compose suivant Kant, des talents et des facultés qui lui sont innés ; son tempérament (Sinnesart) consiste en sa faculté de sentir ou de manifester ses sensations. Le naturel et le tempérament réunis indiquent ce que l'homme a la *possibilité de devenir*. Le caractère d'un homme ou la méthode suivant laquelle il pense (Denkungsart) montrent ce qu'il *veut* faire de lui-même.

Au point de vue physiologique, ajoute Kant, on doit comprendre sous le nom de tempérament la *constitution du corps* (robuste ou faible) ou sa *complexion*. Cette dernière dépend principalement de la qualité du sang, de sa composition et de la façon dont ce liquide circule. Si on se place au point de vue de la psychologie, c'est-à-dire si on on examine le tempérament de l'âme, les dénominations basées sur la qualité du sang que nous venons de donner ne sauraient être admises que par analogie. Il y en a, en effet, entre le jeu des sentiments et des désirs et les causes qui déterminent dans le corps des mouvements (le sang joue ici le rôle principal). Nous admettons un lien entre le tempérament psychologique, à cause de

---

1. *Anthropologie in pragmatischer Hinsicht*, 3 Aufl. Leipzig, 1880, p. 205-227.

l'analogie, uniquement, qui existe entre les manifestations extérieures des sentiments et des désirs, et les causes qui déterminent des mouvements dans le corps.

Kant admet un tempérament du sentiment et un tempérament de l'activité. Suivant qu'ils s'accompagnent d'un excès de tension de la force vitale (intensio) ou d'une rémission de celle-ci (remissio) ces tempéraments se subdivisent en deux variétés. Dans le tempérament de sentiment Kant distingue le tempérament *sanguin* (à sang léger) et le tempérament *mélancolique* (à sang lourd); dans celui de l'activité, le tempérament *cholérique* (à sang chaud) et le tempérament *flegmatique* (à sang froid).

Wundt[1] considère le tempérament comme une prédisposition de l'âme à des mouvements de l'âme, qu'il admet comme étant individuelle. Le tempérament se rapporte au désir et à la passion comme l'excitation se rapporte aux sensations. Les manifestations individuelles des mouvements de l'âme peuvent se distinguer quant à leur force et quant à leur vitesse. Après avoir admis des tempéraments forts et faibles, lents et rapides, *Wundt* les met en regard de la façon suivante :

	FORT	FAIBLE
Tempérament rapide =	Cholérique.	Sanguin.
— lent =	Mélancolique.	Flegmatique.

Ouchinsky[2] fait une confusion entre le tempérament et le caractère : aussi se sert-il alternativement de ces deux termes sans faire entre eux aucune distinction. Il ne se prononce pas sur la question de savoir si ce sont là des propriétés innées ou non. Voici comment il s'exprime : « Plus qu'un observateur ordinaire, le péda-« gogue soumet à sa critique la nature humaine. Voilà pourquoi il « constate, par expérience, que certains traits de caractère qu'on « considère comme innés, et formant l'apanage de certains tempéra-« ments, ne sont en réalité que le résultat de l'éducation. S'il en « était autrement, les pédagogues ne diraient pas à chaque instant « qu'on peut rendre un enfant craintif et timide, ou bien stupide,

---

1. *Grundzüge der physiologishen Psychologie.* Leipzig, 1874, p. 816.
2. *L. c.,* T. II, p. 329.

« paresseux et méchant. Ils n'admettraient pas que tous ces défauts
« peuvent être dus à l'influence de la famille ou de l'école, qu'ils
« sont le résultat de sa vie antérieure, en un mot. Tout pédagogue
« sait qu'il y a dans chaque homme un certain quelque chose
« qu'il apporte avec lui en naissant. Ce « quelque chose » d'absolu-
« ment formé que possède le nouveau-né se manifeste plus tard
« par la méthode suivant laquelle il pense. Ces propriétés innées
« peuvent être développées ou affaiblies par l'éducation, mais on ne
« saurait les effacer complètement. Le pédagogue doit donc les
« accepter comme quelque chose de formé, et qui a été apporté par
« l'enfant à sa naissance. Il s'ensuit qu'il y a une portion de vérité
« dans les fameux tableaux des tempéraments qui ont été faits
« jusqu'ici, mais qu'il n'est pas facile de tirer cette question au
« clair. »

Les quelques lignes que nous venons de voir, montrent dans
quelle confusion tombe un pédagogue, s'il ne sait pas faire une
distinction entre le tempérament, le caractère et le type. On verra
plus tard combien il est important de se donner un compte exact des
phénomènes qui sont innés chez l'enfant.

De même que les anciens (Gallien et Hippocrate), Kant cherchait
la cause physiologique du tempérament dans la structure même du
corps humain. Ils attachaient surtout de l'importance à la composition des humeurs. Le tempérament, suivant eux, était une propriété
innée, due principalement à la qualité du sang; elle était considérée
comme distincte, en cela même, du caractère. Wundt n'explique pas
dans quelle mesure, ce qu'il appelle la prédisposition de l'âme est
en rapport avec la structure du corps et la composition du sang. Il
a l'air d'admettre que la volonté a sur le tempérament une influence
puissante. L'homme qui sait vraiment vivre, dit-il, doit posséder
tous les tempéraments réunis : il doit être sanguin (agir rapidement
mais sans force), lorsqu'il est en présence des revers et des joies de
la vie quotidienne; il doit avoir le tempérament mélancolique (agir
lentement, mais avec force), dans les circonstances graves de la vie;
il doit être cholérique (agir rapidement et avec force), là où de
graves inconvénients qui lui sont personnels sont en jeu; il
doit, enfin, être flegmatique (agir lentement et sans force), lors-

qu'il s'agit de mener à bonne fin une résolution qu'il vient de prendre.

Voyons, à présent, dans quels termes le tempérament peut être défini, conformément aux données actuelles de l'anthropologie.

On peut donner le nom de tempérament *au degré de force avec lequel se manifestent les actes et les sensations d'un individu, ainsi qu'à la façon dont ces derniers sont disposés par rapport à l'unité de temps.* En d'autres termes, *le tempérament correspond à la force et à la rapidité avec lesquelles les actes et les sensations d'un individu se manifestent; il correspond encore à la force et à la rapidité avec lesquelles les désirs de cet individu se développent.* Il est encore une autre définition qu'on pourrait faire du tempérament, à savoir : *c'est le degré auquel l'organisme peut être excité par des agents extérieurs ou intérieurs, joint à la durée de temps pendant lequel il réagit sur cette excitation.* Il est important de ne pas confondre le tempérament avec le caractère; ce dernier dépend uniquement du rapport qui existe entre les actes volontaires et les émotions ou les sensations. Il n'est pas moins important de faire une différence entre le tempérament et le type d'une personne ; le type dépend du développement intellectuel de la personne, et de la façon dont celle-ci se comporte envers la vérité. On ne saurait parler du caractère ou du type d'un nouveau-né, par exemple; quant au tempérament de celui-ci, il peut être défini. Un écolier appartenant au type débonnaire peut avoir le tempérament flegmatique, aussi bien qu'un autre tempérament. Il en est de même d'une personne appartenant à quelque autre type. Indépendamment de son tempérament, un adulte peut être fort ou faible de caractère.

Pour peu que l'on admette la définition du tempérament qui vient d'être faite, ce sera la force et la rapidité que possèdent les actes et les sensations des divers individus qui déterminera leur tempérament.

Ces signes serviront de base à notre classification des tempéraments, d'autant plus que cette dernière sera ainsi d'accord avec celle des anciens. Les anciens, en effet, admettaient quatre tempéraments, comme on le verra, d'ailleurs, par la division de Wundt. La description de ces principaux genres de tempéraments repose sur la rapidité et la force avec laquelle les sensations et les actes se développent et se produisent.

Le tempérament *sanguin* se manifeste par des sensations et des actes rapides, mais faibles. L'individu sanguin se précipite sur tout ce qui est nouveau, mais il s'en lasse très vite et oublie facilement. Il est très accommodant et sympathise avec toute chose. Il se lie facilement d'amitié, mais il se refroidit avec la même facilité. Ses amitiés ne sont pas durables. Inconstant de sa nature, il n'a pas beaucoup de persévérance. Il oublie facilement.

Le tempérament *mélancolique*[1] est, en toute chose, l'opposé du précédent; l'homme, doué de ce tempérament ne prend pas vite une résolution : il voit partout des obstacles et des motifs de crainte. Il tient à ses habitudes et aux coutumes qu'il a contractées. Ce ne sont pas des principes abstraits ni la réflexion qui lui donnent néanmoins de la constance (Kant l'a déjà fait voir); c'est là, au contraire, le résultat de l'intensité avec laquelle il sent toute chose. Trop soupçonneux pour se lier facilement d'amitié, il s'attache profondément lorsqu'on a réussi à vaincre ses soupçons. Il devient alors un ami sûr et dévoué. Ses sensations se propagent avec tant de lenteur qu'il lui est impossible de les manifester d'une façon trop brusque. Les mêmes motifs font que sa joie n'est jamais bruyante.

Le tempérament *cholérique* a des manifestations aussi fortes que rapides. Les sensations, qui se propagent ici avec rapidité, donnent lieu à des actes brusques, dont la moindre opposition peut augmenter la violence. Très résolu, l'enfant doué de ce tempérament est prompt dans ses actes, mais un travail uniforme le fatigue rapidement. Les sensations d'un pareil individu sont fortes et se propagent avec rapidité; afin de les rendre prolongées, il est nécessaire d'avoir recours à des agents d'irritation toujours nouveaux. On ne doit pas confondre ce tempérament avec le type ambitieux, chose qu'on fait souvent. L'homme doué du tempérament cholérique a une

---

1. Ainsi que le fait très bien remarquer *Kant*, on ne doit pas confondre l'homme doué du tempérament mélancolique avec celui qui est atteint de mélancolie. Cette dernière constitue un *état*, tandis que le tempérament mélancolique n'indique qu'une prédisposition à contracter la mélancolie.

prédisposition marquée aux sentiments énergiques, il est passionné dans ses manifestations. Quant à l'homme qui appartient au type ambitieux, il possède un sentiment de supériorité. Ce dernier peut se manifester à divers degrés et avec une force plus ou moins considérable. C'est ce qui fait qu'un ambitieux peut avoir le tempérament flegmatique.

Les sensations et les manifestations du tempérament *flegmatique* sont calmes et faibles. Le calme (le flegme) ne doit pas être confondu avec la paresse ; le premier est sous la dépendance d'un affaiblissement de l'excitabilité ; la seconde est due à ce que l'impressionnabilité de l'être se trouve émoussée. Elle consiste en un abaissement de l'activité. Lent à se mettre en action, ne s'y adonnant qu'à petites doses pour ainsi dire, un individu doué de ce tempérament reste actif très longtemps. Ses sensations, qui sont faibles, sont lentes à se développer ; elles disparaissent avec la même lenteur. Ce sont là des sensations dont la persistance va jusqu'à l'inertie.

Nous avons vu les diverses variétés de tempérament ; quant au tempérament normal, il doit être intermédiaire. Une personne à tempérament normal doit savoir subordonner la force et la rapidité de ses sensations et de ses actes à ses exigences intellectuelles et morales.

Il nous reste à rechercher les causes qui produisent la diversité des tempéraments. Cette dernière est certainement en rapport avec la structure du corps ainsi qu'avec les différents *processus* organiques de celui-ci. Il a été dit plus haut que le tempérament a été mis sous la dépendance de la composition et de la circulation du sang. Néanmoins, on n'a pas défini ce lien d'une façon assez logique ; voilà pourquoi on a dit souvent que ce sont là des phénomènes inexplicables. Il paraissait impossible de démontrer que le tempérament dépend d'une façon rigoureuse de la structure de l'organisme humain et de ses fonctions. Tâchons de trouver cet inconnu.

Lorsqu'on visite les maisons d'Enfants-Trouvés et qu'on compare les nouveau-nés entre eux, on s'assure aisément qu'ils ne se distinguent pas beaucoup entre eux par leurs traits. Ce qui frappe, c'est la différence qui existe dans la force et la rapidité de leurs manifestations vitales. Il y en a un qui est plus mobile et dont la voix est plus forte. Si on l'irrite, il réagit d'une façon plus intense et manifeste son mécontentement par des mouvements plus brusques. Un autre, à côté, est mou; il se meut avec lenteur, sa voix est faible. Si on l'excite, il ne réagit que faiblement et avec lenteur. Le poids et le volume de ces deux enfants peut différer de même que la coloration de leur peau. D'autres fois, le poids et le volume de deux enfants sont égaux, et cependant les manifestations qu'on observe chez eux sont différentes, et même directement opposées. Nous avons souvent entendu dire aux personnes préposées à des établissements de ce genre qu'il est facile de confondre les nouveau-nés entre eux. C'est à leur voix ou à leur mobilité plus ou moins grande qu'on peut les reconnaître à ce que prétendent ces personnes. Il y en a qui sont apathiques; d'autres, au contraire, frappent par leur irritabilité exagérée. C'est donc par le tempérament, qui se manifeste déjà sous une forme plus ou moins pure, que les nouveau-nés peuvent être distingués les uns des autres.

Si l'on observe le développement d'un embryon, on s'aperçoit que celui-ci peut subir, dans certaines circonstances, des modifications assez considérables; ces dernières, qui peuvent être déterminées d'une façon artificielle, sont faciles à constater chez un embryon de poulet, dès l'apparition du cœur (*punctum saliens* des anciens). Vers le troisième ou quatrième jour, lorsque la première circulation de l'embryon est complète, on peut accélérer ou ralentir les battements du cœur, qu'on observe très bien avec la loupe. Il suffit, à cet effet, d'élever la température au-dessus de la température normale, ou bien de l'abaisser au-dessous de celle-ci. La même chose s'observe plus tard (vers le huitième jour, et au delà) sur les mouvements des extrémités qui se sont déjà développés vers cette époque. Dès qu'on élève d'une façon artificielle la température de l'embryon au-dessus de la température normale, les mouvements de tout l'embryon et de ses extrémités surtout deviennent plus rapides et plus brusques. L'abaissement de la température produit les effets exactement inverses. Si on soumet ainsi, pendant quelque temps, l'embryon à une température élevée, des vaisseaux surnuméraires se développeront dans les parties dont l'activité a été exagérée. Les recherches de Dareste[1], qui ont été confirmées par d'autres observateurs, prouvent qu'un embryon soumis d'une façon persistante à une température élevée (42°C), se développe beaucoup plus rapidement. La formation de toutes les parties du corps et de tous les organes sera également plus rapide. Cette activité plus grande, qui se manifeste dans tous les processus de développement, aura comme conséquence le nanisme. C'est de cette façon, en effet, que M. Dareste a obtenu des nains. Un afflux plus considérable d'air, vers une partie de l'embryon, détermine également un développement exagéré de vaisseaux dans cette partie; l'activité de celle-ci est augmentée aux dépens des autres parties de l'embryon. Ces dernières peuvent être arrêtées dans leur développement (Baudrimont et Martin Saint-Ange[2], L. Gerlach[3], H. Koch[4]). En dehors des circonstances qui viennent d'être signalées, les conditions mécaniques peuvent amener des déviations dans le développement de l'embryon. Réaumur[5], Étienne Geoffroy Saint-Hilaire[6], Litarzik[7] et M. Dareste[8] ont montré qu'en faisant garder à l'œuf une position verticale on obtient des monstruosités; d'après les expériences d'Étienne et Isidore Geoffroy Saint-Hilaire[9], le développement de l'embryon est modifié ou complètement arrêté, lorsqu'on fait

---

1. « Sur certaines conditions de la production du nanisme », *Comptes rendus.* T. LX, 1865, p. 1214.

2. « Recherches anatomiques et physiologiques sur le développement du fœtus et en particulier sur l'évolution embryonnaire des oiseaux et des batraciens », *Recueil des savants étrangers*, 1851, T. XI.

3. *Die Entstehungsweise der Doppelmissbildungen bei den höheren Wirbelthieren.* Stuttgart, 1882.

4. *Über die künstliche Herstellung von Zwergbildung im Hühnerei.* Stuttgart, 1884, page 31.

5. *Art de faire éclore et d'élever en toute saison des oiseaux domestiques de toutes espèces, soit par le moyen de la chaleur du fumier, soit par le moyen du feu ordinaire.* Paris, 1751.

6. « Sur les déviations organiques provoquées et observées dans les établissements d'incubation artificielle ». *Mémoire du Muséum.* T. XIII, 1826, p. 289.

7. *Das Gesetz des menschlichen Wachsthums und der unter der Norm zurückgebliebene Brustkorb als die erste und wichtigste Ursache der Rachitis, Scrophulose und Tuberculose.* Wien, 1858.

8. *Production artificielle des monstruosités,* etc., p. 62.

9. *Histoire générale et particulière des anomalies de l'organisation chez l'homme et les animaux.* Paris, 1836. T. III.

subir à l'œuf des commotions répétées ; en faisant tourner celui-ci autour de son axe longitudinale avec la vitesse d'un tour de cercle par minute, Lombardini [1] a obtenu des positions irrégulières. On a fait encore des solutions de continuité dans la coquille (Valentin, Leukart, Schrohe), ou des coupes longitudinales de chaque côté de l'embryon (Scymkiewize [2]). Le corps de ce dernier se présentait alors sous l'aspect de culs-de-sac ayant la forme de kystes ; on a observé également, en pareil cas, des monstruosités.

Dans tous les cas que nous venons de voir, il y a eu tantôt une diminution, tantôt une augmentation de la formation ou de la croissance du corps ou d'une de ses parties. Hâtons-nous d'ajouter qu'il est important de distinguer la *formation* de la *croissance*. La formation consiste en un développement régulier comme *forme* des éléments, ainsi que des parties et des organes constitués par ces éléments. Or, la forme étant « la personnification de la fonction », celle-ci ne sera normale que si la forme des éléments des parties et des organes l'est aussi. La croissance, au contraire, consiste en l'augmentation du nombre et du volume des éléments dont la forme peut être irrégulière. Le volume du corps ou des diverses parties du corps sont augmentées, mais peuvent être difformes. Geoffroy Saint-Hilaire, qui a été le premier à appeler l'attention sur ce point, fait remarquer que généralement la formation et la croissance marchent d'une façon parallèle. Il arrive cependant qu'un des deux facteurs est en retard sur l'autre. Lorsque la formation et la croissance sont en parfaite harmonie de développement, celui-ci se fait suivant une certaine gradation. Il diminue aussi progressivement. Leur marche ascendante est surtout rapide dans les premiers mois qui suivent la naissance. Elle se ralentit dès que les dents de lait ont commencé à percer ; le même fait s'observe après la puberté, la formation et la croissance se ralentissent d'une façon très remarquable ; la formation cesse bientôt et on n'observe plus qu'une croissance très peu considérable qui peut durer jusqu'à l'âge de trente ans, sauf dans des cas

---

1. *Intorno alla genesi delle forme organiche irregolari negli uccelli e ne' batrachidi.* Pisa, 1868.

2. *Beitrag zu der Lehre von den künstlichen Missbildungen am Hühnerei.* Wiener Sitzungsber. 1875. Bd. LXXII, Abtl. III, p. 139.

exceptionnels; la formation et la croissance sont dans un rapport étroit l'une avec l'autre : aussi certaines périodes de la formation dépendent-elles directement du degré qu'a atteint la croissance. La première dentition, par exemple, s'observe de meilleure heure chez les enfants très grands. On l'a observée pendant la vie intra-utérine elle-même, lorsque le fœtus avait une taille extraordinaire. Chez les enfants de petite taille, au contraire, la première dentition est retardée. La même remarque peut être faite relativement à la période de la puberté : celle-ci apparaît de meilleure heure chez les enfants qui croissent rapidement; elle est en retard, au contraire, chez les enfants qui n'ont pas atteint le volume qui peut être considéré comme le *minimum* du volume qu'ils devraient avoir. Les expériences de Geoffroy Saint-Hilaire dont nous venons de donner le résumé expliquent les phénomènes qui se passent chez les nains. La formation, qui va très vite chez ces derniers, n'est pas en rapport avec leur croissance. Cette dernière s'arrête complètement de bonne heure, lorsque le corps n'a pas encore atteint le minimum de la taille d'un adulte. Les divers organes, les diverses parties du corps et le corps tout entier atteignent de bonne heure une certaine dimension et cessent d'augmenter. C'est ainsi que s'explique le développement rudimentaire des organes génitaux qu'on observe chez les nains. Celle-ci s'accompagne presque toujours d'impuissance sexuelle.

On a observé des cas d'anomalie à croissance tellement rapide qu'à l'âge de cinq à six ans l'enfant avait atteint déjà la taille d'un adulte. Plus rapide également, ·la formation est allée quelquefois si vite que la puberté a été atteinte vers la même époque. Tous les cas de ce genre, qui ont été notés, se rapportaient à de petits garçons. D'après les observations de Geoffroy Saint-Hilaire, deux choses sont possibles à l'approche de la puberté : dans un premier cas, la formation des organes génitaux est lente par rapport à la croissance du corps tout entier. Dans ce cas, le développement de ces organes reste incomplète, la taille prenant des dimensions gigantesques; d'autres fois, la croissance se ralentit d'une façon sensible et s'arrête bientôt, tandis que les organes génitaux acquièrent rapidement leur complet développement. Si à l'approche de la puberté la taille n'a pas atteint, dans ce dernier cas, la moyenne de la taille d'un adulte, elle peut ne jamais l'atteindre. L'enfant qui paraissait plus grand que son âge deviendra un homme de petite taille. La formation des organes et des diverses parties du corps n'a pas été ici en rapport avec la croissance de ce dernier. Il semblerait même que l'une avait marché aux dépens de l'autre. Les petits garçons qui ont atteint de bonne heure la taille d'un adulte, se distinguent de ces derniers par leur voix et par l'expression de leur physionomie. De même que leurs goûts et leurs actes, celles-ci ont un côté enfantin. Leur peau est fine. Leur intelligence est peu développée.

Ainsi que nous l'avons dit plus haut, M. Dareste a prouvé que de pareils troubles de la formation et de la croissance se produisent lorsque l'œuf se développe sous l'influence d'une température élevée. Celle-ci, en effet, active avant tout le processus de la formation. Un apport insuffisant d'oxygène contribue, lui aussi, à entraver la croissance du corps de l'embryon, mais ce qui se passe ici ne saurait être comparé à ce qui a lieu dans le cas précédent. La formation étant devenue très rapide sous l'influence d'une température élevée, les diverses parties du corps atteignent bientôt leur complet développement, comme forme; quant à leurs dimensions, elles restent minimes comme celles du corps tout entier. Relativement robuste, néanmoins, celui-ci peut offrir aux agents extérieurs une résistance assez considérable. Un apport d'air insuffisant, au contraire, fait baisser à la fois la formation et la croissance. La structure des différentes parties du corps est alors tellement faible et délicate que leur résistance et leur énergie d'action sont de beaucoup inférieures. Lorsque l'air se distribue d'une façon inégale, on observe des irrégularités dans le volume respectif des diverses parties [1].

Les expériences qui ont été faites sur des animaux ont montré l'influence incontestable sur leur croissance de divers agents, tels

---

1. Les phénomènes de la croissance que nous venons de voir sont dans un rapport étroit avec les modifications du système vasculaire, que nous examinerons plus loin et avec les manifestations du tempérament de l'enfant. C'est surtout vrai, relativement aux périodes de la croissance que nous avons indiquées. Tout ce que nous avons dit sur la croissance n'est pas une digression, mais se rapporte directement à notre sujet. En effet, les diverses périodes du développement et de la croissance ont certainement rapport avec les modifications du système vasculaire et les manifestations du tempérament.

que : la lumière, l'air, le mouvement, la nourriture et les différents rayons du spectre solaire.

1° L'influence réunie des rayons solaires et de l'air a été si bien démontrée qu'il est inutile de nous y arrêter trop longuement. Ce sont là deux facteurs dont l'importance, au point de vue d'un organisme supérieur en voie de formation, n'est pas moins grande que celle d'une nourriture appropriée. C'est sur le système lymphatique qu'un air vicié agit surtout d'une façon nuisible; or, c'est là le système dont l'activité prédomine dans le bas âge, tant que la structure des diverses parties du corps est incomplète. Les globules blancs du sang, qui sont les éléments formateurs des tissus, prennent naissance dans les ganglions lymphatiques; ils pénètrent de là dans le sang et sont portés avec lui dans les diverses parties du corps. Les recherches de M. Ranvier ont montré que lorsque le sang ne contient pas une quantité suffisante d'oxygène (ozone), ces corpuscules sont dénués de mouvement et s'accumulent dans les glandes. Celles-ci gonflent et augmentent de volume, ce qui empêche leur fonction d'être normale. Cette circonstance fait que les enfants des villes, qui ont grandi dans un air vicié, sont pâles et bouffis. Leur taille est souvent au-dessus de leur âge, mais ils sont peu développés, lents et apathiques. Ils présentent souvent un gonflement ganglionnaire. En faisant diminuer l'apport de l'oxygène, M. Dareste [1] a produit chez des embryons de poulets une anémie artificielle. La coloration de la peau, qui dépend de la substance colorante du sang, subit par là même l'influence de la lumière solaire.

2° Les expériences faites sur de jeunes animaux (lapins, chiens, chats) ont montré que plus l'activité d'un appareil de locomotion ou d'une de ses parties est grande, plus cet appareil ou sa partie se développe rapidement. Les os qui font partie de cet appareil augmentent de volume en proportion. L'étude des enfants atteints de la paralysie dite de l'enfance vient confirmer cette règle de la façon la plus absolue [2]. On a essayé de faire subir une compression à la tête de

---

1. *Recherches sur la production artificielle des monstruosités ou essais de tératogénie expérimentale.* Paris, 1887, p. 70.

2. P. Lesshaft. « Des causes qui viennent agir sur la forme des os. » *Comptes rendus de la Société des médecins russes et Archives de Virchow.* 1882.

jeunes chiens et on a fait varier, de cette façon, la forme de leur crâne; celle-ci était en rapport avec la direction dans laquelle était faite la compression. Lorsque cette dernière était très considérable, les os craniens devenaient plus minces, et tout le corps croissait avec moins de rapidité [1]. Devenus plus apathiques, les animaux en expérience devenaient moins mobiles et leurs mouvements étaient moins rapides. C'est là ce qui explique, en partie, l'arrêt qu'avait subi leur croissance.

3° Voici quelles sont les expériences qui font voir l'influence de la nourriture sur la croissance des animaux et sur les autres phénomènes qu'ils présentent. Des jeunes chiens d'une même portée [2] ont été séparés de leur mère le douzième jour et ont été partagés en trois groupes : les uns furent nourris de lait, les autres de viande, les troisièmes d'une nourriture exclusivement végétale. Pendant toute la durée de l'expérience (soixante-dix-sept jours), ces jeunes animaux furent placés dans des conditions absolument analogues quant au local, à la lumière et à l'apport de l'air. Comme on le verra par les chiffres ci-dessous, on eut soin de choisir pour les soumettre à un régime végétal ceux de ces petits animaux qui étaient le mieux développés. Voici quels furent les résultats obtenus de cette façon [3] :

Régime	AVANT L'EXPÉRIENCE		APRÈS L'EXPÉRIENCE	
	Poids	Taille	Poids	Taille
Lacté	534,6	18,6	2214,6	35,6
Animal	540,9	17,8	2240,5	37,3
Végétal	638,1	20	985,3	25

La mort des petits chiens soumis au régime végétal fit cesser cette expérience. Ces derniers étaient au nombre de cinq. Un seul de ces animaux vécut pendant soixante-dix-sept jours. A l'approche de la mort, ces petits chiens présentaient les phénomènes suivants :

---

1. A. Dronzik. *Matériaux pouvant servir à l'étude des causes qui font varier la forme du crâne.* Saint-Pétersbourg, 1883.

2. M. Roudkoff. *De l'influence du genre de nourriture sur les dimensions et la forme de l'appareil de la digestion et sur la croissance du corps des animaux du même genre.* Saint-Pétersbourg, 1882.

3. Le poids est donné en grammes et la longueur en centimètres.

amaigrissement notable, gonflement œdémateux et faiblesse des pattes qui étaient plus ou moins contrefaites. Augmentation de volume du ventre; poil rare et hérissé, pelé dans certains endroits. Voix rauque et glapissante. Mous et apathiques, ces animaux aimaient à rester couchés dans l'isolement. Dès qu'on les touchait, ils se mettaient à hurler.

Bien que les petits chiens qui avaient été soumis à un régime lacté, avaient eu fréquemment la diarrhée, leur développement avait été normal. Agiles et adroits dans leurs mouvements, ils étaient gais, hardis et vigilants. Ils avaient bon appétit et dormaient peu. Leur voix était claire et sonore, leur pelage lisse et luisant. Pas de graisse dans le tissu cellulaire sous-cutané.

Les petits chiens qui avaient été nourris exclusivement de viande n'ont jamais eu de diarrhée. Une abondance de graisse, accumulée dans le tissu cellulaire sous-cutané, donnait à leur corps une forme arrondie. Leur pelage était lisse et luisant. Ils dormaient peu et se réveillaient facilement. Plus méchants que ceux qui avaient été soumis au régime lacté, ils étaient aussi vigilants, mais plus timides que ces derniers.

4° Des expériences[1] qui ont duré de cent trente à cent trente-huit jours ont été institués à l'effet de préciser l'influence des divers rayons du spectre solaire[2].

GRANDEUR MOYENNE DES PETITS CHIENS

	AVANT L'EXPÉRIENCE				APRÈS L'EXPÉRIENCE			
Rayons	Poids	Longueur	Circonférence	Hauteur	Poids	Longueur	Circonférence	Hauteur
Rouge..	378,3	16,0	10,6	8,0	10705,0	53,0	46,6	31,0
Orange..	365,0	15,5	10,8	8,5	10428,3	51,5	45,5	30,5
Vert...	348,3	15,3	10,0	8,6	10308,3	53,0	44,6	30,6
Blanc..	348,3	15,3	10,5	7,6	8173,3	47,6	41,6	27,6
Violet..	332,5	15,3	10,1	7,8	7745,0	46,1	20,8	27,4

On voit que l'action des rayons solaires est en rapport avec la place qu'ils occupent dans le spectre; ils agissent en proportion

---

1. E. Gorbatzévitch. *De l'influence des divers rayons du spectre sur le développement des mammifères.* » Saint-Pétersbourg, 1883.

2. Le poids est donné en grammes et les dimensions en centimètres.

directe de leur vivacité. Ajoutons que la manière d'être des petits chiens appartenant à ces divers groupes était tellement différente qu'on pouvait les distinguer les uns des autres, même dans l'obscurité.

Ceux qui avaient grandi sous l'influence de la lumière verte, se faisaient remarquer par leur humeur folâtre et leur mobilité. Leurs mouvements étaient aussi légers que gracieux. Ils avaient tellement besoin de se mouvoir qu'en prenant leur nourriture ils ne pouvaient rester en place comme les autres. Après avoir saisi un morceau de viande, ils se mettaient à courir et à gambader; ce n'est qu'après avoir fait plusieurs tours dans la chambre qu'ils venaient en chercher un second. S'il se faisait du tapage, pendant la nuit, dans le local que les petits chiens occupaient en commun, on pouvait être sûr que c'étaient les verts qui avaient commencé. Ils avaient beaucoup de peine à s'endormir : ils sautaient en l'air et se remettaient à jouer à la moindre occasion. Dans leurs amusements, ils passaient facilement d'un jeu à un autre. Ils n'étaient pas du tout rencuniers; quant aux caresses, ils les accueillaient avec transport et se mettaient à courir, à gambader et à faire toutes sortes de mouvements. Ils étaient les premiers à se réveiller le matin.

Les petits chiens orange aimaient aussi à jouer, mais il étaient lourds et posés. Ils tenaient beaucoup à leur repos : aussi s'attaquaient-ils avec violence à ceux qui les dérangeaient lorsqu'ils voulaient dormir. Si on se battait la nuit dans le local commun, c'était ordinairement un petit chien orange qui en punissait un autre pour l'avoir incommodé. Plus forts que les autres petits chiens, ils en faisaient souvent leur souffre-douleur. Enfermés dans leur chambre pendant le jour, ils se battaient souvent entre eux. Ils se distinguaient de plus par leur opiniâtreté et leur entêtement. Lorsqu'il était temps de manger ou d'être mis en liberté, ils se mettaient à hurler et à faire du vacarme. Impossible de les apaiser, tant qu'on ne leur avait pas donné ce qu'ils voulaient. Les petits chiens rouges ressemblaient aux petits chiens orange, mais ils étaient moins méchants et moins mobiles. Les petits chiens bleus et violets étaient toujours tranquilles, même indolents, surtout les bleus. Ces derniers, qui ne folâtraient jamais, ne se laissaient jamais entraîner au jeu par leurs petits camarades; si ces derniers les pressaient trop fort, ils se mettaient à l'écart. On ne les entendait même jamais aboyer, ce en quoi ils différaient des bleus.

Les petits chiens qui avaient grandi sous l'influence de la lumière blanche avaient des propriétés, pour ainsi dire, moyennes. Ils ressemblaient pourtant aux verts plutôt qu'aux bleus.

Les diverses causes que nous venons de voir, et qui influent plus ou moins sur le développement des jeunes animaux, sont en rapport direct avec la nutrition et les processus qui en dépendent. Elles influent aussi sur le tempérament et les diverses manifestations de ces derniers.

Les substances nutritives solides, liquides ou gazeuses sont portées avec le sang aux différentes parties du corps humain. Il se produit ici, dans l'intimité des tissus, un échange plus ou moins actif des matières et la composition chimique des substances nutritives est modifiée en conséquence. Cette modification s'accompagne d'un dégagement de chaleur[1]; or, celle-ci est l'excitant principal qui détermine l'activité vivante, pour ainsi dire, des tissus. C'est elle que se traduit en mouvement. Un tissu qui n'est pas animé d'une pareille activité ne saurait recevoir les impressions venues du dehors et qui agissent sur lui soit directement soit indirectement (par l'intermédiaire du système nerveux). C'est là ce qu'on appelle la sensibilité d'un tissu vivant. L'excitation vient du dehors, ou bien sous l'influence de la chaleur; elle est perçue par le centre conscient sous la forme d'une sensation, ou d'un sentiment.

---

1. On sait que l'équivalent mécanique de la chaleur est déterminé par la quantité de chaleur nécessaire pour que la température de 1 gramme d'eau s'élève de 0° à 1° centigrade. Cette quantité de chaleur égale une force vive nécessaire pour élever à la hauteur de 1 mètre un poids de 430 grammes. Barral (*V. Statistique chim. des animaux.* Paris, 1849) évalue de la façon suivante l'apport et la dépense de la chaleur qui se fait en vingt-quatre heures chez un adulte qui se trouve au repos. Apport : 2,706,076 calories. Dépense : par la sueur 690,801 = 23,83 0/0 ; en faisant élever la température de l'air inhalé 100,811 = 3,72 0/0 ; en faisant élever la température de la nourriture absorbée 52,492 = 1,94 0/0 ; par des déjections liquides ou solides 33,020 = 1,92 0/0 ; par la surface cutanée 1,819,052 = 67,22 0/0. Lorsqu'un organisme est en voie de travail actif une quantité un peu moins grande de chaleur est perdue que dans une machine à vapeur. Dans cette dernière, en effet, 1/8 tout au plus de calorique est transformé en travail mécanique ; dans un organisme, au contraire, 1/3 environ de calorique est utilisé de la sorte. Ajoutons qu'un gramme d'amidon donne par la fermentation une quantité d'alcool suffisante pour dégager en brûlant 4,080 calories.

Les échanges nutritifs peuvent se faire avec plus ou moins d'activité. Celle-ci dépend de la composition de la nourriture (quantité des substances azotées, de la graisse, des sels, de l'eau, de l'ozone, etc.), ou des degrés d'activité des éléments formateurs apportés par le sang (globules blancs). Elle se trouve, de plus, sous la dépendance d'excitants extérieurs et médiats (lumière, agents mécaniques et psychiques) ou d'excitants intérieurs ou immédiats (chaleur). Tous ces agents influent les uns après les autres dans un ordre variable et à un degré différent. C'est aux mêmes causes qu'est dû le tempérament d'un individu, c'est-à-dire la rapidité, la force et la durée qui se manifestent dans ses actes et dans ses sentiments.

La nutrition est encore sous la dépendance de la force et de la rapidité avec lesquelles le liquide nourricier est répandu dans le corps. Elle dépend donc de la structure des organes de la circulation (cœur et vaisseaux). Quand même la tension musculaire et l'élasticité du cœur et des vaisseaux serait normale, l'épaisseur des parois et le calibre de ces organes peuvent varier. Les anatomistes savent, par expérience, que ces variations sont considérables chez les différents individus; tantôt elles existent dans tout le système vasculaire, tantôt elles n'existent que dans une de ses parties. Leur localisation, dans certains organes, est la conséquence des phases de développement que nous avons examinées plus haut; elle peut être considérée comme normale dans certaines périodes de la vie de l'homme.

Le calibre des artères et l'épaisseur que présentent les parois de ces vaisseaux offrent déjà, chez les nouveau-nés, des différences très notables [1]. Celles-ci sont aussi considérables chez l'adulte que les formes extérieures de la physionomie, qui servent à distinguer les hommes les uns des autres. Les données qu'on obtient par la mensuration font voir des vaisseaux à grand calibre et des vaisseaux à calibre étroit. Quant aux parois de ces vaisseaux, elles sont tantôt minces

---

1. M. Nikiforoff (*Du rapport qui existe entre le calibre des vaisseaux, le volume des organes et le poids de diverses parties du corps.* Saint-Pétersbourg, 1883) a comparé chez quatre nouveau-nés, dont un du sexe féminin (à développement incomplet), la circonférence d'une même artère (la carotide primitive) et l'épaisseur de ses parois. Pour définir celle-ci, on prenait 1 centimètre carré de ladite paroi et on en estimait le poids. M. Niki-

et tantôt épaisses, circonstance qui influe nécessairement sur la rapidité et sur la force du courant sanguin. Or, ces dernières, qui tiennent la nutrition sous leur dépendance, ont, par là même, une action incontestable sur l'énergie des échanges qui se passent dans les tissus. C'est de cette énergie, enfin, que dépendent les sensations et les actes d'un individu quel qu'il soit. La structure et la forme du cœur et des vaisseaux ont une influence incontestable sur la force et la rapidité des désirs et des actes d'une personne; c'est des mêmes causes que dépend le développement des sensations de celle-ci, c'est-à-dire son tempérament. On voit que les particularités des divers tempéraments sont en rapport avec la structure suivantes des vaisseaux :

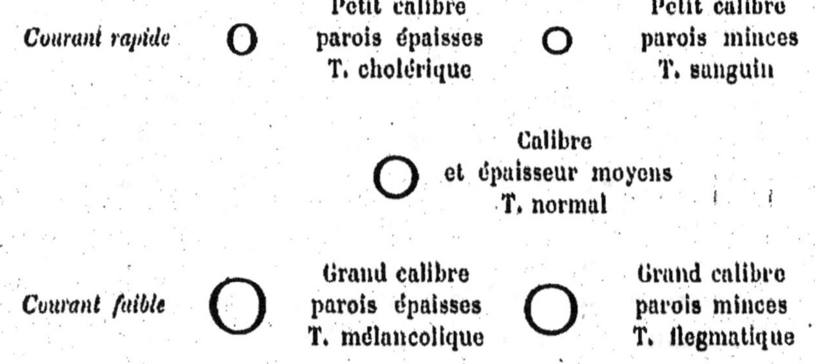

Étant donné une même force musculaire du cœur, une même élasticité des parois artérielles et une même résistance dans les vaisseaux périphériques, le courant sanguin sera d'autant plus rapide

foroff a évalué de plus, le rapport qui existait chez chaque enfant entre ce poids et la circonférence des vaisseaux. Voici les résultats qu'il a obtenus de cette façon :

SEXE DE L'ENFANT	Taille en centimètres	Poids en kilogrammes	Circonférence de l'artère en millimètres	Poids d'un centimètre carré de la paroi artérielle en grammes	Rapport de ce poids avec la circonférence artérielle
Féminin...	44	1,0	6	70	1100
Masculin...	50,5	3,2	8	52	680
Masculin...	53	3,3	7,5	54	720
Masculin...	54	3,5	7,5	55	733

que le calibre[1] des artères sera plus étroit; il sera, au contraire, d'autant plus lent que ce calibre sera plus large. Toutes choses égales, d'ailleurs, l'épaisseur des parois artérielles a une influence analogue : plus les parois musculaires et élastiques de ces vaisseaux sont épaisses, et plus grande sera la force avec laquelle le sang est lancé en avant. Plus, au contraire, elles sont minces, et moins cette force sera considérable. Un calibre moyen des artères et une épaisseur moyenne des parois de ces dernières doivent être considérées comme normales, si le développement des éléments musculaires et élastiques est normal, lui aussi. A moins que d'autres circonstances n'interviennent, une pareille disposition des organes de la circulation donnera lieu aux phénomènes normaux qui constituent le tempérament de ce nom.

On s'assure aisément de l'existence de ces divers types de vaisseaux en faisant, sur un grand nombre de cadavres, l'étude comparative des organes de la circulation. C'est en injectant les vaisseaux avec des substances qui deviennent solides qu'on obtient une vue nette sur la matière; on s'aperçoit, alors, qu'en dehors des types que nous venons de signaler, il existe un nombre infini de variations qui constituent des formes de passage, pour ainsi dire. Dans certains cas, les troncs artériels, leurs rameaux et leurs ramuscules sont de grand calibre, leurs parois étant tantôt épaisses, tantôt minces. Dans d'autres cas, le calibre des vaisseaux est au contraire étroit, les parois étant tantôt minces, tantôt épaisses. Nous avons examiné, entre autres, le cadavre d'une femme, dont le tempérament avait été cholérique à un degré très accentué. Elle avait été, nous disait son mari, prompte et énergique dans tous ses actes, et elle avait senti de même : les vaisseaux de cette femme se faisaient remarquer par l'épaisseur de leurs parois et la ténuité de leur calibre.

Les recherches de nos jours, celles de Bizot[2], Beneke[3], Nikiforoff[4] surtout, ont montré que pendant les diverses périodes du

---

1. Le calibre d'une artère est déterminé en faisant la section transversale du tube vasculaire.

2. « Recherches sur le cœur et le système artériel chez l'homme. » *Mémoires de la Société médicale d'observation.* T. I., Paris, 1837.

3. *Die anatomischen Grundlagen der Constitutionsanomalien des Menschen.* Marburg, 1878, et *Constitution und constitutionell. Kranksein des Menschen,* 1881.

4. Nikiforoff, *l. c.*

développement de l'homme les dimensions du cœur, prises par rapport à celles du système vasculaire, sont excessivement variables. C'est dans le bas âge que le calibre artériel est surtout considérable par rapport à la longueur du corps et au volume du cœur. Il s'en suit que chez l'enfant la pression que le sang exerce sur les parois artérielles est relativement faible, la masse du sang étant, au contraire, plus grande que chez l'adulte. Le volume des carotides primitives et des sous-clavières, pris par rapport aux autres artères, est surtout considérable pendant cette période. Or, on sait que ce sont les branches de ces vaisseaux qui viennent se propager dans le cerveau. Cet organe reçoit donc chez l'enfant une quantité abondante de liquide nourricier, circonstance qui favorise son développement rapide. Le cerveau double, en effet, de volume pendant la première année qui suit la naissance. Au moment de la puberté, le calibre des artères devient au contraire étroit, tandis que le cœur augmente beaucoup de volume. Comme conséquence forcée, nous voyons apparaître une pression plus forte sur les parois des artères et des capillaires, ce qui contribue d'après Beneke au développement de l'appareil génital et des glandes cutanées. Nous voyons alors apparaître, peu à peu, tous les phénomènes qui accompagnent le développement de la puberté, croissance des poils, etc. Dans l'âge mûr, le calibre des artères devient de nouveau plus large, et la pression latérale moins forte. Cette dernière circonstance amène peu à peu l'obstruction de beaucoup de capilaires, ce qui a pour résultat des altérations séniles. Le rapport qui existe entre l'aorte ascendante et les artères pulmonaires diffère dans les diverses périodes de la vie humaine : dans l'âge mûr, comme dans l'âge sénile, la circonférence de l'aorte ascendante est généralement un peu plus grande, que celle de l'artère pulmonaire. Le rapport inverse s'observe avant la puberté ; pendant la période de la puberté, les circonférences de ces deux vaisseaux sont à peu près égales.

Beneke a montré que les anomalies qu'on trouve dans les dimensions des vaisseaux sont souvent la cause prédisposante de certaines maladies. Elles peuvent aussi être la cause d'une terminaison léthale. Dans les maladies fébriles aiguës, par exemple, un calibre trop étroit des artères amène parfois une mort rapide. Plus les artères sont étroites, en effet, et plus la tension musculaire du cœur devra être forte. De plus, la quantité de chaleur rayonnante qui se dégage du corps est peu considérable en pareil cas; la température du malade s'élève alors à ses limites les plus extrêmes, et la mort peut survenir par suite de la paralysie du cœur. De pareils malades meurent souvent de phtisie aiguë (Bizot, Beneke). Lorsque le calibre des artères est élargi, au contraire, nous voyons apparaître les dégénérescences graisseuses, le cancer, etc. Les modifications qui se produisent dans le tempérament d'un individu sont toujours en rapport avec celles qui se produisent dans son système vasculaire : aussi voit-on le tempérament se modifier pendant les diverses périodes de développement que nous venons de voir pour se fixer enfin d'une façon définitive. Nous pouvons dire, sans faute, que le tempérament constitue une particularité des plus immuables dans l'homme. Celui-ci sera donc l'esclave de son tempérament, s'il n'a pas appris de bonne heure à diriger son activité et à soumettre ses sensations aux lois de sa volonté. Le sang qui circule dans les vaisseaux rend possible l'activité vitale des parties dans lesquelles il se répand; c'est là un des agents les plus indispensables de cette activité. La force et la rapidité avec lesquelles cette dernière se manifeste sont sous la dépendance directe de la force et de la rapidité du courant sanguin. L'activité vitale des tissus est excitée par le calorique qui se dégage en vertu des réactions chimiques qui se passent dans le liquide nourricier. Il est incontestable que l'énergie vitale des tissus est sous la dépendance directe de la forme et de la structure de l'appareil de la circulation, ainsi que de la composition du sang. Ces mêmes causes contribuent à former le tempérament tel qu'il est. Faute de connaître exactement les fonctions de l'appareil circulatoire (chose qu'on apprend dans l'anatomie et dans la physiologie), on ne saurait se faire une idée exacte de tout ce qui concerne le tempérament; on ne saurait surtout en saisir la portée dans son ensemble.

Lorsqu'une partie du corps est mise en action, elle peut donner lieu à une sensation ou à un sentiment qui pénètre jusque dans le centre conscient. Cette sensation se trouve quelquefois dans un rapport étroit avec la partie dont elle émane; d'autres fois, elle apparaît sous une forme tellement vague qu'elle semble n'avoir aucun rapport avec les fonctions de l'organisme. Les sensations s'accompagnent d'un sentiment de bien-être ou de souffrance, selon qu'il y a concordance ou non entre l'apport et la dépense de matière.

Ainsi que nous l'avons dit plus haut, le plaisir comme la souffrance peuvent être négatifs ou positifs.

Le plaisir est positif lorsque la dépense des matières nutritives ne dépasse pas la quantité de celles qui ont été accumulées au préalable. Il correspond à la satisfaction qu'un individu éprouve lorsque le travail qu'il a entrepris ne dépasse pas la limite de ses forces.

Le plaisir négatif est constitué par une nuance de sensation qui diffère de celle que nous venons de voir. Il correspond au moment où l'organisme est en voie de restauration, après un travail pendant lequel il s'est surmené. C'est là la sensation qu'on éprouve pendant le repos.

La souffrance positive s'observe lorsque la dépense des matières nutritives est au-dessus de la quantité de ces matières, qui a été accumulée précédemment. Elle s'exprime par la fatigue, l'épuisement, et même l'exténuation des forces.

La souffrance négative est déterminée par une accumulation de matières nutritives qui dépasse la dépense de ces matières. Elle amène à sa suite un grand besoin d'activité et le désir de se mettre au travail.

Les sensations qui sont dues à des excitations psychiques sont également sous la dépendance des fonctions du cœur et des vaisseaux. Nous voulons parler de la rougeur ou de la pâleur subite du visage, des syncopes, des palpitations du cœur, de tous les phénomènes qui sont la conséquence d'une émotion morale. Ces dernières, diffèrent dans leurs manifestations, selon le tempérament individuel de celui qui les éprouve.

Jusqu'à ce que la première dentition soit terminée (fin de la deuxième année), toutes les manifestations qui s'observent chez les enfants sont faibles. Elles sont, en même temps, tantôt lentes, tantôt promptes à se produire. Un enfant de cet âge ne sera que sanguin ou flegmatique si on se borne à satisfaire les besoins de ses organes de la vie végétative, et si on ne l'habitue pas à des excitations supplémentaires et inutiles. Il est très rare qu'un enfant ait déjà le tempérament cholérique (actes plus énergiques à rapidité égale) au moment où il vient au monde, où vers l'époque où commence la première dentition (septième mois). Ce qui est encore plus rare, c'est qu'un enfant soit capable de montrer de la persévérance, jointe à l'énergie, dans la première année de sa vie. On rencontre, d'une façon exceptionnelle, des enfants dont les actes sont lents et qui peuvent témoigner du mécontentement, de la tristesse même, pendant un laps de temps considérable. On ne voit jamais ces enfants rire et s'amuser, comme il convient à leur âge. C'est à peine si on voit apparaître, de temps en temps, un sourire qui semble être l'indice d'une souffrance morale. Il est facile de voir que les particularités du tempérament que nous venons de signaler sont en rapport avec la structure des vaisseaux. On observe, le plus souvent, chez les nouveau-nés des vaisseaux à calibre étroit et à parois relativement minces; plus rarement, des vaisseaux à calibre large et à parois épaisses. Nous n'avons vu ici que rarement des vaisseaux à parois épaisses et à calibre étroit; quant aux vaisseaux à parois épaisses et à calibre étroit, ils sont, on peut le dire, tout à fait exceptionnel chez le nouveau-né.

C'est au moment de la deuxième dentition (7 ans) que le tempérament se précise de plus en plus et présente des formes plus variées. Vers la puberté (de 15 à 16 ans), il prend une forme plus nette et s'établit enfin. La force, la rapidité et la persévérance qui se manifestent dans les actes d'un individu sont certainement sous la dépendance de sa volonté, de son développement intellectuel et de sa culture. Nous pouvons en dire absolument autant de toutes les manifestations de l'être humain, ainsi que du degré auquel se produisent les sensations et les émotions de l'âme; néanmoins, plus les excitations qu'on reçoit sont fortes et inattendues et plus nettement le tempérament se montre sous son vrai jour. Afin d'empêcher, au besoin, ce dernier de se manifester, il importe de savoir imposer à ses sensations, comme à ses actes, un temps d'arrêt, de façon à ce qu'un laps de temps assez considérable se passe entre les divers actes qu'on accomplit. Ce n'est qu'ainsi qu'on arrivera à diriger, par la volonté, ses sensations et ses actes. Ce résultat est difficile à obtenir; il ne saurait être atteint à moins que le caractère de l'individu ne se soit formé déjà.

Les actes qu'on observe chez les vieillards sont lents et faibles. Généralement flégmatique ou mélancolique, le tempérament des vieillards n'est pas souvent cholérique. Il est encore plus rarement sanguin.

Comme on l'a vu plus haut, les vaisseaux s'élargissent peu à peu, à mesure qu'on avance en âge et perdent en même temps de leur élasticité. La tension du sang diminue en proportion. Cette circonstance fait qu'on voit apparaître les divers phénomènes de l'âge sénile, la caducité et l'amaigrissement. Les modifications du système vasculaire que nous venons de décrire correspondent aux particularités que présentent les vieillards. Nous voulons parler de la lenteur et de la faiblesse qui caractérise leurs actions.

Les affections du système sympathique, ainsi que celles du cœur et de l'appareil de la circulation qui se trouve sous la dépendance de celui-ci, amènent toujours à leur suite une modification dans le tempérament. Atteints d'une angoisse mortelle, de tels malades sont tristes sans savoir pourquoi, ils versent souvent des larmes. La pensée de la mort, qui les poursuit sans cesse, les rend peu à peu incapables de se livrer au travail. Devenus absolument inactifs, ils passent leur vie à songer à leurs tourments, dont ils ne causent pas volontiers. Bientôt ils se concentrent sur leurs souffrances et évitent la société des hommes. Ce passage au tempérament mélancolique s'observe quelquefois d'une façon très visible, à mesure que l'affection, dont nous venons de parler, progresse, elle aussi.

De même que le liquide qu'il contient, l'appareil de la circulation a donc une importance capitale au point de vue du tempérament. Ce sont là les causes qui influent sur la force, la rapidité et la persistance qui caractérisent les actes et les sensations des divers individus d'une façon très différente. Ce sont les mêmes causes qui influent sur le développement des sensations et des émotions de l'âme. Comme dans tous les autres organes, la forme des organes de la circulation détermine leur fonction ; voilà pourquoi il importe d'étudier les diverses variétés de forme que présentent ces organes. Faute de connaître ces variétés on ne saurait se faire une idée nette de la forme que doivent avoir ces organes chez un individu à tempérament normal.

Le tempérament est, de plus, sous la dépendance du système vaso-moteur (grand sympathique) qui présente, lui aussi, des différences individuelles très notables. Ces différences portent sur le volume des troncs nerveux et sur le développement des plexus et des ganglions. Tantôt les tronc nerveux sont volumineux, les plexus et les renflements sont nombreux. Tantôt, au contraire, le système du grand sympathique est peu développé, les plexus sont minces et les renflements peu nombreux. Lorsqu'un anatomiste voudra étudier le grand sympathique ou en faire la démonstration, il ne prendra pas un cadavre maigre, décharné et à parois musculaires tendues et élastiques. Pour peu qu'il ait de l'expérience, il saura à l'avance qu'il ne trouvera pas ici un développement considérable de plexus ou de ganglions. De grands yeux proéminents, des lèvres épaisses et charnues, une abondance de tissu graisseux et des organes de la vie végétative bien développés, tels sont les signes extérieurs qui indiquent un développement considérable du système vaso-moteur. De même, que, dans la structure du système vasculaire, nous trouvons dans la disposition des plexus et des ganglions du grand sympathique des différences très caractéristiques. Celles-ci correspondent à des différences dans la force et la rapidité avec lesquelles les diverses impressions sont transmises par ces conducteurs nerveux.

Le degré de développement du système vaso-moteur influe sur les nuances des sensations produites par la circulation du sang. Il influe surtout sur la nutrition et sur les échanges qui se font dans les tissus, ainsi que sur les nuances des sensations de plaisir ou de souffrance positifs ou négatifs, qui accompagnent ces phénomènes. Ces nuances des sensations se présentent d'une façon différente chez les individus appartenant aux divers tempéraments, admis plus haut. Elles ont plus de profondeur et de force dans les tempéraments mélancolique et cholérique; elles apparaissent avec plus de rapidité et disparaissent plus facilement dans les tempéraments sanguin et flegmatique. Les désirs et les volitions de l'homme sont sous la dépendance de ces nuances de sensations que la volonté seule peut diriger, en leur posant des entraves. Ajoutons que ces nuances, qui se relient aux divers tempéraments, ne dépendent pas uniquement du système vasculaire, mais encore de l'organe central de ce système, nous voulons dire le cœur. C'est de l'activité cardiaque, en effet, que dépendent celles qui font « qu'on se sent vivre ». Un individu chez lequel l'activité cardiaque est augmentée d'intensité sera toujours plein d'énergie et de vivacité. Quel que soit son genre d'occupation, il en sera satisfait. Un homme, au contraire, dont l'activité cardiaque est abaissée, est mécontent de la vie; afin de chasser l'ennui qui le ronge, il n'a d'autre préoccupation que de rechercher des impressions toujours nouvelles. Crainte de tomber dans un état d'apathie, il change, à chaque instant, le genre de son activité.

En dehors des causes que nous venons de signaler, le développement du tempérament est influencé par d'autres forces qui existent dans l'organisme et qui sont soumises à la volonté. Faute de connaître la forme et les fonctions des autres organes et des autres systèmes du corps humain, ainsi que les rapports qui existent entre eux, on ne saurait avoir une idée exacte des lois de ce développement. Il importe, surtout, de se rendre bien compte de l'importance des différentes forces musculaires et élastiques (forces physiques), ainsi que des forces intellectuelles et psychiques. Lorsque nous examinerons plus loin le rapport qui existe entre le type et le caractère de l'homme, nous aurons à revenir sur le rapport qui existe entre ces diverses forces. Le tempérament correspond à la vie inconsciente (vie végétative de Bichat) de l'homme; il peut être opposé à la vie consciente ou animale. On trouve de plus chez l'homme la vie subjective, qui est sous la dépendance de la forme, ou des fonctions du cerveau et du système nerveux périphérique.

Dans son traité si remarquable sur l'éducation, Locke[1] a montré la nécessité de tenir compte du tempérament de l'enfant. Voici dans quels termes il s'exprime : « Observez de bonne heure le tempéra- « ment de votre fils. Choisissez de préférence le moment où il est

---

1. John Locke. *De l'éducation des enfants.* Traduit du français en langue russe par le professeur de l'université de Moscou N. Popovski, 1788, p. 294-295.

« abandonné à lui-même, lorsqu'il joue par exemple et lorsqu'il
« pense que personne ne fait attention à lui. Sachez remarquer
« quels sont ses principaux penchants et ses principales passions,
« rendez-vous compte s'il est rude ou doux, brave ou poltron, cruel
« ou compatissant, franc ou réservé, etc. Les exigences que vous
« lui poserez, la méthode que vous employerez pour son éducation
« devront être en rapport avec les dispositions que vous observerez
« en lui. Ce n'est qu'ainsi que vous pouvez espérer avoir de l'in-
« fluence sur son esprit. Si vous avez recours à des règles déter-
« minées à l'avance, à la contrainte, par exemple, vous serez sans
« action sur ses facultés naturelles. Vous n'aurez aucune prise sur
« les prédispositions qui dominent chez lui ; c'est en présence de la
« timidité et de la retenue, qui ne sont qu'une variété du manque
« d'énergie, au point de vue moral, et qui sont sous la dépendance
« de la lâcheté, que vous vous trouverez surtout impuissant en
« pareil cas. Vous devez avoir recours à des moyens artificiels pour
« corriger ces défauts et pour le conduire, par là même, au bien.
« Rappelons-nous bien, cependant, que, malgré toutes les mesures
« que nous aurons prises, les pensées de l'enfant seront toujours
« dirigées du côté qui correspond le mieux à sa nature. Si en obser-
« vant les premiers actes de la vie d'un enfant on a su apprécier
« d'une façon exacte son caractère, on saura toujours deviner dans
« la suite la direction que pourront prendre ses pensées et ses
« désirs. On pourra le faire même plus tard lorsqu'il aura atteint
« l'âge mûr et lorsque, désireux de les dissimuler, il saura avoir
« recours à cet effet aux artifices les plus ingénieux et les plus
« variés. »

Il y a deux siècles déjà (en 1693), *Locke* a donc fait voir la nécessité pour le pédagogue de tenir compte du tempérament de son élève.
Il a montré que les qualités individuelles de celui-ci sont si bien en
rapport avec son organisation qu'il est absurde d'appliquer dans chaque
cas particulier des règles arrêtées à l'avance. Pour peu qu'on ait
étudié attentivement l'organisme de l'enfant, on s'apercevra forcément du lien qui existe entre la structure de ses organes et leurs
fonctions. On n'exigera alors de lui que ce qui est en rapport avec
cette organisation. On ne lui demandera donc pas l'impossible. On

ne saurait demander à un enfant de tempérament sanguin, par exemple, d'agir avec lenteur et d'avoir de la persévérance. Ce n'est qu'en faisant de grands efforts sur lui-même qu'il peut y arriver, — dans une certaine mesure au moins. Un enfant d'un tempérament flegmatique, au contraire, n'agira jamais avec promptitude; quant à un enfant de tempérament mélancolique, il ne se laissera jamais aller à une gaieté folâtre.

Kant a fait remarquer avec raison qu'un homme de tempérament sanguin sera toujours un compagnon très agréable. Gai de sa nature et se liant facilement d'amitié, un pareil individu saura toujours s'adapter à son milieu. Les personnes de tempérament cholérique, au contraire, sont rarement « heureuses ». Brusques et énergiques dans leurs actes, qui se suivent avec une grande rapidité, ils sont réputés désagréables. Lorsqu'on se trouve en présence d'un homme de tempérament flegmatique, on est surtout frappé par la façon faible dont son organisme réagit sur les excitants extérieurs. C'est ce qui fait dire de lui qu'il a l'air d'un philosophe.

Il est de fait qu'un homme dont l'activité ne se manifeste que faiblement a moins de peine qu'un autre à contenter son milieu. Il excite aussi plus facilement l'intérêt de ceux qui l'entourent. Un homme, au contraire, dont les actes et les paroles sont énergiques, mécontente beaucoup de monde. Il passe pour « incommode » et « difficile à vivre ». On s'en écarte volontiers.

L'influence de l'éducation sur le tempérament s'expliquera lorsque nous examinerons le développement du type et du caractère chez l'homme, et lorsque nous analyserons les rapports qu'ont ces derniers avec le tempérament.

II

DU TYPE

Nous avons vu qu'on confond, généralement, dans le *Traité d'an-thropologie et de pédagogie* le tempérament avec le caractère : c'est ainsi qu'on réunit très souvent, sous le nom de caractère, ce qui a trait aux manifestations les plus diverses de l'âme humaine. On observera mieux l'enfant, et on s'expliquera plus exactement ce qui se passe en lui lorsqu'on saura faire les distinctions entre le tempérament et entre le caractère. Il importe également de savoir préciser le type auquel appartient un enfant. Le type, lui aussi, est confondu tantôt avec le tempérament, et tantôt avec le caractère. Certains auteurs qui ont écrit sur le tempérament [1], par exemple, confondent ce dernier avec le type, chose qui compromet l'exactitude de leurs observations et de leurs recherches. *Le type d'un enfant est déterminé par le degré auquel ses rapports avec le milieu qui l'entoure sont conscients, ainsi que par son développement moral ou, en d'autres termes, par ses rapports avec le vrai.* Les côtés qui doivent appeler ici l'attention sont donc la véracité de l'enfant et le degré auquel il a conscience de lui-même.

C'est l'éducation seule qui peut faire d'un homme un être conscient. Il faut, à cet effet, que le milieu qui l'entoure le soumette à des excitations qui vont en progressant d'une façon graduelle et successive. Pour peu que ces excitations et les représentations que celles-ci déterminent aient fait défaut, l'activité consciente ne se développera jamais ; l'enfant restera faible d'esprit. Quant à la véracité d'un enfant, elle s'exprime par l'accord parfait qui existe entre ses actes et ses paroles.

Étant données les différences que présente dans ses manifestations l'activité consciente d'un enfant, nous pouvons admettre dans cette activité trois degrés. Ce sont : 1° *l'acte réflexe rationnel.* Cet

---

1. B. Hellwig. *Die vier Temperamente bei Kindern.* Paderborn, 1884.

acte ne repose pas sur des mobiles appartenant à l'ordre moral. 2° *l'acte raisonné imitatif*. Cet acte repose sur des mobiles empruntés à l'ordre moral, mais qui ont été adoptés par leurs côtés extérieurs seulement. 3° *l'acte raisonnable et indépendant*. Cet acte est basé sur des principes de morale dont on a pénétré le sens intime, et qu'on s'est complètement appropriés.

Ces degrés de l'activité consciente peuvent se présenter sous deux formes : dans l'une, les manifestations actives sont exagérées ; dans l'autre, elles sont abaissées, inertes, au contraire. Voilà pourquoi nous pourrions grouper nos types de la façon suivante :

I. Types dont les manifestations actives sont exagérées : 1° *Type hypocrite*. Actes réflexes rationnels, à activité exagérée. Absence de manifestations morales. 2° *Type ambitieux*. Actes raisonnés imitatifs. Sentiment de supériorité, qui agit sur l'activité en l'exagérant. Principes de morale, adoptés par leur côté extérieur seulement. 3° *Type débonnaire*. Actes raisonnables joints à l'indépendance d'esprit. Activité intellectuelle qui prédomine. Principes de morale qui reposent sur une base solide.

II. Types dont les manifestations actives sont abaissées, inertes. 4° *Type hébété-mou*. Actes réflexes-rationnels inertes, absence de principes de morale. 5° *Type hébété-méchant*. Actes imitatifs-raisonnés. État de dépression dû à des traitements injustes et à la persécution. Principes de morale adoptés par leur côté extérieur seulement. 6° *Type déprimé*. Actes raisonnables et indépendants. Prédominance de l'activité physique. Principes de morale bien établis.

L'enfant *hypocrite* imite ce qu'il voit ; uniquement dirigé par son intérêt personnel, il cherche le moyen le plus facile pour atteindre son but. Il évite tout travail pénible qui se rattache à des efforts persévérants. Il faut qu'une chose l'ait impressionné vivement pour qu'il se l'assimile avec facilité ; ajoutons qu'il imite surtout volontiers les côtés extérieurs des personnes qui l'entourent. Les individus qui appartiennent à ce type agissent par conséquent d'une façon immédiate et par imitation. On ne trouve chez eux que des actes imitatifs-concrets. Leur mode d'action est toujours pratique et expérimental ; ils cherchent à tourner les obstacles qu'ils trouvent sur leur chemin et se servent de ruse au besoin. Ils ont recours à la flatterie également, s'il le faut. Les échecs les laissent assez froids. Leur façon de comprendre la vérité est toute extérieure, car ils se sont bornés à apprendre par cœur des préceptes et des sentences de morale.

Les individus qui appartiennent au type *ambitieux* frappent par l'aptitude qu'ils ont d'apprendre toute chose de mémoire ; ils retiennent ainsi, non seulement les impressions qu'ils reçoivent d'une façon immédiate (concrète), mais encore les idées et les formules et même les doctrines philosophiques les plus compliquées. C'est là, à peu près, le seul travail intellectuel dont ils soient capables. Ils apprennent par cœur des sentences de morale qui restent sans influence sur leurs actes, ces derniers n'étant guidés que par les sensations très intenses qu'ils éprouvent. Très développé chez eux, le sentiment de leur supériorité paraît être le principal agent d'excitation qui agisse sur eux. C'est là le seul mobile qui dirige les actes de l'enfant ambitieux et qui lui donne sa fierté, son assurance et sa hauteur. Enflé d'orgueil, désireux de primer en toute chose, il cherche à dominer ceux qui l'entourent. Les jeunes gens appartenant à ce type n'aiment pas les occupations sérieuses qui n'attirent pas l'attention et ne mènent pas aux honneurs. Ils évitent même ces occupations tant qu'ils peuvent. Leur activité a besoin d'une excitation artificielle (supplémentaire) pour être mise en jeu ; c'est l'espoir du succès qui joue ici le rôle d'un excitant.

Le *type débonnaire* possède surtout la faculté de l'analyse. Un enfant a été accoutumé à raisonner sur chaque phénomène nouveau qui se présente. A mesure qu'il s'est développé, il s'est donc habitué à penser plus souvent, d'une façon abstraite. Comme ses connaissances sont restreintes, ses facultés imaginatives se développent aux dépens des autres. Son activité intellectuelle se concentre sur l'examen de la personnalité humaine ; après avoir analysé les manifestations de son être il examine leur rapport avec ses propres actes et avec ce qui l'entoure. Il fait tout ce qu'il peut pour tirer ce rapport au clair. En vertu de cette circonstance, les personnes qui appartiennent à ce type sont excessivement indépendantes dans leur activité et restent toujours dans le vrai. Pour que cette activité se maintienne au même degré il faut que l'intérêt du travail intellectuel existe que l'enfant puisse raisonner ou qu'il ait le sentiment d'une obligation qui pèse sur lui. Le principal défaut de ce type, c'est le manque de concordance qui existe chez eux entre le travail intellectuel et le travail physique. Le premier l'emporte sur le dernier. Il s'ensuit que l'excitation des organes actifs au point de vue physique (muscles) et le stimulant qui en résulterait font défaut. Comme conséquence, nous voyons apparaître un certain degré d'apathie qui est considérée, en général, comme de la paresse. Ce phénomène peut être dû en partie à une activité trop uniforme, qui se manifeste surtout par une tendance aux raisonnements philosophiques. Elle peut dépendre aussi d'un défaut d'habitude à s'occuper de travail physique et à se servir des procédés manuels nécessaires. Loin de le forcer à se mettre à sa besogne, toute contrainte extérieure, toute injustice, tout acte arbitraire, qu'on se permet envers l'enfant débonnaire, agissent en sens inverse. Il devient de plus en plus apathique et apporte la plus parfaite indifférence au travail qu'on lui impose. L'amour de son prochain, l'habitude de prendre la défense des faibles, une manière simple et vraie dans ses rapports avec ceux qui l'entourent, tels sont les attributs auxquels on reconnaît toujours une personne qui appartient à ce type.

Les conditions dans lesquelles s'est trouvé l'enfant *hébété-mou* n'ont pas pu contribuer à son développement, en l'excitant d'une façon graduelle et successive. Voilà pourquoi, lorsque ce type est poussé à l'extrême, il apparaît sous la forme d'un enfant faible d'esprit. Au point de vue moral, il ne possède que des qualités négatives. Il fait ce qu'on lui a dit de faire et comme on le lui a enseigné ; il n'a ni esprit d'observation ni connaissances. Il manque aussi de notions sur la morale. C'est un mannequin qui ne peut même pas bien imiter ce qu'il entend et ce qu'il voit. Pour peu qu'on cesse de le diriger et de lui montrer ce qu'il doit faire, il perd la tête et il se trouve dans l'impossibilité d'agir. L'entêtement dont il fait preuve quelquefois a plutôt l'air d'un état passif (inerte), dont il n'ose pas sortir. Les enfants de ce type prêtent moins au développement que les autres ; à mesure qu'ils avancent en âge leur esprit devient pratique. Ils se font en même temps égoïstes, étroits et calculateurs ; leur indifférence envers ceux qui les entourent peut aller jusqu'au manque de cœur le plus absolu.

Toujours aigri, le type *hébété-méchant* se distingue par un esprit soupçonneux, par de l'amour-propre et par des phénomènes réflexes, souvent très accusés. L'activité consciente est concentrée ici sur une même préoccupation, — celle de la défense personnelle. Les mesures prises contre lui dans son enfance, et qui offensaient en lui la personne humaine, ont habitué l'enfant hébété-méchant à de fortes impressions : aussi éprouve-t-il le besoin de fortes excitations. C'est pourquoi, il recherche constamment des impressions toujours nouvelles. Ce n'est qu'à force d'excitations qu'il peut sortir de l'état d'apathie où les mesures de coercition l'ont plongé. Sa véracité est toute relative : il ne se gênera pas en effet pour agir contrairement à l'idée du vrai, par rapport à une personne qui lui est antipathique ou contre laquelle il n'a même que des soupçons. Tel peut être le cas d'un inconnu, quel qu'il soit. Le développement de la mémoire prédomine dans ce type sur celui du raisonnement ; quant à ce dernier, il est entravé par l'influence d'une sensation absorbante — celle de l'indignation. En règle générale, les individus hébétés-méchants n'ont pas assez l'habitude de la pensée abstraite ; ce qui les caractérise surtout, c'est l'esprit d'observation et l'expérience. Notons que les mesures qui ont été prises contre eux peuvent avoir limité chez eux ces dernières facultés.

Par la force même des choses, le travail physique a eu la préséance chez les enfants du type *déprimé* sur le travail intellectuel. Les personnes qui appartiennent à ce type sont peu portées à la pensée abstraite et aux raisonnements philosophiques. Ces particularités, les dernières surtout, les distinguent du type débonnaire. Les individus du type déprimé sont si bien habitués au travail et aux privations, qu'ils tiennent peu compte de leurs efforts ; c'est aussi pourquoi ils ont une grande modestie, de la patience et de la tolérance envers les autres. Ils sont vrais, simples et sincères dans leurs manifestations.

Le type *normal*, qui n'existe qu'à l'état d'idéal, doit présenter une harmonie complète entre le développement physique et celui de l'intelligence. Tout en conservant pleine et entière son impressionnabilité, l'enfant normal doit s'habituer à raisonner sur les impressions qu'il reçoit. Il doit s'habituer à se procurer lui-même ce dont il a besoin et il doit prendre part, autant que possible, à l'activité du milieu dans lequel il grandit. C'est ainsi que des excitations graduelles et successives contribueront au développement progressif de ses facultés intellectuelles et physiques. Lorsqu'il se trouve à l'état de veille, il doit être constamment occupé d'une façon active ; excessivement attentif envers les besoins et les désirs de ceux qui l'entourent, il ne doit pas faire passer ses propres désirs avant ceux d'autrui, ceux de ses camarades surtout. Il doit naturellement diriger ses facultés intellectuelles de façon à saisir le lien logique qui existe entre les connaissances qu'il a acquises. Il doit, de plus, développer en soi la faculté de l'analyse et celle de la pensée abstraite. Son développement physique devra marcher de pair avec celui de son intelligence ; en s'assimilant les procédés élémentaires des travaux les plus simples qui peuvent se rencontrer tous les jours, il s'assimilera des notions exactes sur la corrélation dans l'espace. Il apprendra par la même occasion à répartir dans l'espace du temps les impressions qu'il reçoit et les actes qui en découlent. Toutes ses manifestations doivent prouver qu'il existe une corrélation absolue entre les impressions et les représentations qu'il reçoit d'une part, et ses réflexions et ses actes d'autre part. Dans ses rapports avec ceux qui l'entourent, il doit se montrer simple, vrai et sincère. Lorsqu'il donnera des preuves de son affection, ce sera, en tenant compte des besoins et des exigences de la personne en question, qu'il entourera de soins attentifs. Il ne réagit pas immédiatement sous l'influence des excitations qui lui viennent du dehors ou des sensations qu'il éprouve ; ces excitations, au contraire, se transforment d'abord en un travail raisonnable et conscient. Il ne se permet jamais d'avoir recours à des mesures de violence ou à des prétentions qui n'ont aucun fondement ; toutes les fois qu'il adresse une invocation, ou qu'il exprime une exigence, il le fait sans joindre des actes à ses paroles. Il s'exprime dans des termes concis et avec simplicité, tout en se basant sur des arguments sérieux. En lui adressant une parole sensée, on est toujours sûr d'atteindre son but avec lui. Il ne se laisse jamais aller à donner des signes extérieurs de son affection et il n'a pas recours aux formes de politesse et aux usages de convention ; il n'est pourtant jamais brusque dans ses manifestations. Son esprit simple et vrai ne saurait admettre un extérieur mensonger ; un air boursouflé et artificiel lui répugne également. Il doit être aussi simple qu'élégant dans tous ses actes comme dans toutes ses manifestations. Ses pensées et ses actions doivent montrer qu'il a, aussi complètement que possible, la compréhension du beau. Le type normal doit réunir, en lui, toutes les bonnes qualités du type débonnaire et du type déprimé. En d'autres termes, le type normal doit réunir tous les attributs qui indiquent une organisation absolument harmonique et comme conséquence — une concordance parfaite des fonctions physiques, intellectuelles et morales. L'activité intellectuelle d'un pareil individu devra s'exprimer principalement par des images et des notions abstraites. Il aura acquis ainsi l'habitude d'agir avec indépendance, lorsqu'il se trouvera en présence d'un phénomène nouveau ou d'un acte inusité. Les manifestations morales de son être devront être dirigées par un idéal, qu'il se sera créé à force de réfléchir. Ce sont là les conditions dans lesquelles un homme devrait être placé, s'il veut pouvoir manifester son *moi*, d'une façon indépendante. Ses actes graviteront autour d'un centre qui se trouvera en dedans de lui-même ; voilà pourquoi il ne sera que fort peu sous la dépendance du milieu qui l'entoure.

Nous avons vu que le tempérament est déterminé principalement par la structure et les fonctions du système vasculaire et des phénomènes de nutrition en général. Quant aux manifestations des divers types, elles peuvent être rattachées au développement du cerveau et du système nerveux. Elles dépendent de ce qu'on appelle en général le développement intellectuel et moral d'un individu. Le type d'un enfant présente la conséquence forcée et immédiate des circonstances dans lesquelles il a vécu et dans lesquelles il a été élevé. Ce type se manifeste avec plus ou moins de force et de rapidité, selon le tempérament de la personne. Nous ferons voir plus loin l'influence que la formation du caractère peut exercer sur ces manifestations du tempérament. Il y a lieu de se demander quelles sont les données qui font voir nettement le rapport qui existe entre le type et le développement intellectuel et moral d'un enfant. Tâchons d'examiner ces données aussi complètement que possible.

Les centres qui correspondent à l'activité consciente et intellectuelle de l'homme, siègent sur la portion convexe des hémisphères cérébraux ; c'est du moins ce que les recherches faites de nos jours nous permettent d'affirmer. La place que ces centres occupent sur la convexité des hémisphères varie selon qu'un centre correspond à l'action de recevoir consciente (centre psycho-sensitif ou sensitif-conscient), ou bien à l'activité consciente (centre moteur conscient ou psycho-moteur).

La raison, le jugement et la mémoire n'ont pas des organes spéciaux ; ces facultés semblent être en rapport avec l'activité des éléments qui sont disposés sur toute la surface des grands hémisphères du cerveau. Leur activité dépend du lien que ces éléments ont entre eux, ainsi que de celui qu'ils ont avec les centres pairs qui leur correspondent et avec les ganglions des actes réflexes (Munk[1], Meynert[2]). Il suffit que quelques grammes seulement de la substance cérébrale qui se trouve sur la surface d'une hémisphère soit détruite, pour que l'activité consciente d'un individu soit abaissée. On voit apparaître aussitôt quelques indices de la faiblesse d'esprit. Les expériences de Goltz[3] ont prouvé que cette activité baisse lorsque de pareilles destructions de substance ont été faites chez des chiens. Ces animaux tombent en pareil cas dans une imbécillité plus ou moins grande. Ils mettent les pieds dans les plats qui contiennent leur nourriture et mordent leurs propres pattes. Leur mémoire a tellement baissé qu'ils font la même chose le lendemain. Lorsque leur maître les appelle par leur nom, ils se précipitent sans savoir où ils vont ; c'est qu'ils ne peuvent pas déterminer la direction des impressions sonores qu'ils reçoivent. Ils ne peuvent pas trouver les petits chiens qui piaillent tout à côté : aussi ne peuvent-ils pas préserver ces derniers d'un danger. Lorsqu'on leur pince la peau avec des serres-fines, la douleur qu'ils éprouvent leur

---

1. *Ueber die Functionen der Grosshirnrinde.* Berlin, 1881, p. 73.

2. *Zur Mechanix des Gehirnbaues.* Wien, 1884, p. 7, et *Psychiatrie*, 1ᵉ partie. Wien, 1884, p. 137.

3. « Ueber die Verrichtungen des Grosshirns. » *Pflügers Archiv.* T. XIII et XIV.

fait prendre un air effaré. Ils ne savent pas comment faire pour éloigner l'instrument qui les irrite, de sorte qu'ils remuent sans pouvoir écarter l'objet qui les gêne.

On suppose que le centre de l'action de recevoir consciente des impressions transmises par les organes des sens supérieurs (centre psycho-sensitif) réside dans le lobe moyen du cerveau. Le centre conscient des impressions musculaires, qui est en rapport avec les mouvements, se trouve en avant de celui que nous venons de voir. Plus en avant encore, se trouve le centre de l'activité subjective consciente (centre psycho-moteur), qui est disposé en avant du bord antérieur du centre conscient des impressions musculaires. La région occupée par les centres psycho-sensitifs et psycho-moteurs porte le nom de l'organe de l'action de recevoir objective (ou organe de l'objectivité). La portion supérieure et la portion moyenne de cet organe portent le nom de l'organe de l'action de recevoir les rapports de l'espace (organ der Raumanschauung Flechsig[1]) à cause des fonctions conscientes qui appartiennent à ces parties. Quant à la portion inférieure de l'organe, elle sert à recevoir d'une façon consciente les impressions sonores : aussi porte-t-elle le nom d'organe de l'action de recevoir objective de la corrélation du temps. La portion inférieure et antérieure de cette région est considérée comme le siège de l'organe conscient de la parole. Les centres de la conscience de soi-même et de l'activité intellectuelle abstraite, autrement dit les centres de la raison, se trouvent dans les portions antérieure, inférieure et postérieure des hémisphères cérébraux. Ces centres siègent par conséquent en avant, en bas et en arrière de l'organe de l'action de recevoir objective, qui est celui de la faculté du jugement.

De même que les autres organes du corps humain, le cerveau est soumis aux lois générales suivantes : 1° *Pour que le volume et l'énergie fonctionnelle d'un organe aillent en croissant, il faut que l'activité de cet organe soit excitée d'une façon graduelle et successive. Il faut encore que la perte de substance qui aura lieu en pareil cas soit compensée d'une façon exacte.* 2° *L'activité physique et intellectuelle*

---

1. *Plan des menschlichen Gehirns.* Leipzig, 1833, p. 30.

de l'homme n'est possible qu'à condition du développement harmonique de toutes les parties de son corps.

Il en résulte que les centres de l'activité consciente de l'homme ne sauraient se développer, à moins qu'ils ne soient poussés à l'activité, par une excitation graduelle et successive. Il faut aussi que la perte de substance qu'ils subissent soit compensée en proportion exacte. L'observation démontre, en effet, qu'il suffit d'enlever à un enfant toute excitation intellectuelle, pour qu'il tombe dans l'imbécillité.

On trouve dans la littérature la description d'enfants qui ont été abandonnés dans leur bas âge et qui ont vécu dans un bois, au milieu des bêtes féroces. Ces enfants étaient devenus sauvages. On cite, par exemple, un petit garçon lithuanien qu'on trouva, en 1687, dans les forêts du gouvernement de Grodno. On l'enleva aux ours au milieu desquels il avait vécu. On l'amena à Varsovie, où on le baptisa du nom de Joseph. Il paraissait avoir douze ans. Très épais, ses cheveux étaient blancs; ses doigts étaient longs, son front moyen, sa voix, — comme celle d'un ours. Il courait à quatre pattes et on eût beaucoup de peine à lui apprendre à marcher dans une position verticale. Sa peau était sèche. Il était très développé au point de vue physique. Il n'était pas en état de parler; de temps en temps il émettait des sons qui ressemblaient à ceux qu'émettent les ours. Son visage, qui n'était pas défiguré, était néanmoins altéré par des cicatrices, de même que ses mains. C'étaient là les traces des blessures qui lui avaient été faites par les ours ou par des chiens, peut-être. Sa seule manière de manifester son activité, était de se ramasser, comme un ours, et de se cacher dans un coin. Il grognait ensuite comme un ours et se balançait d'un pied sur l'autre. Il mangeait de l'herbe plus volontiers qu'autre chose; il aimait aussi les légumes et la viande crue. On eut beaucoup de peine à l'habituer de manger des mets qui avaient été soumis à la cuisson. Il ne fut pas facile, non plus, de lui apprendre à parler. On fut obligé de lui faire violence pour le forcer à se passer un vêtement[1].

La petite fille de *Songi* (*puella campanica*) n'est pas moins

---

1. A. Rauber. *Homo sapiens ferus*. Leipzig, 1888, p. 21-23.

remarquable. Une petite fille, âgée de neuf à dix ans, parut, en septembre 1731, dans le village de Songi, près de Chalogne, en Champagne. Elle était nu-pieds ; son corps était couvert de chiffons et de morceaux de peau. Elle tenait un bâton de bois à la main. Lorsqu'un chien fut lancé contre elle, elle l'attendit de pied ferme et le laissa s'approcher ; puis elle le frappa de son bâton sur la tête et le fit tomber roide mort. Elle s'enfuit bientôt dans les champs, grimpa lestement sur un arbre et s'y endormit tranquillement. Une fois qu'elle fut éveillée, on réussit à la faire descendre e on l'emmena à un château qui se trouvait près du village de Songi. Lorsqu'on lui donna, dans la cuisine de ce château, un lapin, elle étrangla celui-ci et le mangea tout cru. Elle était très adroite et d'une constitution robuste. Ses pouces étaient très développés, ce qui tenait à son habitude de grimper sur les arbres. Elle passait avec beaucoup d'adresse d'un arbre sur un autre. Elle s'ingénia bientôt à faire des ouvertures dans les toits et dans les murs et à passer à travers des interstices très étroits. Elle s'accrochait ensuite à des arbres et elle cherchait ainsi à s'échapper de sa prison. On la reprenait promptement et on la réintégrait dans son nouveau domicile. Ses mouvements étaient tellement rapides qu'elle attrapait le gibier au vol ; elle plongeait avec la même habileté, attrapait le poisson avec ses mains et mangeait tout cela tel quel, tout cru. Elle mangeait aussi des grenouilles. Elle ne pouvait parler et n'émettait que des cris. Il fut difficile de la déshabituer de manger de la viande crue, des feuilles, des branches et des racines. Deux ans après avoir été prise, elle attrapait encore volontiers du poisson dans l'eau. Elle s'échappa un jour du château qu'elle habitait, se jeta tout habillée dans un étang et atteignit, en nageant, une île qu'il s'y trouvait. Elle attrapa ensuite des grenouilles et les mangea avec délices. Elle apprit la langue française et devint assez adroite dans les travaux manuels qui sont réservés aux femmes. Elle ne se rappelait pas du tout comment elle était venue dans les bois. Elle se croyait issue des arbres et du sol [1]. On trouve beaucoup d'exemples analogues dans la littérature.

---

[1]. A. Rauber, *L. c.*, p. 41.

Nous pourrions citer encore l'exemple d'un enfant que sa grand'mère préservait avec soin de toute influence extérieure ; elle le garda ainsi auprès d'elle jusqu'à l'âge de vingt ans, en l'empêchant, en même temps, d'exercer son activité. Elle l'entourait de coussins et se préoccupait sans cesse de satisfaire les besoins de ses organes de la végétation. Ce jeune homme avait vingt ans lorsque mourut sa grand'mère ; nous le vîmes à ce moment et nous le trouvâmes dans une situation des plus déplorables. Il avait peur des hommes et se cachait dans un coin dès qu'il en voyait : il pouvait rester ainsi un temps infini, tout à fait immobile. Il s'endormait même quelquefois tout assis, les paumes des mains appliquées l'une contre l'autre. Lorsqu'on lui demandait ce qu'il voulait, il répondait invariablement : « manger. » Il ajoutait qu'il voulait de la soupe de betteraves, des côtelettes de veau hachées et une crème. Il donnait en même temps le nom du cuisinier qui était surtout habile à préparer ces mets. Son second désir était d'aller rejoindre sa grand'mère (il ne se rendait pas bien compte ni de sa disparition, ni de sa mort). Bien qu'il fût à 1,000 verstes de son domicile antérieur, il était tout disposé à s'y rendre avec le premier fiacre venu. Il mangeait avec un entrain remarquable. Il semblait concentrer sur cette opération toutes les forces de son être, sans voir ce qui se passait autour de lui. Il ne songeait qu'à augmenter, autant que possible sa portion. Il était toujours très vexé lorsqu'on le dérangeait pendant ses repas. Il se fâchait alors et reniflait comme un chat. C'était là sa seule manière d'exprimer son mécontentement. Dans tous les autres cas, il se bornait à verser des larmes lorsqu'on l'avait offensé ou lorsqu'on avait troublé son repos. Son vocabulaire était très restreint : quelques mots relatifs à la question de manger, quelques mots sur sa grand'mère, quelques phrases apprises par cœur, et c'était tout. Il ne comprenait rien et ne pouvait causer de rien. Il ne savait faire aucun travail et ne marchait pas volontiers. Lorsqu'il s'y mettait, il marchait peu et lentement. Il n'était pas du tout en état de courir. On ne parvint pas à le lui faire apprendre, même en le tenant par la main. Il faisait tous ses efforts, pourtant : pour s'aider, il ouvrait la bouche, tirait la langue et équarquillait les yeux. Après s'être livré pendant deux à trois minutes à un pareil exercice, il était tellement fatigué qu'il s'endormait tout assis. On le força à un exercice journalier de ce genre pendant six ou sept mois de suite sans qu'il apprît à marcher un peu vite, encore moins à courir. En règle générale, l'éducation n'avait aucune prise sur son développement physique ou intellectuel. Lorsqu'il s'habillait, il mettait les articles de sa toilette, l'un après l'autre, dans un ordre déterminé qu'il avait appris une fois pour toutes. Lorsqu'il se déshabillait, c'était aussi toujours de la même façon ; il rangeait ensuite les différents objets qu'il venait d'ôter. Il n'admettait pas qu'on lui fît faire autrement. Sa mémoire n'était pas du tout développée, de sorte qu'il avait beaucoup de peine à reconnaître les gens qu'il avait déjà vus. Relativement grande, sa tête ne présentait rien de particulier dans sa forme. Il s'adonnait fréquemment à un certain vice.

L'enfant que nous venons de décrire est tout à fait faible d'esprit. Or, parmi ceux qu'on amène à l'école, il y en a qui présentent de l'imbécillité à un degré plus ou moins considérable. Ce sont là des formes de passage qui se rapprochent de celle que nous venons de voir. C'est là le type hébété par la tendresse ou hébété-mou, qui ne se prête que peu au progrès. Nous avons fait tout notre possible pour trouver de pareils enfants dans les villages, mais nous n'y avons pas réussi. On les rencontre sans faute dans les familles, où une mère sensuelle et ayant peu conscience d'elle-même se préoccupe beaucoup de ses enfants : elle veille constamment à ce que les besoins de leur vie végétative soient satisfaits ; elle fait tous ses efforts pour éloigner d'eux ce qui peut leur faire du mal, suivant elle. Elle est aidée dans sa tâche par des gouverneurs, des gouvernantes, des bonnes d'enfants, etc. Tout ce monde est serviable, consciencieux même ; il a certainement « beaucoup de cœur », mais il n'a pas le sens commun et manque de développement intellectuel, tout à fait : on prévient tous les désirs de l'enfant, on le défend, on le protège. On prend toutes les mesures pour écarter de cet enfant toute cause qui pourrait l'exciter à l'action. Il est facile de suivre sur ces enfants à qualités purement négatives l'influence d'une réglementation de tous les instants qui exclut toute initiative de leur part. On en comprend, en pareil cas, la signification aisément. On peut faire quelques objections, il est vrai, relativement à l'exemple que nous avons choisi pour expliquer la production de l'imbécillité : en premier lieu, l'analyse de l'état intellectuel de ce jeune homme n'a pas été faite pendant la première période de sa vie ; en second lieu, les attaques épileptiformes qu'il a eues plus tard prouvèrent l'existence, chez lui, d'une affection cérébrale. Il suffit néanmoins d'avoir observé d'abord, étudié ensuite les enfants du type hébété-mou (ou hébété par la tendresse), dont les conditions d'existence dans la famille sont bien connues, pour s'expliquer aussi nettement que possible le lien causal en question. On verra que les conditions qui éloignent d'un enfant les causes pouvant exciter l'activité de son intelligence font apparaître chez lui les signes de la faiblesse d'esprit. Ces signes sont excessivement accentués, aussi les qualités d'un enfant nous permettent-elles de définir, d'une façon plus ou moins exacte, les circonstances dans lesquelles se sont passées les premières années de sa vie. L'excitation qui est nécessaire au développement de l'enfant doit être continuée ; de plus, elle doit se faire dans les conditions suivantes : *1° il faut que les diverses phases de l'irritation soient séparées les unes des autres par des intervalles de temps autant que possible, et 2° que l'énergie de cette irritation aille en progressant d'une façon graduelle et successive.*

Les recherches qui ont été faites à ce sujet ont montré qu'il faut que l'attention soit concentrée sur un point pour qu'une impression soit reçue sous la forme d'une représentation et pour que l'acte fonctionnel qui s'en suivra soit conscient. Nous pouvons considérer dans cet acte les phases suivantes :

1° Une irritation a produit son effet et a été transmise sous la forme d'une impression ;

2° Une représentation apparaît sur le champ de la conscience (perception de Wundt) ;

3° Cette représentation est concentrée dans le foyer de la conscience (aperception de Wundt) ;

4° Les désirs et les volitions apparaissent ;

5° Ces actes fonctionnels se manifestent sous la forme d'un mouvement.

Ces diverses phases doivent être séparées les unes des autres par des intervalles de temps ; la première et la cinquième de ces phases sont considérées comme des phénomènes physiologiques ; la deuxième, la troisième et la quatrième sont considérées comme des phénomènes psychiques. Plus une irritation est forte et rapide, plus rapidement survient l'acte qui en est la conséquence. Il ne prend pas, en pareil cas, le caractère d'un acte conscient, mais se présente sous la forme d'un acte réflexe simple.

Il faut absolument que les diverses phases d'un acte psychique soient séparées l'une de l'autre par des intervalles de temps. Plus les excitations seront fortes et plus ces diverses phases devront être espacées. En effet, il faut, en pareil cas, un temps plus considérable pour que le centre conscient perçoive nettement cette excitation et la représentation qui en résulte. Les excitations qui ne sont pas espacées dans le temps ne déterminent que des actes réflexes qui peuvent n'être pas rationnels. On pense que l'acte conscient consiste en une comparaison des impressions entre elles. Il est donc facile de comprendre que les divers phénomènes qui composent cet acte doivent être, autant que possible, espacés dans une certaine succession. Autrement elles ne pourront pas être perçues avec netteté. Plus un acte psychique est complexe, plus forte devra être la tension nécessaire pour que l'assimilation dont cet acte est la conséquence ait lieu. Voilà pourquoi les impressions devront être séparées ici par des intervalles de temps plus considérables qu'autrement.

Les représentations, c'est-à-dire les images qui se sont formées dans notre centre conscient, et qui correspondent à des objets, peuvent être réelles ou imaginaires. Les représentations ou les perceptions réelles sont assimilées par le centre conscient, sous l'influence immédiate de l'objet lui-même. Si au contraire une représentation qui se présente à l'esprit ne correspond pas à un objet qui existe en réalité, elle sera considérée comme imaginaire ou fantastique. Lorsqu'un jeune homme se livre au travail intellectuel, il faut que des représentations claires se présentent à son esprit pour que des notions puissent s'y former. Ce n'est que dans ces mêmes conditions qu'il peut se mettre à penser d'une façon abstraite. Ces représentations claires sont le résultat de représentations réelles qui ont été séparées les unes des autres par des intervalles de temps aussi longs que possible. Il faut aussi que ces représentations aient été vérifiées par toutes sortes de méthodes. C'est plus vite fait de retenir une représentation par la mémoire, quant à en faire l'analyse et quant à en déduire une idée abstraite, c'est beaucoup plus long.

L'observation fait voir qu'à mesure que l'activité consciente d'un enfant s'éveille, il s'arrête sur tous les phénomènes qui l'entourent et cherche à s'en rendre compte. Ajoutons qu'il le fait à un degré plus ou moins considérable qui dépend de son tempérament. En même temps, il imite ce qui a produit sur lui une impression plus nouvelle et plus forte. D'autres fois, l'enfant concentre plus ou moins son attention sur ces impressions ; il retient en pareil cas par la mémoire des phénomènes et des images plus complexes. D'autres fois, encore, il raisonne l'impression reçue, s'explique sa signification et s'en forme ainsi une notion. Il s'arrête, en pareil cas, plus longtemps sur les impressions qu'il a reçues et se les assimile d'une façon plus complète. L'observation fait voir que moins un enfant raisonne sur les impressions qu'il a reçues, plus il imite tout ce qui se passe autour de lui. Cette période d'imitation peut durer très longtemps ; elle se prolongera certainement jusqu'à ce que l'enfant se soit habitué à raisonner et, par là même, à agir d'une façon indépendante. Il faut aussi qu'il ait pris l'habitude d'analyser toutes les impressions qu'il reçoit et de les vérifier. L'impressionabilité des enfants et leur esprit d'observation sont tellement remarquables, à ce qu'il semble, qu'ils remarquent tous les phénomènes qui se passent autour d'eux. Il faut seulement que les gens qui les entourent ne fassent rien pour empêcher cette tendance ; loin de là, on doit l'encourager. Les choses se passent, en général, tout autrement : dans certains cas on veut mener un enfant à la lisière, on lui dit tout, on lui explique et on lui montre tout autre chose ; dans d'autres cas, on ne lui permet pas du tout de raisonner et on lui prêche l'obéissance à chaque instant, ou bien on s'extasie devant des manifestations de son activité, dont l'originalité est pourtant douteuse. On a recours à des louanges et à des marques de distinction, pour l'encourager à persévérer dans le même sens. Lorsqu'on impose toujours à un enfant des opinions et des jugements, on éloigne, par là même, tout ce qui pourrait exciter son activité personnelle. Si on le laissait libre, au contraire, d'observer par lui-même les phéno-

mènes qui se présentent à lui, il s'habituerait à percevoir les différentes phases dont ces phénomènes procèdent. Il se ferait ainsi une
représentation exacte des impressions qu'il reçoit; de plus, il s'habituerait à séparer les diverses impressions l'une de l'autre par des
intervalles de temps. Il s'assimilerait les divers actes dans la succession qui est nécessaire pour la compréhension de ce que signifie un
phénomène donné; en d'autres termes, il apprendrait à penser d'une
façon logique. Le développement intellectuel d'un enfant, consiste
principalement dans la faculté de concentrer son attention sur l'impression qu'il reçoit; il faut qu'il sache faire un effort intellectuel
pour vaincre les obstacles qui l'empêchent de comprendre cette
impression. Lorsque au contraire, on ne communique à un enfant
que des déductions et des jugements tout faits, celui-ci se bornera à
les retenir dans sa mémoire. On ne fera rien en pareil cas pour préparer l'enfant à un travail intellectuel comme celui qui a permis de
trouver les déductions et les conclusions qu'on lui a transmises.
On n'aura donc contribué en rien au développement de l'enfant.

Tout ce que nous venons de dire se rapporte également aux jeux
et aux occupations physiques des enfants. Ces derniers aiment beaucoup à construire eux-mêmes ; ils aiment encore mieux casser une
chose qui leur tombe sous la main, pour savoir comment elle a été
faite. On leur donne généralement des joujoux tout faits, à mécanisme ingénieux, et qui contiennent des ressorts. Ces joujoux font
toute espèce de mouvements, émettent des sons, etc. D'autres fois,
on leur donne des pièces qui sont adaptées à certaines figures ou à
certaines constructions; ils doivent disposer ces pièces d'une façon
qui leur est indiquée. Il va sans dire que les enfants s'empressent de
casser leur joujou pour savoir comment il est fait ; ils veulent
trouver la cause des mouvements et des sons qu'ils ont constatés.
Quant à la construction et à la figure, il faut qu'ils aient été exercés
déjà, sur des formes plus simples, pour qu'ils puissent les exécuter.
Autrement, ils n'y arriveront pas et la tâche se trouvera au-dessus de
leurs forces. Leur besogne les fatiguera et ils feront tout leur possible
pour s'y soustraire. En règle générale, un enfant est toujours très
satisfait lorsqu'il a remarqué lui-même un phénomène et lorsqu'il a
su en trouver la signification tout seul. Il est content si son raison-

nement se trouve juste. Il est surtout satisfait s'il a réussi à faire une chose par lui-même et s'il a atteint un but sans qu'on l'aidé par des conseils. C'est là une chose toute naturelle : il a résolu un problème qu'il pouvait résoudre, ou bien il a fait ce qu'il pouvait faire. La dépense, qui est en rapport avec le travail qu'il a fait, correspond à la quantité de substance nutritive qui était accumulée en lui ; ce travail devait donc lui donner une sensation de contentement. Lorsque, au contraire, un travail lui est imposé par un de ses aînés, ce travail peut dépasser la mesure de son savoir-faire ; il peut même être au-dessus de son niveau de développement. La perte de substance qui en résultera pourra, par conséquent, n'être pas en rapport avec la quantité de substance qui a été accumulée au préalable. Il en résultera pour l'enfant une souffrance qui lui rendra le travail repoussant. Un enfant est suffisamment excité par le résultat qu'il a atteint ; il est par là même stimulé à continuer son travail et à en chercher un autre plus compliqué ; il est donc absolument inutile de chercher à renforcer ce stimulant naturel par des louanges, des signes de distinction ou des récompenses. Tous ces moyens artificiels ne peuvent que nuire à l'enfant.

Par le fait, il arrive qu'en soumettant un enfant à une règle fatigante, en limitant ses raisonnements et ses actes, on obtient comme résultat, un des types hébétés : le type hébété-mou ou le type hébété-méchant. Ces deux types se produiront, comme on sait, selon que l'enfant aura été entouré de caresses et de prévenances absurdes, ou bien, selon qu'on aura usé de sévérité et de punitions, pour le forcer à faire ce qu'on exigeait de lui. Dans ce dernier cas on n'avait pas tenu compte de ses forces et on n'avait pas examiné s'il lui était possible de remplir les exigences qu'on lui posait. On avait contribué ainsi à déprimer son impressionnabilité et on l'avait fait tomber dans un état d'apathie. Il fallait maintenant avoir recours à des excitations plus fortes, pour le sortir de cet état. De plus, cet enfant avait vu par expérience qu'il n'avait ni assez de forces, ni assez de savoir-faire pour accomplir ce qu'on exigeait de lui. Il a donc fini par considérer comme injustes les mesures qu'on prenait contre lui. Cette circonstance a contribué à l'aigrir. Les échecs qu'il a éprouvés font qu'il regarde avec défiance tout nouveau travail qu'on veut lui imposer : il s'y refuse et cherche à s'en débarrasser. Il sait par expérience, en effet, que dans le cas où il ne réussirait pas, on aurait recours à des mesures de coercition. Or, celles-ci ont sur lui une action dépressive très forte. Lorsqu'un enfant est puni pour une faute qu'il a commise, il n'aura jamais le sentiment d'animosité, que déterminent chez lui des actes arbitraires ou des voies de fait, qu'il considère comme injustes et non motivées. Dans le premier cas, la punition n'aura fait qu'abaisser l'impressionnabilité de cet enfant, dans le second, la contrainte aura amené à sa suite une véritable explosion de colère. L'enfant sera aigri et prendra son tyran en haine ; il pourra même se laisser aller à des actes violents.

Dans des conditions normales, il ne peut être question ni de châtiments ni de mesures de contrainte. Il est absolument inexact de dire que l'enfant est méchant, paresseux, capricieux et mauvais, tant que l'éducation n'est pas venue le modifier. C'est là pourtant une idée fausse qui est très répandue. Lorsqu'on observe des enfants au-dessous de l'âge de cinq ans, et lorsqu'on les étudie, on a de la peine à comprendre que cette opinion ait pu s'établir. C'est arrivé évidemment parce que l'homme cherche toujours à trouver en dehors de lui, la cause défavorable et désavantageuse de ses actes. Il agit quelquefois tant bien que mal, à la légère, et sans songer aux conséquences de ce qu'il fait. S'il survient des suites fâcheuses, il s'en prend à l'enfant. C'est celui-ci qu'on punit et qu'on persécute. Kant raconte dans son « Anthropologie » que Frédéric II demanda un jour à Sutzèr, directeur des écoles en Silésie, ce qu'il pensait du caractère de l'espèce humaine : « Depuis qu'on a accepté comme base « le principe que l'homme est bon de sa nature (Rousseau), les « choses vont mieux, » répondit Sutzèr. A proprement parler, l'enfant ne possède ni des qualités caractéristiques innées, ni un caractère inné. Tout ce qu'on peut remarquer chez lui de particulier, aussitôt après sa naissance, c'est le degré auquel il est excitable et la durée de son excitation. Un enfant peut être lent ou prompt à s'exciter ; il peut l'être à un degré fort ou faible. Ce sont ces manifestations du tempérament de l'enfant, qu'on prend généralement pour une expression de son type ou de son caractère. Lorsque l'excitabilité d'un enfant est grande. lorsque ses mouvements sont rapides et brusques, on dit que c'est la méchanceté. Lorsque ses mouvements sont lents et faibles, au contraire, on dit que c'est de la paresse. C'est absolument inexact. Il importe de bien examiner ces phénomènes; on ne parlera pas, alors, d'une méchanceté et d'une paresse innées. On n'admettra pas, en général, de mauvaises qualités innées chez les enfants. Ces dernières n'apparaissent qu'au moment où l'activité consciente d'un enfant s'est développée. Elles sont la conséquence des conditions défavorables, que créent généralement ses aînés. Plus on traite un enfant avec douceur et prudence, plus on l'entoure d'une bonté et d'une affection sages, plus il deviendra doux et aimant. Son impressionnabilité, par rapport à tout ce qui l'entoure, sera d'autant plus augmentée; il s'habituera enfin, d'autant plus, à se diriger dans ses actes et dans ses pensées par le sentiment du vrai. Les qualités morales d'un enfant ne sont, en réalité, que l'héritage du milieu dans lequel il a passé les premières années de sa vie; de même que sa manière de parler et de s'exprimer, de même que ses habitudes et ses coutumes etc., cet héritage est greffé à l'enfant, par ceux qui l'entourent, au moment où son être conscient se développe.

Un enfant ne devient méchant que lorsqu'on l'irrite par l'injustice, des actes arbitraires et de la fausseté. Il devient paresseux, lorsqu'on lui impose un travail qui est au-dessus de ses forces et qui ne correspond pas à ses connaissances et à son savoir-faire. C'est là, évidemment, un travail qu'il n'est pas logique de lui demander. Le même effet peut être produit par une besogne qui l'astreint à des actes qui sont fatigants par leur uniformité : un travail de ce genre, produit en effet sur l'enfant une action fortement dépressive. La paresse, en résumé, se produit toutes les fois qu'on use de contrainte pour forcer un enfant à un travail fait dans de certaines conditions, c'est-à-dire, lorsque la dépense des matières que nécessite ce travail ne correspond pas à l'accumulation de ces matières qui a précédé. La dépense excessive qui se fait en pareil cas amène à sa suite la souffrance, la fatigue et même l'épuisement des forces. Le phénomène de la paresse n'est donc que la conséquence d'une prédisposition innée; c'est là une sensation désagréable qui pèse sur l'enfant. Elle a été déterminée par des exigences injustes et dénuées de fondement, qui n'étaient pas calculées sur les forces de l'enfant.

Il importe de distinguer de la paresse, qui est motivée par le désir de se soustraire à une activité qui se rattache à certaines conditions, l'état d'inertie des enfants hébétés-mous, l'inactivité de l'enfant débonnaire et l'apathie de l'enfant ambitieux.

L'état d'inertie de l'enfant hébété par la tendresse ou hébété-mou tient à son défaut d'initiative. Tout est prévu ici et préparé à l'avance; l'enfant est prévenu de tout, et on a eu soin de lui tout indiquer; il n'a plus qu'à obéir et à exécuter les ordres qu'il a reçus. Or, lorsque tout stimulant extérieur fait défaut, il n'y a pas d'action. Lorsque l'enfant rencontre un phénomène, il s'y arrête, jusqu'à ce que son gouverneur, sa gouvernante ou sa bonne le dirigent ailleurs. Un pareil enfant n'est souvent que le portrait exact des personnes, qui l'entourent. Tous ceux qui l'entourent sont immobiles, et l'enfant reste, lui aussi, dans l'engourdissement. C'est le défaut d'excitation qui l'a plongé dans cet état. L'inactivité (au point de vue physique) du type débonnaire peut dépendre de l'habitude qu'a cet enfant de travailler principalement de l'intelligence. Il s'ensuit qu'il n'est pas assez sûr de ses forces physiques; il ne sait pas s'en servir, d'ailleurs. De là son esprit d'incertitude. C'est aussi ce qui fait qu'il n'est pas content de son travail; le résultat qu'il a atteint, en effet, ne correspond pas à celui qu'il s'est créé dans son imagination. Le fait de n'être pas satisfait de son œuvre joue ici le rôle d'un agent de dépression; c'est là ce qui amène le défaut d'activité qui est le signe caractéristique du type débonnaire. L'apathie par manque d'excitations survient toutes les fois que l'activité d'un enfant a été déterminée par des excitations et des sensations supplémentaires. Si on a excité un enfant à l'activité par des louanges et des marques de distinction, il s'est si bien habitué à cette excitation supplémentaire qu'il perd toute énergie active lorsque celle-ci fait défaut. Il devient apathique aussitôt; il faut maintenant employer un nouvel excitant plus énergique pour le porter de nouveau à l'action. C'est ainsi que s'explique l'état d'apathie de l'enfant ambitieux.

Nous avons dit que les mesures auxquelles on a recours pour punir un enfant abaissent son impressionnabilité et l'aigrissent. Ajoutons que des mesures directement opposées agissent absolument de même, sur l'impressionabilité de l'enfant. Nous voulons parler des manifestations extérieures, sensuelles pour ainsi dire (caresses), qui sont censées être la preuve de l'intérêt et de l'attachement qu'on porte à un enfant. Ces manifestations extérieures agissent principalement sur la surface sensible de l'enfant qu'elles irritent; celui qui fait des caresses éprouve une irritation du même genre. Les baisers, les embrassements, les caresses, etc., deviennent des actes purement réflexes, lorsqu'ils sont souvent répétés. Ce sont des actes qui ne sont nullement conscients. Ils sont nuisibles, parce qu'ils remplacent des actes conscients; de plus, ce sont là des agents d'excitation supplémentaires, qui font baisser l'impressionnabilité de l'enfant. Une affection vraie et un intérêt sincère doivent être prouvés par des actes, non par des baisers et des paroles tendres. Une mère qui s'est habituée à embrasser et à caresser son enfant toutes les fois qu'elle le voit se satisfait par là même et se tranquillise; ajoutons, qu'elle éprouve ainsi une satisfaction sensuelle non moins grande que celle de l'enfant. Lorsque, au contraire, elle n'a pas recours à de pareils procédés en voyant son enfant, elle le regardera de plus près; elle s'apercevra alors de ce qui se passe en lui, pour le moment. Elle n'oubliera pas non plus ni ses besoins ni ses désirs. Une mère qui aime vraiment son enfant doit surtout se rappeler l'influence directe qu'exerce sur celui-ci sa vie personnelle et son activité propre.

L'impressionnabilité de l'enfant normal, par rapport à tout ce qui l'entoure, est la condition la plus favorable de son activité; c'est elle qui détermine principalement son impressionnabilité si fine et si délicate; elle contribue, de plus, à rendre son activité consciente aussi pleine d'altruisme que possible. Nous avons déjà parlé de l'influence qu'exercent les caresses et les châtiments: il n'est pas douteux que ce sont là des facteurs qui diminuent l'impressionnabilité d'un enfant et abaissent, par là même, l'activité des fonctions conscientes de celui-ci. Étant donnée une impressionnabilité normale, la sensation doit être strictement en rapport avec l'excitation qui l'a produite. Lorsque la première progresse, d'une façon graduelle et successive, la seconde devra augmenter dans une proportion absolument exacte. En se basant sur la loi dite psycho-physique de Fechner, on admet en psychologie, « que l'excitation augmentant « dans une progression géométrique, la sensation croît dans une « progression arithmétique ». Plus la façon dont une forte excitation agit est accentuée, plus rapide, relativement, sera la détente qui suivra la sensation correspondante. Voilà pourquoi il faut que l'excitation croisse dans une progression géométrique afin que la sensation puisse croître dans une progression arithmétique.

L'expérience prouve qu'on perfectionne sa réceptivité en exerçant, d'une façon graduelle et successive, sa faculté consciente de recevoir des sensations. On sait qu'un peintre distingue dans les couleurs des nuances qui n'existent pas pour d'autres personnes ; un musicien distingue deux tons qui ne diffèrent l'un de l'autre que par $1/33$ d'un demi-ton, il peut même apprécier des différences qui ne portent que sur $1/64$ d'un demi-ton (E. Weber, Helmholtz). En supposant que deux rayons lumineux viennent de deux sources et que la différence de leur intensité ne soit que de $1/64$, un œil exercé pourra encore les distinguer (Bouguet). Tel pourra être aussi le cas, avec une différence de $1/100$ (Volkmann), et, en employant une méthode plus exacte, avec une différence de $1/120$ (Masson). Helmholtz a montré que cette distinction peut être faite, très nettement, avec une différence de $1/133$, pas très nettement avec une différence de $1/150$ et rien qu'instantanément, avec une différence qui ne dépasse pas $1/167$. Lorsqu'on manifeste successivement une force musculaire de valeur différente, on apprécie cette valeur en se basant sur les sensations qu'on éprouve dans les muscles. Il est possible, en général, d'apprécier dans les sensations musculaires une différence de $1/17$. En s'exerçant, néanmoins, on peut perfectionner son impressionnabilité ; on remarquera alors, en soulevant un poids, des différences dans les sensations musculaires qui ne dépasseront pas $1/40$. Ce n'est qu'un exercice systématique qui peut amener un pareil perfectionnement ou une pareille augmentation de l'impressionnabilité ; il faut que les excitations aillent en progressant d'une façon graduelle et successive, et qu'elles soient constamment comparées les unes avec les autres. Lorsqu'au contraire les excitations agissent d'une façon brusque et non pas successive, l'impressionabilité s'émousse et s'abaisse. On est obligé d'avoir recours pour l'éveiller à des excitants plus énergiques. Il arrivera alors, que les sensations n'augmenteront pas dans la même progression que l'irritation, mais beaucoup plus lentement. Ajoutons, qu'une excitation inattendue et très forte peut détruire non seulement la faculté de recevoir des impressions, mais encore l'appareil qui sert à les recevoir.

On peut dire la même chose exactement, par rapport aux sentiments et aux émotions. Ces derniers sont des excitateurs normaux de l'activité intellectuelle consciente, lorsqu'ils progressent d'une façon graduelle et successive. Lorsqu'au contraire, l'excitation est brusque et forte, ils ne déterminent que des phénomènes réflexes ; vient ensuite, la tendance de prolonger cet état d'excitation en ayant recours à un excitant, plus énergique encore. Cette période est suivie par celle de l'affaiblissement de l'activité, ou par un état d'apathie. Ce dernier état sera d'autant plus accentué, et d'autant plus prolongé, que l'excitation qui l'aura précédé aura été plus forte.

L'attention des mathématiciens du xviiiᵉ siècle, avec Laplace en tête, a été attirée, principalement, par ces rapports. Cette école a cherché entre autres, à définir le rapport qui existe entre le bien physique et le bien moral. On entendait sous le nom de bien physique, le fait de posséder un objet, dont la possession peut donner du contentement. Quant au bien moral, c'était l'état de contentement, dû au fait d'avoir la conscience de cette possession. Le bien physique est par conséquent la cause excitante qui produit le bien moral. On avait même déduit de ces rapports la thèse générale que le bien physique croît dans une progression géométrique, pendant que le bien moral ne croît que dans une progression arithmétique. Le rapport qui existe entre la cause excitante d'une émotion de l'âme et la force de cette émotion a été déterminé de la même manière (*Bernoulli*). C'est ce qui a servi plus tard de base à déterminer le rapport qui existe entre une excitation et la sensation correspondante, rapport qui a une signification plus précise.

Les observations qui ont été faites sur les enfants montrent l'importance qu'ont, en matière d'éducation, les thèses que nous venons de poser. Le pédagogue doit nécessairement les avoir toujours présentes à l'esprit. On admet, en général, que dans le but de pousser un enfant à l'étude il faut absolument avoir recours aux encouragements, ou à la contrainte ; ce sont là des agents d'excitation supplémentaires qui stimulent, dit-on, l'activité d'un enfant. Dès que celui-ci est venu au monde, on agit sur lui avec tout espèce d'excitants qui sont pour le moins inutiles. Il y a plus, ce sont là des agents qui sont absolument nuisibles, au point de vue du développement normal de l'enfant. On fait prendre au nouveau-né du thé de camomille, on l'embrasse, on le berce en imitant le son du baiser, en lui parlant, ou en lui chantant, etc. On cherche, en un mot, à l'amener dans un état de lassitude par des actes monotones. Il arrive bientôt que l'enfant ne peut plus s'endormir sans ces excitants supplémentaires. Dès que l'enfant commence à manifester son activité consciente, on tombe en extase devant son intelligence et ses facultés ; d'autres fois, au contraire, on a recours, dans les mêmes circonstances, à la contrainte et aux punitions. En faisant la louange d'un enfant, et en abaissant les mérites d'un autre à côté, on crée l'émulation entre les enfants ; on distribue ensuite des récompenses et des prix, et on déclare enfin, avec pompe, la supériorité de certains enfants sur les autres.

Tout homme adulte sait, par expérience, combien est puissante l'action des louanges et de la flatterie. Il va sans dire que ces dernières doivent faire une impression très forte sur l'enfant, cet être impressionnable dont l'activité consciente s'éveille à peine. Il n'est donc pas étonnant que l'enfant fasse ses efforts pour remarquer les moyens qui lui permettront de se distinguer. Il s'approprie ensuite les qualités qui devront lui attirer des louanges et des marques de distinction. Nous avons eu l'occasion d'observer un enfant de cinq ans qui n'avait pas encore appris à lire ; cela ne l'empêchait pas de réciter un conte en vers qu'il disait en tenant un livre d'enfant à la main et en suivant les lignes avec les yeux. Il n'oubliait pas un seul mot et il tournait les pages au bon endroit. Sitôt qu'il venait un étranger à la maison, on lui montrait cet enfant et on vantait ses aptitudes hors ligne. On faisait ensuite réciter à ce dernier le conte qu'on lui avait fait apprendre en le lui redisant. Cet enfant ne savait pas raisonner; il apprenait vite les choses de mémoire et il avait déjà les attributs les plus accentués du type ambitieux. Il faut avoir vu de pareils enfants et les avoir observés de près pour se rendre compte du degré auquel le désir de se distinguer et de primer se développe en eux. Ils cherchent à atteindre leur but par toutes sortes de ruses et de moyens; ils ne s'arrêteront devant rien, au besoin. Lorsqu'ils entreprennent une besogne, ils ne raisonnent pas beaucoup sur leur travail, mais ils se hâtent de le terminer en ne se servant que de leur mémoire, qui est très développée en général. Un pareil enfant évite tout travail et toute action qui n'amèneraient pas à leur suite, et d'une façon immédiate et directe, des distinctions. S'il n'en voit pas en perspective, il reste dans l'inaction. Un échec agit sur lui d'une manière dépressive et le fait tomber dans l'apathie. Il s'éloigne d'un homme qui n'admet pas sa supériorité, chose qui l'afflige toujours beaucoup.

Lorsqu'on soumet souvent un enfant à toutes sortes d'excitations puissantes, on fait baisser par là même son impressionnabilité et son activité. Le théâtre, les réunions publiques, les voyages dans divers pays étrangers, l'habitude de faire peur à un enfant, les railleries, les taquineries, l'usage des friandises, de liqueurs et de narcotiques, l'excitation génitale, l'habitude, de la part de son entourage, de remarquer en lui et de lui désigner constamment des maladies, ainsi que celle de le détourner de son travail, tels sont les agents supplémentaires d'excitation qui corrompent les sens d'un enfant et le plongent dans l'apathie.

On constate tous les jours, à l'école, les conditions défavorables que nous venons d'indiquer et dans lesquelles s'est passée la vie de certains enfants dans la famille. Pour peu que l'école n'apprenne pas à un enfant à se gouverner et à diriger ses sensations, cette corruption des sens et cet état d'apathie iront en croissant. Si, au contraire, les choses se passent à l'école, comme elles le doivent; si l'enfant est entouré de bons camarades, il sera facile de voir comment ses qualités se modifient. On constatera, de plus, combien un enfant est sous l'influence de son milieu. Nous devons dire, cependant, que plus les traits caractéristiques d'un enfant sont accentués et se sont produits de bonne heure, plus ils sont persévérants. Ils s'effacent avec d'autant plus de difficulté.

On pense, en général, qu'il est important d'employer des excitations supplémentaires, pour attirer un enfant vers l'étude et pour le stimuler; on fait seulement apparaître par là même des phénomènes anormaux. Il est excessivement difficile, — impossible même, — de régler ces excitations et de les faire aller en progressant, d'une façon graduelle et successive : voilà pourquoi ces excitations contribuent invariablement au développement de sensations trop exclusives. Elles viennent troubler par là même l'harmonie des fonctions chez l'homme. Un agent d'excitation venu du dehors n'est généralement pas calculé d'une façon assez exacte sur les besoins et la disposition d'un individu : aussi ne saurait-il être un facteur normal qui excite l'activité. Pour qu'un agent d'excitation soit normal, il importe que son énergie progresse d'une façon graduelle et successive. Il faut encore qu'il soit uni par un lien intime avec l'énergie des tissus et qu'il s'adapte absolument à cette énergie.

Nous avons dit plus haut que lorsqu'on élève un enfant il faut le laisser libre de choisir le genre d'activité qui lui convient. Sans lui imposer à cet égard aucune gêne, il faut être toujours prêt à l'aider, s'il demande qu'on lui explique, ou qu'on lui montre quelque chose. L'enfant doit être laissé absolument libre de grandir sans qu'on lui mette les entraves qu'on lui pose dès l'instant de sa naissance. Il doit s'endormir et se livrer au sommeil sans avoir besoin d'une excitation supplémentaire; on doit bien se garder, par exemple, de lui laisser constamment le biberon dans la bouche, comme c'est l'usage. Lorsqu'il se trouve à l'état de veille, il doit être invariablement occupé. Il faut qu'il ait la liberté de choisir l'occupation qui lui convient; de plus, il doit raisonner sur ce qu'il fait, comme sur tous les phénomènes qu'il rencontre. Il est nécessaire qu'il soit entouré de gens qui mènent une vie active et raisonnable. Voici quels sont, en résumé, les agents d'excitation qui devront stimuler, suivant nous, l'activité de l'enfant; ce sont : le contentement qu'il trouve dans l'étude et l'intérêt qu'il apporte dans tout ce qu'il fait. Il devra, de plus, être animé par le désir d'acquérir des connaissances et de comprendre les phénomènes qu'il observe.

Tout travail qui correspond aux forces et à l'entendement, en d'autres termes, au développement d'un enfant, doit forcément lui procurer de la satisfaction. Celle-ci sera surtout considérable si l'enfant s'est mis au travail de son propre mouvement et s'il a atteint les résultats qu'il voulait atteindre. La sensation de contentement qu'il éprouvera en pareil cas sera si grande qu'elle le portera à persévérer dans son activité ; ce sera là un agent *normal* d'excitation qui suffira amplement. Il sera donc absolument inutile d'avoir recours à de nouveaux excitants, sous forme de louanges, de signes de distinction et de récompenses. On sait qu'à mesure que l'enfant fait la connaissance du monde extérieur et qu'il se choisit des occupations il imite toujours ses aînés ; plus il leur est attaché, mieux ils se comportent avec lui, et plus facilement il prend leurs habitudes, leurs coutumes et leur genre d'activité. Il peut arriver que, par esprit d'imitation, un enfant entreprenne un travail qui est au-dessus de ses forces, chose qui peut nuire à sa santé. Ce peut être pour lui une cause de souffrance. L'expérience a montré, néanmoins, qu'un enfant habitué à s'arrêter sur les phénomènes qu'il rencontre et à les raisonner imite moins et *vice versa*. L'habitude de raisonner est donc le meilleur régulateur de l'activité d'un enfant ; c'est elle encore qui lui donne le plus sûrement de l'indépendance dans les actes. Ajoutons que le fait d'examiner les choses étant un travail actif de l'intelligence, favorise le développement harmonique des facultés de l'enfant. En effet, lorsque ce dernier vérifie ce qu'il est en train d'examiner, il est obligé d'être actif au point de vue physique également. Habitué, de plus, à raisonner ses actes et à ressentir vivement toute impression, cet enfant prendra certainement en considération toute parole, toute observation qui lui seront adressées. Il suffit qu'un de ses supérieurs en âge lui fasse voir le désaccord qui existe entre ses forces et le travail qu'il a entrepris pour qu'il change d'avis et choisisse un travail qui convient mieux à ses forces. Il importe seulement de ne pas se borner à défendre ; il faut expliquer en même temps le pourquoi de la défense.

Nous avons déjà dit que le fait d'atteindre le résultat qu'on poursuit excite un enfant à persévérer dans la voie de l'activité ; c'est surtout vrai lorsqu'un travail a été commencé en vertu d'une initiative propre. L'enfant ambitieux, qui aime à être remarqué et à primer en toute chose, a besoin d'un excitant venu du dehors; tel n'est pas le cas de l'enfant normal; aussi ce dernier ne lâchera-t-il pas prise quand il aura éprouvé un échec. Il recherchera la cause de son échec, au contraire, et il ne la cherchera pas ailleurs qu'en lui-même. Il s'en prendra à lui-même plutôt qu'à d'autres. L'échec éprouvé, ou le fait de n'avoir pas atteint le résultat qu'on poursuivait, n'amène donc pas à sa suite un état d'apathie; ce sera même un excitant de plus, qui portera cet enfant à l'activité. Le sentiment de satisfaction qui résulte du travail qu'accomplit ce dernier, jouera ici le rôle d'un excitant; c'est ce qui le fera aller à la recherche de nouvelles impressions du même genre, à savoir : l'intérêt que lui inspire son genre d'activité et les impressions qu'il reçoit. Il poursuivra donc sa tâche. Laissé libre de faire ce qui lui plaît, l'enfant normal se heurtera constamment à de nouveaux phénomènes; il s'intéressera donc à tout ce qu'il fera, et il sera de plus entraîné par la nouveauté du sujet. Or, on sait que ce sont là les conditions les plus importantes, voire même nécessaires, pour que l'attention soit toujours tendue. Ajoutons que tout se fera grâce à l'initiative personnelle de l'enfant qui nous occupe. Quant à l'influence d'excitants extérieurs supplémentaires, elle fera absolument défaut. Les seuls excitants qui peuvent être admis, dans des conditions normales, sont les excitants intérieurs (venant d'une idée). Ces derniers sont équilibrés par le raisonnement; voilà pourquoi il y a une certaine garantie à ce qu'ils soient graduels et successifs.

Lorsqu'on a pris l'habitude de concentrer son attention sur les impressions qu'on reçoit, on a la possibilité de séparer les unes des autres diverses représentations. C'est ainsi qu'on accumule des connaissances. L'enfant normal fait tout cela dans les limites du possible, en vertu d'un mobile qui est en dedans de lui. C'est ce qui fait que la mesure des forces qui se trouvent dans son organisme n'est pas dépassée. Il accomplit sa tâche en manifestant une force et une rapidité qui sont en rapport avec son tempérament. Il éprouve par là même une sensation de contentement qui lui servira plus tard d'excitant. Son activité sera soutenue en partie par l'intérêt de la nouveauté; elle le sera aussi parce qu'elle correspond à sa disposition d'esprit. Le travail de l'intelligence suivra ainsi la voie la plus facile, qui correspondra, d'ailleurs, mieux qu'une autre, aux nécessités du développement normal de cet enfant.

Les actes d'un enfant habitué à raisonner et à se rendre compte des phénomènes qu'il observe ont ceci de remarquable qu'ils correspondent toujours à ses réflexions ; ils s'accordent donc toujours avec ses paroles. Quant aux motifs de ses actions, il les cherche dans l'idée du vrai. L'enfant qui n'est pas habitué à raisonner présente les phénomènes tout à fait opposés. Les agents qui exciteront son activité seront les besoins de ses organes végétaux (type hypocrite), ou des influences extérieures (type hébété-mou). L'enfant hypocrite se fait remarquer par des mouvements relativement très rapides qui semblent immédiats (réflexes) ; il se dirige principalement par son intérêt personnel du moment. Il a recours à la ruse pour atteindre son but ; il a trouvé par expérience les actes qui lui permettent de satisfaire plus rapidement et plus facilement ses besoins végétaux. Il répète donc ces actes. C'est là une activité réflexe-rationnelle, peu consciente ; les divers actes qui la composent ne sont pas séparés par des intervalles de temps assez considérables. Cette activité se rattache à des manifestations d'un ordre inférieur qui s'observent sous la forme de la ruse. On les trouve même chez les animaux inférieurs, de même que dans les premières années de la vie de l'homme. Lorsqu'un enfant n'est pas habitué à réfléchir et à raisonner sur les phénomènes qu'il rencontre, il n'aura pas des représentations et des notions nettement conçues. C'est en se dirigeant uniquement par l'expérience qu'il commettra de nouveau les actes qui lui ont déjà été utiles. Il prend ce qui a produit sur lui l'impression la plus forte, il fait ce qui lui a déjà procuré de la satisfaction ; il dit ce qui est plus facile à retenir et ce qui lui est plus utile, au point de vue des résultats les plus immédiats. Les échecs ne le déconcertent pas pour longtemps ; il se tranquillise bientôt et sait éviter dans l'avenir les actes qui pourraient lui en valoir d'autres. Jamais on ne trouve chez lui un acte psychique complexe ; il ne possède pas l'idée du vrai. On aurait donc de la peine à trouver dans ses actes une direction due à cette idée. C'est en comparant les rapports qui existent entre les impressions que reçoivent nos organes des sens supérieurs que nous arrivons à l'idée du vrai. Ce qui correspond strictement à la nature des images, dont dérivent nos impressions et ce que nous avons conçu d'une façon nette, peut seul former la base de notre conception de la vérité. Lorsque, par suite de l'association des idées similaires, les traces de cette conception surgissent facilement en nous dans diverses occasions, ces traces pourront devenir l'instrument qui donne la mesure à nos actions et qui les guide. C'est donc la notion du vrai qui forme la base essentielle du développement moral de l'enfant : voilà pourquoi les manifestations morales, qu'on observe chez celui-ci, correspondent au degré de développement en lui de cette notion.

Un enfant qui n'est pas habitué au travail de l'intelligence, et qui ne sait pas espacer par des intervalles de temps convenables les impressions qu'il reçoit, ne saura jamais élaborer une notion du vrai. On sait que les sourds-muets ne se prêtent que difficilement au développement intellectuel, de sorte qu'on trouve toujours parmi eux une grande proportion de faibles d'esprit. Cela s'explique, principalement, par l'absence chez ces individus d'impressions de l'ouïe. Or, c'est sous l'influence de ces derniers que se forment principalement les images intellectuelles et les représentations qui n'existent que dans l'imagination. Après avoir été vérifiées, celles-ci se transforment en représentations claires et en pensées abstraites.

Les principes de morale qui ne sont retenus que par la mémoire, et qui ne reposent pas sur l'idée du vrai, sont très peu stables. De même que les connaissances qu'on ne s'est pas assimilées par l'analyse et qu'on n'a pas contrôlées, d'une façon parallèle, par des pensées et par des notions abstraites, ces principes ne forment généralement pas la base de nos actes. Il est très difficile d'établir un critérium de l'acte raisonnable. Il semblerait que le critérium le meilleur serait la diminution des phénomènes d'imitation et la prédominance de la pensée abstraite. ainsi que d'actes qui correspondent aux idées et aux notions qu'on a élaborées par soi-même.

Un habitant du village sait et comprend très bien ce que c'est que de « vivre selon l'idée du vrai ». Un petit paysan de huit à neuf ans a déjà une notion très claire du « vrai », qu'il a puisée dans la concordance du mot avec la chose. Il a toujours comparé l'impression qu'il a reçue et l'activité dont celle-ci a été le résultat. Tout ce qu'il sait n'a pas été retenu par la mémoire, mais c'est le fruit de ses observations et des jugements qu'il a prononcés. Dans une bonne maison, où « on vit selon l'idée du vrai », lorsque les rapports des parents avec leurs enfants sont vrais, bienveillants et simples, ses derniers prennent une part active à tout ce qui se passe autour d'eux. Vers l'âge de dix ans, l'enfant a déjà fait connaissance avec tous les genres de travaux du ménage ; il connaît tous les calculs peu compliqués de celui-ci. Il suit d'un œil attentif tous les phénomènes qui se passent autour de lui. Ainsi que nous l'avons déjà dit, le type hébété-mou est rare dans un village ; le type débonnaire l'est aussi. Si ce dernier existe, il prend généralement la forme du type déprimé. Un travail physique uniforme entrave ici le développement intellectuel, qui prédomine dans le type débonnaire. On trouve dans les villages le type hébété-méchant, le type hypocrite et le type ambitieux. Quant au type déprimé, il ne se forme ici que dans le cas où les conditions d'existence d'une famille de paysans sont relativement heureuses ; il faut, de plus, que l'harmonie règne entre les membres de cette famille, qui devront être unis par les liens de l'affection. Il importe encore qu'on se comporte envers les enfants d'une manière bonne, simple et vraie. De pareils enfants se distinguent par leur modestie. De plus, ils savent sympathiser avec les besoins et les exigences des gens qui l'entourent. Ils ont contracté l'habitude de raisonner sur leurs impressions et sur leurs actes. L'uniformité des impressions qu'ils reçoivent, néanmoins, les empêchent de se développer d'une façon graduelle ; quant à l'harmonie de leurs fonctions, elle est compromise par la rapidité de leur développement physique. Le lien qui existe entre le développement moral et le développement intellectuel est nettement visible chez ces enfants ; à mesure que leur intelligence se développe, en effet, on les voit acquérir la notion du vrai. Ils deviennent plus attentifs et plus doux envers les gens qui les entourent ; leurs rapports avec ces derniers deviennent aussi peu à peu conscients. Lorsqu'on étudie le type débonnaire, on constate sans

faute le lien auquel nous venons de faire allusion et on s'assure de
son indissolubilité.

On voit qu'il est indispensable de distinguer le fait de savoir une
chose et le fait de comprendre cette chose ; il faut savoir distinguer
les actes raisonnables des actes qui ne sont que judicieux. Un amas
de connaissances qui n'ont pas été comprises et qui ne sont pas
reliées entre elles, par des idées abstraites, amène à sa suite des
actes imitatifs et toutes sortes de manifestations du même genre. Les
données scientifiques qu'on a appris de mémoire ne peuvent être
reproduites que sous la même forme sous laquelle elles ont été
perçues. Ce qu'on a vu et entendu, ce qu'on a lu dans le dernier
livre qu'on a eu entre les mains, est reproduit dans le même état
comme forme et comme fond. Ce qui est bien, comme ce qui est
mal, peut être expulsé ainsi comme d'un sac qu'on a ouvert. Tout
cela est sans suite et n'a aucun lien. Rien ne relie en pareil cas le
développement intellectuel avec le développement moral, qui n'ont
ainsi rien de commun entre eux. En examinant les différences qui
existent entre les manifestations du jugement et celles de la raison,
Ouchinsky s'exprime dans les termes suivants : « La conscience
« ou le processus du jugement consiste, dans son essence, à annu-
« ler les contradictions qu'il rencontre à chaque instant ; quant à
« l'essence de la raison, elle est toute différente. La raison a con-
« science de ces contradictions et en reconnaît, en même temps, la
« nécessité. La faculté du jugement est un processus de la con-
« science, tandis que la raison est la conscience de ce processus, ou
« plus exactement la conscience de soi-même, de la faculté du juge-
« ment. Cette dernière faculté est l'ensemble des faits que la con-
« science a obtenu par l'expérience et par l'observation du monde
« extérieur. La raison contient, en plus, les observations et les expé-
« riences que la conscience a fait sur le processus qu'elle a en
« propre dans les diverses sphères de l'activité du jugement, etc. »
Il résulte, de ce que nous venons de voir, que la faculté du jugement
nous sert à amasser des connaissances ; quant à l'analyse intellectuelle de ces dernières, elle est du domaine de la raison. En d'autres
termes, c'est par la raison que nous comparons entre elles les
diverses données scientifiques, après les avoir séparées les unes des

autres par des intervalles de temps. Nous en déduisons ensuite des idées et des notions générales. Cette espèce de travail intellectuel n'appartient en propre qu'à l'homme, qui se distingue par là de la brute. Plus ce genre de faculté est élevé chez l'homme, plus son développement est considérable dans le sens des manifestations qui font l'apanage exclusif de l'être humain.

Nous ne saurions être complètement de l'avis d'Ouchinsky, lorsque celui-ci affirme que la science est dirigée par le jugement, tandis que la vie se dirige par la raison. « Celle-ci, ajoute-t-il, consi-« dère la science comme un moyen et non pas comme le but de l'exis-« tence. » La science ne peut pas exister sans l'analyse et sans la généralisation. Un amas de données scientifiques ne constitue pas encore une science ; celle-ci est formée par un ensemble de vérités, avec indication de la méthode qui a servi à les trouver. La science fait voir, de plus, comment on doit se servir de ces vérités pour l'explication des phénomènes qu'on rencontre dans la vie. Ouchinsky admettait que la science se dirige par le jugement et non pas par la raison ; voilà pourquoi il a pensé qu'elle n'avait que peu de rapports avec la vie, qu'elle est même en désaccord avec cette dernière. Nous considérons, au contraire, que les déductions scientifiques doivent former la base de la vie ; c'est la science qui élabore les vérités qui contribuent à élever l'homme au point de vue moral et à augmenter son bien-être. La façon de considérer la science de cet auteur ne satisfait pas les exigences de la vie comme on peut en juger par ce qu'Ouchinsky dit plus loin : « Le pédagogue peut se « laisser entraîner par le raisonnement dans la science, mais en « matière d'éducation il doit se gouverner par la raison. » Nous considérons qu'il est impossible d'être de cet avis ; il importe en effet de se diriger toujours et en toute chose par la raison, qui est la faculté cérébrale la plus élevée dans l'homme. On le doit d'autant plus dans la science. On peut en dire autant de l'éducation prise comme une science et de l'éducation pratique.

Voici quelles sont en résumé les conclusions que nous pourrions tirer de ce que nous venons de dire sur le type :

1° Le type d'un enfant dépend du développement intellectuel et moral de celui-ci.

2° Le développement d'un enfant normal n'est possible que dans les conditions qui contribuent au développement intellectuel et physique de celui-ci.

3° Un développement intellectuel et physique qui progresse d'une façon graduelle et successive peut seul amener un développement normal plein d'harmonie.

4° Voici quels sont les facteurs essentiels du développement du type normal ; les actes et les réflexions d'un enfant doivent être basés sur son initiative personnelle ; ce dernier devra avoir près de lui une personne qui est unie avec lui par les liens de l'amitié et qui pourra l'aider à éclaircir les doutes et les incertitudes qui se présenteront à son esprit ; il devra enfin tendre à vaincre par ses propres efforts physiques et intellectuels les obstacles qui se présenteront sur son chemin.

5° Les conditions nécessaires au développement de l'enfant sont la véracité, la sincérité et l'activité incessante de l'enfant pendant l'état de veille. Les manifestations des personnes qui l'entourent devront être, autant que possible, du même genre.

6° Pour que le développement d'un enfant soit régulier, il importe qu'il se trouve dans des conditions conformes à l'hygiène ; il faut qu'il ne soit pas soumis à des mesures de coercition et qu'on ne lui donne pas des signes extérieurs de tendresse. Les procédés tout extérieurs qu'on a appris par cœur et qui ne résultent pas de la compréhension des lois du développement de l'enfant devront être également bannis. Ses rapports avec ceux qui l'entourent devront être simples et sans ambiguïté. Toute voie de fait devra être exclue de ces rapports.

7° La culture intellectuelle d'un enfant devra être basée principalement sur le développement chez lui de l'activité cérébrale abstraite. En même temps, cet enfant devra s'approprier les principes de morale fondés sur la compréhension de la vérité, et il devra apprendre à diriger sa conduite par ses principes.

8° L'enfant devra agir conformément à son développement intellectuel. Il devra faire de la façon la plus simple tout ce qu'il est nécessaire qu'il fasse. Il devra être animé par un besoin intérieur, par la nouveauté du sujet et par l'intérêt qu'il apporte dans ce qu'il fait. Telle est la base principale de l'éducation physique de l'enfant.

9° Les divers types d'enfants ne peuvent être distingués l'un de l'autre, que par les différences qui existent dans leur développement intellectuel et moral. On pourrait distinguer par conséquent : le type réflexe-rationnel ou hypocrite, — absence de la notion du vrai ; le type doué de jugement et de savoir, autrement dit le type hypocrite, — véracité relative, sensations très développées qui servent d'un agent excitant; le type doué de raison et de compréhension, autrement dit le type débonnaire, — développement physique qui est au-dessous du développement intellectuel. Quant aux types déprimés, ils sont au nombre de trois, à savoir : le type hébété-mou, — peu conscient, véracité réduite; le type hébété-méchant, — plus conscient que celui qui précède, véracité relative, état de dépression dû à l'arbitraire et à l'injustice; le type déprimé, — type conscient et vrai, prédominance du travail physique sur le travail intellectuel, peu de tendance à l'abstraction. Le type normal, enfin, — type doué de raison, idéal et vrai. Il existe dans ce dernier type une harmonie complète entre le développement physique, intellectuel et moral.

10° Pour que le développement intellectuel soit possible, il importe que les diverses phases d'un acte conscient soient séparés les uns des autres, par des intervalles de temps assez considérables.

11° Les manifestations morales d'un individu sont entièrement sous la dépendance de son développement intellectuel. Plus la pensée abstraite est développée, plus les actes imitatifs sont rares. Le réciproque est vrai également.

Les diverses variétés qu'on observe dans les types que nous venons de voir sont sous l'influence du tempérament. L'impressionnabilité (l'excitabilité) d'un enfant est sous la dépendance directe de la nutrition; jointe au mouvement et à la sensibilité, celle-ci forme un des attributs essentiels des éléments qui composent les tissus et les organes. Il existe un lien étroit entre les propriétés des éléments que nous venons de signaler. Elles sont strictement sous la dépendance l'une de l'autre; il suffit qu'une de ses fonctions ait subi une modification pour que les autres soient modifiées à leur tour. Ce sont elles qui nous permettent d'évaluer l'énergie vitale d'un individu ; lorsque l'une de ces fonctions est abaissée ou élevée, nous pouvons être sûrs à l'avance que l'énergie vitale de l'être tout entier l'est dans la même proportion. Notons que l'élévation ou l'abaissement de la sensibilité est en rapport avec les degrés correspondants de l'impressionnabilité, fait qui explique le rapport qui existe entre le tempérament et le type.

Il existe une différence tranchée entre l'hypocrite de tempérament flegmatique et l'hypocrite de tempérament sanguin. On les distinguera toujours l'un de l'autre ; il suffit qu'on ne perde pas de vue que la rapidité et l'énergie avec laquelle un individu s'excite sont sous la dépendance du tempérament. Lorsque nous examinerons le caractère, nous nous arrêterons encore une fois sur les particularités qui permettront de distinguer les diverses variétés du type.

DE LA MÉTHODE

Il est nécessaire, que nous examinions les diverses méthodes d'éducation qui existent; nous ferons voir ensuite celle dont l'emploi est plus avantageux dans la famille et celle qui convient le mieux à l'école. Ces méthodes sont au nombre de deux : l'une est pratique, et l'autre est théorique ou systématique.

La méthode *pratique* se propose comme but de développer un enfant, en le mettant dans la possibilité d'observer, de réfléchir sur ce qu'il a observé et d'acquérir ainsi de l'expérience. Il importe, que l'enfant choisisse lui-même les faits qui l'ont frappé le plus, et qu'après les avoir observés il cherche, par lui-même, les explications qui leur conviennent le mieux. Il faudra qu'il trouve ensuite, de la même façon, les procédés qui devront servir de base à son activité. L'expérience lui viendra en raison des échecs qu'il aura éprouvés, ainsi que de la persévérance dont il aura fait preuve. C'est par l'observation immédiate qu'il s'assimilera tout fait nouveau et qu'il vérifiera toute impression qu'il aura reçue. C'est là, la méthode la plus difficile ; elle réclame une grande dépense de forces ; et amène souvent, à sa suite, des souffrances et des privations. Elle a, néanmoins, cela de bon, qu'elle développe dans un individu l'initiative et l'indépendance d'esprit. Afin de diminuer les difficultés qui en sont la conséquence, on a généralement recours à l'observation et à l'expérience d'autrui. Remarquons, cependant, que si nous nous bornons à imiter les actes de ceux qui nous entourent et si nous acceptons sans contrôle ce qu'ils ont vérifié, nous diminuons, par là même, notre compréhension personnelle. Nous manifesterons, par conséquent, moins d'indépendance et notre activité aura moins de logique et d'esprit de suite. Voici quel sera l'explication de ce fait, ce nous semble. C'est en séparant les uns des autres les divers actes comme les diverses représentations, et en les comparant entre eux, qu'on favorise le plus son développement intellectuel et physique. Or, lorsque c'est par soi-même qu'on fait ce travail, on apprend par là même à connaître dans toutes ses phases l'acte qui consiste à séparer les idées et les faits. On réunit ensuite toutes ces phases une à une pour reconstruire de nouveau ce qu'on a séparé. Les comparaisons que nous avons faites nous permettront de vérifier l'exactitude de ce que nous avons reconstruit ; nous obtenons ainsi les images et les vérités générales. Si on reconstruit d'une façon incomplète, les déductions qu'on aura obtenues seront inexactes et manqueront de logique. Une déduction ne peut être logique, en effet, que si tous les faits qui sont unis par un certain lien ont été reconstruits d'une façon complète. Plus une thèse est compliquée, plus il est facile de se tromper, parce qu'il est plus facile de perdre de vue un fait qui a rapport à la matière. Lorsque, au contraire, on prend les résultats de l'observation, de l'expérience et du travail d'autrui, sous la forme de déductions ou d'ouvrages tout faits, on ignore les diverses phases par lesquelles ces résultats ont passé. On ne sait rien non plus des procédés au moyen desquels ces résultats ont été obtenus. Il ne sera donc pas possible de les modifier. Toute initiative, toute activité indépendante, logique et animée d'un esprit de suite fera défaut, par là même. Toutes les déductions et toutes les thèses qui n'ont pas entre elles un lien logique et qui ne découlent pas l'une de l'autre ne peuvent pas être appliquées et modifiées, d'une façon indépendante. On ne saurait non plus mener à bonne fin un travail dont on ignore les procédés élémentaires, nécessaires, pour l'accomplissement de pareils travaux ou de travaux analogues. Il en résulte que lorsqu'on n'a retenu que des déductions et des procédés séparés qui n'ont aucun lien entre eux, on aura d'autant moins de l'expérience et de l'esprit d'observation. Moins on a aussi d'initiative personnelle et moins on sera capable de mener à bonne fin une affaire par soi-même. On ne peut, en pareil cas, qu'exécuter les ordres d'autrui, quand ceux-ci sont bien déterminés et bien définis. La meilleure manière de développer un enfant par la méthode pratique est, par conséquent, de lui donner la possibilité de vaincre par lui-même les obstacles et les difficultés qu'il rencontre. Il ne faut pourtant pas lui refuser son concours lorsqu'il désire vérifier ses réflexions et ses actes, ou lorsqu'il demande qu'on lui indique un procédé plus simple qui pourra le mener plus directement à son but. Cette méthode amènera un développement plus considérable des facultés personnelles de l'enfant, qui gagnera en esprit d'observation et en expérience, son impressionnabilité restant la même. Il s'habituera à séparer les diverses représentations qu'il reçoit et à les comparer entre elles. De plus, il saura les vérifier par son activité personnelle, ainsi que par les impressions qu'il a reçues par l'entremise des divers organes de la réceptivité.

La *méthode théorique ou systématique* de développer un enfant consiste en un passage graduel et successif du simple au composé. Les diverses représentations sont séparées les unes des autres et comparées entre elles. Après avoir déduit ensuite les thèses et les vérités générales, on s'en sert pour expliquer les phénomènes qu'on rencontre. On habitue l'enfant à vérifier, autant que possible par l'expérience, les vérités qu'il s'est assimilées, après les avoir élaborées de cette façon; il devra aussi employer pour cette vérification des procédés mathématiques. La méthode systématique doit être appliquée également à l'éducation physique; cela veut dire, que les différents mouvements devront être séparés en leurs parties élémentaires, puis ces formes de mouvement devront être groupées de façon à créer des formes plus complexes, en augmentant peu à peu leur force et leur rapidité. Vient ensuite l'étude de la corrélation dans l'espace et de la distribution de l'activité dans le temps; ce sont là les éléments de tout travail simple. La méthode théorique doit habituer un enfant à accomplir un travail intellectuel ou physique en le moins de temps possible et avec le moins de dépense de forces possible. Cette méthode est fondée sur les observations et sur l'expérience de toutes les générations qui nous ont précédés.

L'application de la méthode systématique pourrait démontrer, à ceux qui étudient, l'existence d'une loi de l'uniformité dans tous les phénomènes de la nature; on en concluerait à la possibilité d'étudier ces phénomènes et de les expliquer par un même procédé général. Afin d'apprendre à connaître ces procédés, on choisit différentes branches de connaissances humaines; on s'habitue à déduire des représentations qu'on a reçues des thèses et des vérités générales. On doit le faire dans un ordre systématique. On applique ensuite ces thèses et ces vérités à l'explication des phénomènes qu'on rencontre dans la vie. Chaque vérité devra être vérifiée, autant que possible, par l'expérience et par l'application de la méthode mathématique. « Lorsqu'il s'agit des sciences expérimentales, l'esprit ne doit pas rechercher la cause d'une chose avant d'avoir eu le témoignage des faits, — il ne doit pas non plus rejeter un fait, parce qu'il ne trouve pas un argument pour l'expliquer[1]. » Lorsqu'on connaît ces méthodes et lorsqu'on sait les appliquer, on peut se former des notions abstraites en comparant entre elles les représentations concrètes; ces notions ayant été vérifiées sont relativement exemptes d'arbitraire et d'éventualité. Elles sont par là même plus exactes. La pensée abstraite constitue, sans contredit, la faculté la plus élevée de l'homme; elle le distingue de la bête. Il n'y a qu'elle qui puisse permettre de concentrer l'attention sur les déviations d'une image donnée générale; c'est elle qui permet à l'homme de connaître plus exactement, les phénomènes qu'il rencontre. C'est elle encore qui fournit le critérium qui permet d'en donner l'explication et de vérifier les thèses et les vérités. L'activité intellectuelle est tellement large et tellement concentrée pendant la pensée abstraite qu'elle permet de fournir le plus de travail possible en le moins de temps possible.

Lorsque le développement d'un individu s'est fait selon la méthode pratique, on lui trouve un esprit de suite et par conséquent une profondeur de la pensée moindre; établies sur une base moins solide, et moins bien vérifiées, les déductions qu'il fera pourront être plus arbitraires. Ajoutons que moins on a recours à l'expérience d'autrui, et plus on mettra de temps à obtenir ces déductions. Cela n'empêchera pas qu'on posera ainsi, souvent, des thèses inexactes et même fausses. En règle générale, on n'atteindra jamais une profondeur de la pensée aussi considérable en se servant de la méthode pratique. On ne pourra pas non plus vérifier une pensée et lui donner une telle précision qu'en appliquant la méthode systématique. Cette dernière méthode ne saurait être appliquée, à moins qu'on n'ait déjà

---

[1]. Lewis. *Histoire de la Philosophie*. Saint-Pétersbourg, 1865, p. 417.

passé par une certaine école préparatoire et à moins qu'on ne possède déjà beaucoup de matériaux rassemblés par l'observation ; cette méthode est plus facile à appliquer en pareil cas, et ces matériaux peuvent être rangés en un système. Voilà pourquoi il est plus avantageux d'appliquer exclusivement la méthode pratique dans la famille ; on doit en même temps aider l'enfant et prendre part à ce qu'il fait, toutes les fois qu'il en exprimera le désir. La méthode systématique ou théorique, au contraire, doit être appliquée à l'école. L'éducation générale d'un homme doit être considérée comme terminée lorsque celui-ci s'est assimilé complètement cette dernière méthode, et lorsqu'il a appris à l'appliquer. Quant à apprendre à appliquer cette méthode, la méthode systématique, avec largeur, dans les questions particulières, c'est là la tâche de l'éducation spéciale.

L'école présente toujours des conditions défavorables pour l'éducation ; ce qui est surtout fâcheux, c'est qu'on n'y individualise pas assez chaque enfant, en particulier. Voilà pourquoi les enfants imitent ici leurs camarades ou répètent à leur suite des choses qu'ils n'ont pas pu s'assimiler par eux-mêmes. L'acte d'imiter diminue les manifestations indépendantes de l'enfant qui devient moutonnier, et cela aux dépens des facultés qui lui sont personnelles. Ajoutons que tout système qu'on applique à la lettre dans une école, après l'avoir appris par cœur, est absolument nuisible ; c'est là une règle, inanimée en quelque sorte, qui ne peut pas s'adapter aux qualités individuelles de chaque enfant. Animés par le désir d'accomplir leur tâche en se donnant le moins de mal possible, les professeurs ne montrent pas aux élèves les procédés qui leur permettraient de comprendre et de faire l'application des diverses données scientifiques. Ils se contentent de leur transmettre des connaissances toutes faites, que les élèves n'ont qu'à retenir dans leur mémoire. Ils ne les habituent pas non plus à chercher l'explication des phénomènes qu'ils observent. Toutes ces choses réunies empêchent l'individualité de l'élève de se manifester ; l'impressionnabilité de celui-ci est diminuée par là même, aussi bien que la possibilité de développer son intelligence et de la rendre indépendante. Voilà pourquoi on ne doit pas se presser de mettre un enfant à l'école. On ne doit le faire qu'après qu'un enfant a appris à observer. Il faut aussi, que ce dernier ait acquis une expérience qui aura contribué à établir son individualité. Cette expérience contribuera plus tard à la formation de son caractère.

On a essayé de rendre systématique l'éducation dans la famille ou de mettre les enfants dans les écoles (jardins d'enfants de Frœbel), dès qu'ils ont appris à marcher. Ce sont là des tentatives qui n'ont pas été couronnées de succès. Nous montrerons plus loin que ce système est fondé sur des raisonnements tout à fait arbitraires. Ajoutons que l'ignorance de la nature de l'enfant et des conditions de son développement psychique perce à chaque pas dans ces raisonnements. Nous aurons, d'ailleurs, à revenir sur ce système, lorsque nous ferons une analyse suivie de l'enfant; nous en ferons voir la signification au même moment. Quant à présent, nous laisserons de côté les procédés que recommande ce système. Qu'il nous suffise de dire que nous ne voyons aucun avantage à réunir les enfants dans les écoles, de façon à forcer en quelque sorte, en le rendant prématuré, le développement de leur esprit d'observation. Il est inutile aussi de chercher d'une façon artificielle à leur donner de l'expérience. Ajoutons que les procédés recommandés par le système auquel nous venons de faire allusion sont tout à fait routiniers. Tout cela contribue à développer chez les enfants l'esprit d'imitation et à les rendre moutonniers. Toute initiative personnelle est abolie par la même occasion. Ajoutons que la façon dont on prépare pour leur activité les jeunes gens qui devront appliquer ce système contribue fort peu à leur propre développement. C'est entre les mains de pareils individus, fort peu développés en général, qu'on place ensuite l'éducation de petits enfants, cette chose si grave quant à ses conséquences. Ces jeunes gens n'ont à leur disposition qu'un certain nombre de procédés qu'ils appliquent à tout enfant, sans distinction aucune; ils exigent de celui-ci qu'il répète certains exercices dans l'ordre qui leur a été indiqué et de la façon qui leur a été montrée. Toute personne qui s'est occupée d'éducation doit comprendre qu'il est, pour le moins, inutile de répandre dans le monde des procédés schématiques qui n'ont aucun sens apparent.

La méthode pratique permet mieux qu'une autre aux facultés

individuelles d'un enfant de se manifester librement ; elle contribue au développement chez lui de l'esprit d'observation et de l'expérience. Voilà pourquoi on doit lui donner la préférence dans la famille et cela jusqu'au moment où le type d'un enfant se sera établi d'une façon définitive. Il faut donc s'y tenir jusqu'à ce qu'un enfant ait atteint l'âge de huit à dix ans. C'est à ce moment que ce dernier peut présenter des manifestations indépendantes.

Il est absolument inexact de dire qu'il importe de s'assimiler à l'école le plus de connaissances et le plus de faits possible ; on aurait tort de penser qu'il est inutile de s'occuper de la façon dont ces connaissances ont été assimilées. Le développement intellectuel et physique, ainsi que celui de la puissance créatrice, va très lentement chez un enfant; il n'est pas facile à atteindre non plus. Les actes uniformes amènent rapidement de la fatigue : cette fatigue se relie à des impressions et des sensations désagréables, — à de la souffrance même. Celles-ci poussent un enfant à interrompre ses occupations; elles contribuent même à faire baisser son activité. Remarquons encore qu'il est toujours facile de s'approprier la méthode analytique et de la vérifier par la méthode expérimentale, lorsqu'on a acquis déjà l'esprit d'observation et de l'expérience. Quant à l'habitude de s'expliquer les phénomènes qu'on rencontre en se fondant sur les vérités qu'on s'est assimilées et de vérifier les thèses qu'on a posées, elle donne à celui qui étudie de la précision, de la clarté, de la solidité, de l'esprit de suite et de la rigidité dans les pensées et dans les actes. Il n'est pas facile de développer chez un homme de pareilles habitudes et de pareilles facultés. Il ne suffit pas d'expliquer ou de montrer à son élève une méthode donnée, il faut que celui-ci se l'assimile. Il faut encore qu'il prenne l'habitude de s'en servir dans tous ses rapports avec le milieu ambiant. Ce dernier résultat ne peut être atteint qu'à force d'exercice. Il importe aussi qu'on applique cette méthode d'une manière de plus en plus compliquée; quant aux difficultés qu'il aura à vaincre, elles devront aller en progressant d'une façon graduelle et successive. Il faut, à cet effet, que l'élève ait à sa disposition des matériaux qui consistent en des représentations venues du dehors. Il est donc impossible de faire de la méthode systématique le sujet principal de l'instruction, à moins que l'élève ne possède déjà de l'esprit d'observation, de l'expérience et un amas convenable de connaissances.

En se fondant sur la loi de l'uniformité des manifestations qui existent dans la nature, la méthode systématique qui a été élaborée par nos devanciers doit être appliquée dans toutes les matières de l'enseignement scolaire. On doit s'en servir aussi à l'école pour l'explication de tout phénomène. Afin de s'expliquer de la façon la plus brève et la plus simple les phénomènes du monde organique et du monde inorganique, les manifestations végétales, animales et psychiques de l'homme, de même que les manifestations sociales, on doit se fonder sur des lois et des vérités générales. On doit appliquer à leur étude des méthodes générales. Il suffit donc d'avoir appris à appliquer cette méthode dans une des matières de l'enseignement, pour pouvoir l'appliquer ensuite dans toutes les autres. On saura également se servir de cette méthode dans l'explication de tous les phénomènes. Faute d'avoir l'habitude de se servir de cette méthode, tout ce qu'on a retenu de mémoire, toute thèse, toute vérité, tout système, ne saurait être appliqué que dans un cas particulier, désigné à l'avance. De pareilles connaissances resteront sans influence sur les manifestations propres d'un individu. Elles ne sauraient non plus déterminer chez lui le développement du pouvoir créateur.

Les personnes qui se sont bornées à accumuler des connaissances en ne retenant que les déductions et les résultats de diverses doctrines, sans s'occuper des méthodes qui ont permis de trouver ces résultats et ces déductions, se distinguent par leur aplomb. Elles ont même parfois de l'impudence. Il n'y a pas de difficulté que ces individus ne puissent trancher rapidement en paroles. Ils savent toutes choses et considèrent comme inutile de se préparer, par l'étude, à une activité quelconque. Ils combattent toujours les opinions qui sont émises devant eux et expriment leurs doutes en prenant un air profond. Quant à faire par eux-mêmes quelque chose de sérieux, quant à prouver une idée et à la faire accepter, ils ne sauraient le faire. Incapables de se livrer à la pensée abstraite, ils ne peuvent pas s'intéresser d'une façon sérieuse à un travail qui demande de l'esprit d'analyse et qu'il s'agit de comprendre. Il est facile d'expliquer les causes de pareils phénomènes ; lorsqu'on s'est borné à assimiler des notions et des thèses, on ignore les parties dont celles-ci se composent, et qui ont servi à les construire. On ne saurait donc les appliquer. Ajoutons qu'il faut mettre beaucoup de persévérance, de temps et d'efforts pour faire l'étude d'une méthode et pour l'appliquer d'une façon indépendante. Il est beaucoup plus facile de s'approprier par la mémoire des déductions et des doctrines toutes faites. Ce dernier mode de travailler amène donc forcément à sa suite l'habitude de traiter à la légère toutes les déductions et toutes les vérités. On est porté à trancher toute question sans l'avoir étudiée au préalable.

Il importe de ne pas oublier que si l'activité consciente ne se manifeste que faiblement, un individu n'a que des sensations et des sentiments ; il ressemble, en quelque sorte, à un homme qui est narcotisé ou alcoolisé. Si les centres conscients d'un homme ne contiennent que des représentations sous forme de connaissances, ces représentations ne peuvent être éveillées qu'en vertu des lois de l'association mécanique ou logique. Voici comment la première de ces lois peut être formulée : « Lorsque deux représentations, ou un plus grand nombre de représentations, apparaissent dans le centre conscient simultanément ou immédiatement, l'une après l'autre, l'apparition, de nouveau, d'une de ces représentations amènera l'autre à sa suite. » Quant à la seconde loi, en voici les termes : « Les représentations qui se ressemblent par leur essence facilitent l'apparition l'une de l'autre dans le centre conscient. » Lorsque les connaissances que nous avons acquises sont rétablies dans notre esprit sans qu'une idée, sans qu'un acte de volonté intervienne, il se passe en nous quelque chose d'analogue à ce qu'on voit chez les aliénés. Ces derniers, en effet, passent constamment d'une association à une autre, selon la représentation qui les tient sous son empire à un moment donné.

Un fait analogue à celui qui s'observe chez quelques individus, par rapport à des phénomènes particuliers, s'observe chez les savants par rapport à la science. Dans les sciences dites descriptives, qui se trouvent à un degré de développement inférieur, on se borne à décrire des objets ; on s'arrête principalement à l'apparence, à la forme, à la position de ces objets, etc. C'est là la période concrète d'une science qui consiste dans l'accumulation des faits qui n'ont aucun lien entre eux. Il n'y a encore ni abstraction, ni thèses générales, ni vérification de méthodes scientifiques ; il n'y a pas non plus des vérités qui pourraient servir de bases à des actions et être appliquées à la vie. Lorsqu'on étudie les sciences dites « descriptives », qui ne sont qu'une réunion de faits, on voit que ces derniers s'associent entre eux d'une façon mécanique, à force d'être répétés. Il va sans dire que ces faits, associés d'une façon mécanique, ne peuvent pas former la base de nos actions et trouver leur application dans la vie. En effet, lorsqu'on les associe ainsi les unes avec les autres, on peut le faire à propos, mais on peut aussi le faire hors de propos.

L'anatomie dite « descriptive » présente l'exemple d'une pareille matière de l'enseignement. Il n'y a ici ni thèses générales, ni vérités. Nous n'y trouvons que des faits qu'on a obtenus en disséquant des cadavres. Ces faits n'ont aucun lien qui les unisse, ce qui les empêche d'être vivants. Lorsqu'un ingénieur examine un édifice, il peut déterminer la quantité des matériaux qui ont servi à la construction de cet édifice. Il peut aussi se rendre compte de la signification mécanique, de la corrélation et de la distribution des diverses parties de ce dernier. Il peut déterminer les limites de l'activité d'une construction donnée, ainsi que les conséquences qu'aura sur l'ensemble la perturbation subie par une de ses parties. Celui qui s'occupe d'anatomie descriptive ne saurait faire rien de semblable : il n'a rien à voir avec la construction qui l'occupe, prise dans son ensemble ; il ne s'occupe pas de son activité, de sa vie, en quelque sorte. Tous les faits qu'il a rassemblés ne peuvent qu'être associés d'une façon mécanique ; ils sont aussi peu vivants que le cadavre dont la dissection a servi à les trouver. Lorsqu'on fait des leçons sur de pareilles matières on a l'habitude d'avoir recours à des anecdotes et à des récits qui n'ont rien de commun avec ce qu'on enseigne. C'est là un moyen d'attirer à son cours des élèves et à les retenir auprès de soi, car c'est là un moyen qui joue le rôle d'un excitant supplémentaire. Il va sans dire que des matières enseignées de cette façon ne peuvent pas trouver leur application dans la vie de tous les jours ; on cherche à s'en débarrasser aussi facilement que possible. On peut oublier jusqu'à leur existence ensuite. Il y avait autrefois en Allemagne une école de chirurgie qui considérait que la connaissance de l'anatomie est nuisible au chirurgien parce qu'elle le rend timide. Ce dernier n'avait besoin de se rappeler que les préceptes suivants : coupe les parties molles, scie les parties dures, fais des ligatures, là où le sang coule. Moyennant cela, il pouvait faire toutes les opérations qu'il voulait. On ne parle plus avec autant de franchise maintenant, mais on pense et on agit de même. Les médecins considèrent qu'ils peuvent laisser de côté les méthodes scientifiques et se borner à observer et à se diriger par leur expérience. Faute de comprendre la structure de l'organisme vivant de l'homme, faute de savoir appliquer des méthodes scientifiques à l'étude de cette structure, faute enfin de comprendre des idées et des vérités générales qui forment la base de cette structure, on ne saurait faire une analyse scientifique d'un malade. On ne saurait non plus appliquer des méthodes scientifiques pour s'expliquer sa maladie. L'anatomie devenue une science, la physiologie et la psychologie doivent former la base de la médecine et de la pédagogie, de même que celle de la sociologie. A la fin du xviiiᵉ siècle et au commencement du xixᵉ déjà, Bichat a montré que l'anatomie peut être étudiée par des méthodes scientifiques; cela n'empêche pas qu'elle est enseignée encore comme avant Bichat. L'anatomie descriptive ne se donne pas la peine, même aujourd'hui, d'expliquer la construction de l'organisme vivant. Elle ne cherche pas non plus la signification de celle-ci.

En règle générale, on observe que moins l'intelligence d'un homme est développée, moins il a appris à élaborer des lois et des vérités générales et à les appliquer, seulement il ne s'occupe que de l'extérieure des choses. Il ne va pas jusqu'à la profondeur de ces dernières. Il ne voit que des détails, il ne comprend pas les vérités et ne saurait prévoir des phénomènes. La prévoyance et le signe infaillible de la compréhension, qui accompagne constamment celle-ci. Lorsqu'on peut prévoir des conséquences données, et lorsque celles-ci ont lieu conformément à ce qui a été prédit, on peut être sûr qu'une thèse donnée est exacte.

Une théorie ne saurait avoir de signification si elle n'est pas confirmée par la pratique. Il importe qu'elle soit entièrement d'accord avec la pratique et qu'elle puisse servir de fil conducteur à celle-ci. Elle doit servir d'indication à la pratique. Il est impossible de s'occuper de science d'une façon active si on n'a pas de théorie. On ne saurait non plus mener une vie digne d'un être humain sans cette dernière. La pratique d'une personne donnée doit ressortir de ces notions théoriques, et doit être absolument d'accord avec ces dernières.

Après avoir défini dans des termes généraux ce que signifie le type d'un enfant et quelles sont les conditions du développement de celui-ci, nous passerons à la définition du caractère.

IV

DU CARACTÈRE

Dans son Anthropologie, Kant définit le caractère de l'homme dans les termes suivants : « On donne le nom de caractère à cette « qualité de la volonté, qui fait qu'un homme prend la décision de « se diriger d'après des principes pratiques (bases) qui lui ont été « dictés une fois pour toutes, par sa propre raison. » Ces principes peuvent être justes et vrais, ou bien faux, sans qu'en thèse générale cette définition du caractère cesse d'être exacte. Kant affirme que les hommes qui agissent en vertu de principes fermement établis sont tellement rares qu'ils doivent inspirer de l'admiration. Ils ont certainement beaucoup de valeur. Le caractère exprime, non pas ce que la nature a donné à l'homme, mais ce qu'il a fait de lui-même; quant à l'influence de sa nature, elle se fait connaître d'une façon passive par le tempérament. Toutes les qualités qui sont bonnes et utiles dans l'homme, dit Kant, ont leur valeur extrinsèque, tandis que le caractère donne la mesure de la valeur intrinsèque de l'homme; c'est là une valeur dont le prix est inestimable.

L'acte de répéter ou d'imiter, quand ce serait même des qualités morales, exclut toute idée du caractère; ce dernier, en effet, consiste, d'après Kant, dans l'originalité de la pensée. Il dépend des qualités intrinsèques de l'homme. Ce qu'on appelle la bonté (faiblesse innée), ou un tempérament mou, vaut moins lorsqu'il n'y a pas en même temps du caractère [1], qu'une prédisposition à la rudesse et même à la méchanceté (tempérament à manifestations rapides et fortes); le fait est que cette dernière prédisposition du tempérament peut être atténuée par le développement du caractère. Un tempérament qui permet d'avoir de la lenteur et de la fixité dans les décisions, forme une prédisposition très avantageuse au développement du caractère.

---

1. *Die Gutartigkeit aus Temperament ist ein Gemälde aus Wasserfarben und kein Charakterzug.* — Kant. *Anthropologie.* Leipzig, 1880, page 215.

Notons que ce ne sera pas encore la manifestation du caractère d'une personne; ce dernier, en effet, ne saurait exister tant que les principes font encore défaut. Élaborés par la raison, ces derniers doivent avoir une base morale et pratique. Voilà pourquoi Kant n'admet pas que la méchanceté puisse être une manifestation du caractère, l'homme ne pouvant jamais approuver en lui-même ce qui est mauvais. On ne saurait donc être méchant par principe, ajoute-t-il, on ne peut l'être qu'en violant, au contraire, un principe. En d'autres termes, la méchanceté n'est qu'une manifestation inconsciente du tempérament. Il est clair que Kant confond ici le tempérament avec le type. La rudesse seule (rapidité et force) d'un acte peut être déterminée par le tempérament. Quant à la malignité ou à la méchanceté, c'est là un phénomène qui est sous la dépendance du type; il n'est pas douteux que le caractère seul peut empêcher ce phénomène de se produire. Il est impossible d'admettre, en effet, que la méchanceté puisse être le résultat d'un principe élaboré par la raison. De même que le tempérament (degré de rapidité et de force qui s'observe dans les diverses manifestations), les sensations qui sont amenées par certaines conditions prendront toujours part à la production de la méchanceté.

Kant ne détermine que d'une façon négative les bases qui devront servir à définir le caractère. Il pose à cet égard les thèses suivantes :

1° Ne pas altérer la vérité avec intention. On doit, en général, parler avec prudence, crainte d'avoir à confesser à sa honte l'absurdité de ses actes ;

2° N'être pas hypocrite. Ne pas avoir l'air d'être bien disposé envers une personne, tout en agissant contre elle dès qu'elle a le dos tourné ;

3° Ne pas manquer à une promesse donnée. Respecter les liens de l'amitié qu'on a eue dans le passé; ne pas trahir plus tard les marques de confiance et de franchise qu'on a reçues, autrefois, d'une personne ;

4° Éviter l'intimité des gens dangereux et se borner tout au plus à des relations d'affaires avec ces personnes (*Noscitur ex socio*, etc.);

5° Ne pas se laisser impressionner par les jugements superficiels et malveillants des autres hommes, parce qu'une conduite opposée prouverait de la faiblesse. Il faut aussi réagir contre la crainte qu'on pourrait avoir de ne pas agir selon la mode; celle-ci étant éminemment mobile et peu stable, un homme de caractère ne doit pas lui permettre d'avoir de l'influence sur sa moralité.

La seule preuve qu'un homme puisse donner du fait d'avoir conscience de son caractère, c'est de prendre pour base de ses réflexions et de ses actes la véracité. Celle-ci doit le diriger dans ses rapports avec les autres hommes, et dans les tentatives qu'il fait pour se connaître lui-même.

Dans ses écrits sur la pédagogie, Herbart[1] dit qu'on donne le nom de caractère au mode suivant lequel un homme prend une décision (*Die Art der Entschlossenheit*). Le caractère serait donc, d'après cette définition, ce que l'homme veut, comparé avec ce que l'homme ne veut pas. Herbart a déjà montré que les désirs et les volitions qui n'ont rien de commun avec le caractère, doivent être distingués des actes de volonté; ces derniers sont sous la dépendance du caractère. Afin de connaître un homme, dit Herbart, on l'observe et on cherche à fixer sur lui son attention en le prenant pour objet. On remarque la même chose chez tout homme en particulier : pour qu'il comprenne les autres, il faut qu'il soit en état de se comprendre lui-même; cela veut dire qu'il doit être en état de se prendre pour objet et de faire son propre examen. Voilà pourquoi Herbart distingue le côté objectif et le côté subjectif du caractère de l'homme. Un homme s'observe, donne une direction à ses actes, et s'en explique la portée. Il en est satisfait ou non. Il examine donc, en se plaçant au point de vue objectif, les diverses manifestations de son activité consciente. Herbart pense que l'éducation ne peut avoir de l'influence que sur le côté objectif du caractère de l'homme, parce qu'il est très difficile à celui-ci d'élaborer pour son usage des principes après que ses aspirations et ses tendances se sont une fois établies.

Benecke[2] dit qu'aucune sensation, aucune émotion de l'âme ne reste, à proprement parler, sans influence sur le développement du

1. Joh. Fr. Herbart. *Pedagogische Schriften*. Langensalza, 1883, 1 p. 3ᵉ édition, p. 95.
2. *Erziehungs-und Unterrichtslehre*. T. I, Berlin, 1876, p. 160 et 161.

caractère d'un enfant. Il affirme que ce dernier se forme aux dépens de toutes les impressions, auxquelles on a l'habitude de ne pas attacher de l'importance. Il pense que la pédagogie subira une transformation analogue à celle que la chimie a subi en son temps; on ne tenait aucun compte, en effet, de tout ce qui est volatil ou gazeux. Il arrivera, de même, qu'on apprendra à considérer les influences de passage qui semblent insignifiantes et sans importance, comme le rudiment du caractère dont ils forment la base réelle (*substratum*).

Les anciens avaient bien remarqué déjà les conditions qui ont de l'influence sur le développement du caractère de l'homme. On savait bien, à cette époque déjà, qu'on favorise le mieux ce développement en apprenant à dominer les besoins qui se relient à des sensations et à des sentiments. Lorsqu'on faisait l'éducation d'un jeune homme, on l'habituait à supporter vaillamment la faim, la soif, la chaleur, le froid et toutes sortes de privations. Dans la Perse de l'antiquité, on considérait les sécrétions abondantes comme le signe d'une vie oisive et sans activité. On considérait comme excessivement indécent non seulement le fait de se moucher ou de cracher en société, mais encore celui d'avoir un gros ventre ou de s'écarter pour satisfaire un besoin végétal. On connaît l'éducation rude des Spartiates, lesquels se proposaient principalement pour but de développer le caractère des jeunes gens. Quant au brouet noir des Spartiates, il contenait une quantité aussi considérable que possible de matières nutritives. On voulait réparer les pertes de l'organisme par une petite quantité de nourriture, crainte de contribuer au développement de manifestations sensuelles. On voulait surtout éviter la sensation de plénitude de l'estomac. Toutes les mesures qu'on prenait pour contribuer au développement du caractère étaient calculées de façon à agir sur le rapport des actes de volonté avec les sensations et les sentiments. Ces rapports ont toujours été considérés comme les agents essentiels sous l'influence desquels se développe le caractère.

On peut donner le nom de caractère à une manifestation de la volonté de l'homme, qui est fondée sur des vérités qui ont été déterminées par la raison, et que celle-ci a établies sur des bases solides. C'est là la seule définition du caractère normal qu'on puisse donner, en se plaçant au point de vue des manifestations normales de l'homme. On constate l'influence des sensations dans toutes les les manifestations de l'animosité et de la méchanceté, ainsi que celles qui n'ont de l'esthétique que l'apparence. Ces sensations empêchent la manifestation franche des actes de volonté qui sont sous l'influence de la raison. Nous pouvons en dire autant des actes motivés par l'ambition ou par un but d'intérêt personnel et égoïste, ainsi que de ceux qui sont destinés à avancer les intérêts matériels d'un certain milieu, ou de la société. Tous ces actes sont en rapport avec des sensations. Ils ne sont nullement une manifestation de ce qu'on peut appeler le caractère d'un homme normal. Ce sont là des aspirations, des désirs et des volitions, mais non pas des actes de volonté; c'est ce que nous allons prouver d'ailleurs, en nous fondant sur des données scientifiques.

Lorsqu'on étudie l'organisme humain, on le décompose ordinairement en une série de systèmes; ces derniers sont formés d'organes homogènes. Constitués par des tissus déterminés, ces organes peuvent être décomposés en leurs parties constituantes, ou éléments. Chacun de ses éléments, pris à part, peut continuer à vivre s'il se trouve dans certaines conditions[1]. La force vitale de chaque élément se manifeste par des phénomènes qui sont sous la dépendance des propriétés essentielles de cet élément, à savoir : la nutrition, la sensibilité et le mouvement. Pour que l'élément puisse vivre, il faut que ces divers ordres de phénomènes se produisent en lui, simultanément; aucun d'eux ne saurait se produire sans les autres. Il existe entre eux, en effet, un rapport étroit dont dépend la force et la rapidité de leurs manifestations. Le processus de la nutrition consiste principalement dans l'assimilation des substances nutritives; les forces vives, qui se dégagent pendant ce temps, contribuent à maintenir l'élément dans un état de tension. Cette dernière favorise les manifestations sensibles[2] de l'élément en question et celui-ci devient capable de recevoir les impressions venues du dehors; il

___

1. P. Lesshaft, *Grundlagen der theoretischen Anatomie*. T. I. Leipzig, 1892. p. 3-4.
2. On donne le nom de sensibilité à la faculté qu'a l'organisme de recevoir des excitations et des irritations venues du dehors. Quant aux éléments des tissus, ils reçoivent ces dernières des parties qui les environnent.

peut ensuite manifester par des mouvements l'activité qui se passe en lui. Toute excitation, toute irritation du tissu vient renforcer cette activité et l'accélérer en même temps. Après s'être réunies, les diverses phases de cette activité traversent des conducteurs nerveux et déterminent des actes réflexes (musculaires ou glandulaires); d'autres fois, elles pénètrent dans les centres conscients où elles donnent lieu à des sensations. Les excitations qui sont transmises à des centres ayant rapport avec le cœur ou le système vasculaire arrivent dans les centres conscients sous la forme de sensations ou d'émotions de l'âme. C'est la chaleur qui est ici le principal agent d'excitation; c'est elle qui peut faire croître l'activité des organes sur lesquels l'irritation est venue agir. Nous avons dit, plus haut, que le tempérament est sous la dépendance de la force et de la rapidité que possède l'activité des divers éléments et des diverses parties de l'organisme. Il est sous l'influence également des particularités individuelles que présente la structure du système vasculaire. Les manifestations qui se rapportent exclusivement au tempérament sont végétales ou animales; elles se produisent sous forme d'aspirations vagues, dites instinctives. Si on retarde leur manifestation, ou si on dirige celle-ci en vertu de l'expérience acquise ou par suite d'un raisonnement, elles prennent la forme de désirs ou de volitions. Ce ne sont, quand même, que des fonctions purement animales, qui ne doivent pas gouverner l'homme à l'état normal. Elles doivent seulement exciter l'activité de la raison et donner lieu à des actes de volonté, qui auront pour base cette activité. Ces actes présentent des phénomènes qu'on n'observe pas chez les animaux et qui font le propre de l'être humain. On a toujours attaché beaucoup de prix aux manifestations de la volonté, lorsque, dirigée par la vérité, cette dernière forme la base de tous les actes d'un homme et de tous les rapports de celui-ci avec les autres. Voici ce que Kant dit à cet égard : « L'éducation, les exemples et les conseils ne peuvent pas faire naître la solidité et la fixité des bases qui sont nécessaires à la production du caractère; rarement élaborées avant l'âge de trente ans, ces bases apparaissent généralement à la suite d'une explosion qui éclate tout d'un coup. Elles arrivent quand l'homme est, pour ainsi dire, rassasié de l'état versatile de son instinct. » Il est rare, suivant lui, que le caractère soit formé avant l'âge de quarante ans. Nous ne saurions être complètement de cet avis. Il est certain que l'enfant ne peut pas manifester du caractère; on ne saurait, en effet, admettre un caractère chez un individu qui n'est pas encore arrivé à la conscience de lui-même. Un enfant ne se sépare pas encore de son corps : « Je suis mon corps », pense-t-il. Il faut qu'un homme se soit habitué à la pensée abstraite pour qu'il puisse comprendre les paroles de Socrate qui disait : « Mon corps seulement m'appartient et non pas mon moi. » Ce n'est qu'alors que ce « moi » s'habituera à gouverner le corps. Il est possible, sans contredit, de traverser une existence tout entière sans arriver au pouvoir de la pensée abstraite, et sans atteindre la conscience de soi-même. Si on apprend de bonne heure à raisonner, à comprendre le vrai et à agir en conséquence, on saura plus vite diriger ses actes de volonté conformément à des principes qu'on aura établis soi-même. L'explosion brusque, dont parle Kant, ne nous paraît nullement nécessaire.

Ce que nous venons de dire se rapporte aux manifestations du caractère qui se seront produites dans un organisme normal, et sous la forme vraie — idéale du caractère. Dans la réalité des choses, on rencontre des hommes qui sont considérés comme ayant du caractère, mais qui n'ont développé celui-ci que sous l'influence de conditions extérieures. Une manifestation de la volonté ne peut-être, à proprement parler, qu'un acte basé sur un mobile intrinsèque, propre à l'homme lui-même. C'est là un acte fondé sur des notions et des idées qu'on s'est assimilées, et non pas sur des connaissances retenues par la mémoire. Supposons qu'on vienne à commettre un acte inspiré du dehors et dont on n'a pris que la forme, cet acte-là ne pourra être considéré comme une manifestation de la volonté, quand même on aurait mis à l'accomplir de la fermeté et de l'esprit de suite. Ce sera là l'accomplissement de la volonté d'autrui, ou bien un acte qui aura eu pour but de satisfaire des sensations; un acte égoïste, par conséquent. De pareils actes peuvent être tout au plus l'expression d'un caractère extérieur ou physique. Ce dernier peut se développer par suite d'un agent de dépression, venu du dehors, ou bien par suite d'un travail physique accompli non sur des indications verbales, mais d'après des procédés qui ont été montrés à l'avance. Une sensation très développée peut, elle aussi, contribuer au développement du caractère physique. L'éducation dite spartiate, la discipline militaire, les punitions physiques, les mesures morales et psychiques elles-mêmes, peuvent arrêter dans leurs productions les aspirations instinctives du tempérament. Toutes ces mesures peuvent habituer un homme à accomplir strictement, et même avec un esprit de suite, certains actes. L'initiative personnelle (indépendante) fait défaut dans tous les cas de ce genre: elle est même comprimée, au contraire. Il n'y a que de l'obéissance à la volonté d'autrui. La volonté est une manifestation subjective et active; c'est la manifestation de notre « moi ». C'est manquer à la la logique que d'admettre une volonté passive. Il vaut mieux se servir d'un autre terme et parler de volition, si les mesures qui ont servi de causes déterminantes ont été des mesures physiques. Lorsque ces mesures auront été de l'ordre moral, ou psychique, on parlera des désirs et jamais de volonté passive. Tous les actes qui seront déterminés, en pareil cas, par une excitation venue des organes végétatifs ou des diverses parties du corps, seront des aspirations dites instinctives. La force et la rapidité avec lesquelles ces aspirations pourront se manifester dépendront du tempérament de l'individu.

La différence qui existe entre le caractère vrai, qui est sous la dépendance de la volonté, et le caractère physique ou extérieur est énorme : dans le premier cas, la cause déterminante, principale, de la manifestation du caractère sera constituée par des conditions que l'homme lui-même aura élaborées, à savoir, par ses qualités morales. Dans le second cas, cette cause sera représentée par des conditions extrinsèques ou par un développement considérable de la sensualité. Si on éloigne les premières et si on ne satisfait pas la seconde, l'homme cessera de se perfectionner. On verra même baisser l'activité qu'on l'aura forcé de manifester, ainsi que celle qu'il aura manifestée de son propre accord.

Quelles sont les données scientifiques qui permettent d'expliquer les manifestations du caractère? On sait à cet égard ce qui suit[1] :

---

[1] W. Wundt. *Untersuchungen zur Mechanik der Nerven und Nervencentren.* Stuttgart, 1876, 2 Abth. p. 133-138.

1° Toute excitation qui vient du dehors ou d'une partie déterminée du corps, n'est transmise qu'aux centres cérébraux par des conducteurs (nerfs). Les éléments qui peuvent transmettre les excitations portent le nom d'éléments sensitifs. Une fois arrivée aux centres cérébraux, l'excitation qui nous occupe peut être transmise par des conducteurs intermédiaires (centraux) aux éléments sensitifs voisins; elle pénètre ainsi jusqu'aux éléments qui se trouvent sur la surface des hémisphères cérébraux. C'est en ce dernier point que se trouvent les centres de l'activité consciente. Les éléments qui font partie de ces centres peuvent transmettre cette excitation dans d'autres centres analogues ou bien aux éléments dont partent des conducteurs qui se rendent dans les appareils moteurs du corps. Ces derniers éléments portent le nom d'éléments moteurs.

2° Deux excitations qui agissent en même temps peuvent avoir un effet de deux sortes : dans un premier cas, elles se rencontrent dans des éléments de sensibilité. L'effet de l'une est enrayé par l'autre et l'action de chacune de ces excitations se trouve par là même affaiblie. Dans un second cas, au contraire, les deux excitations qui nous occupent se rencontrent dans un élément moteur; l'effet de l'une vient alors s'ajouter à celui de l'autre. C'est là un mouvement ou un acte dont l'effet représente la somme de deux excitations; il sera donc plus énergique.

La première partie de notre seconde thèse est d'accord avec certaines expériences; nous avons vu déjà, en effet, que deux sensations douloureuses déterminées simultanément s'affaiblissent l'une par l'autre. Elles peuvent même s'annuler l'une l'autre. On observe la même chose quant aux actes fonctionnels de la volonté. Un agent d'excitation venu du dehors ou du corps lui-même peut rencontrer un obstacle dans les actes fonctionnels de la volonté. En supposant que cette dernière se soit produite en même temps, l'effet de cette excitation pourra être abaissé ou enrayé. Tel pourra être le cas, également, lorsque l'agent d'excitation éveille des traces (mémoire) de différentes mesures qui ont été subies, ou bien des traces de sensations et de sentiments qui ont été manifestés, ou bien enfin des traces de désirs et de volitions qui ont été imposés. Il est donc indispensable, dans le premier cas, qu'il y ait des traces de manifestations de la volonté : il faut aussi que ces dernières soient déterminées par chaque sensation et par chaque sentiment. Quant à ces dernières, elles ne doivent jamais exciter des mouvements réflexes, mais toujours l'activité de la raison. Comme conséquence de cette activité, nous verrons apparaître des manifestations de la volonté et, comme résultat final, — des actes qui seront strictement répartis dans l'espace du temps.

Ce n'est qu'en s'exerçant qu'on arrive à présenter de pareilles traces de la volonté, que Herbast appelle la mémoire de la volonté (Gedächtniss des Willens). Il importe que par des efforts qui sont allés en progressant d'une façon graduelle et successive un homme se soit habitué à gouverner ses sensations et ses sentiments. Il faut aussi qu'il se soit habitué à diriger son activité vers un but connu et déterminé. Une activité raisonnable et rationnelle, qui ne permet pas aux manifestations sensuelles de se développer, des efforts persistants et le travail, tels sont les principaux agents du développement du caractère. En d'autres termes, c'est grâce à ces facteurs que l'homme s'habitue à manifester, d'une façon indépendante et avec énergie, son activité intellectuelle et physique. Il apprend aussi à modifier ses actes en prenant pour base les vérités qu'il s'est assimilées et la connaissance des éléments du travail physique. Le but principal des efforts que l'homme fait sur lui-même doit tendre vers la manifestation, de plus en plus grande, du pouvoir créateur et vers le perfectionnement de son moi.

Nous avons dit plus haut, que la volonté peut être élaborée par l'activité de la raison. Elle ne saurait consister dans une répétition imitative de connaissances retenues par la mémoire et qui se reproduisent en vertu de l'association des idées. Il faut que ces connaissances aient été assimilées par l'analyse et vérifiées par l'expérience. Il est clair qu'il est nécessaire, à cet effet, que la raison soit développée au préalable, chose qui n'est possible que dans certaines conditions; il faut que les impressions qu'on reçoit soient strictement réparties dans l'espace du temps et que l'activité intellectuelle croisse d'une façon graduelle et continue. Cette dernière devra être analytique aussi bien que synthétique. Tout cela est sous la dépendance du type auquel appartient un individu. Il est impossible, en effet, d'admettre le développement d'un caractère moral dans le type hypocrite; le mensonge, qui se manifeste ici dans tous les actes, est directement opposé aux vérités qui forment la base du caractère. On ne saurait admettre, non plus, la manifestation d'un caractère dans le type hébété-mou. Ce qui manque ici, c'est l'initiative et l'expérience personnelle; les actes sont peu vérifiés et apparaissent principalement sous l'influence de causes qui sont dues au hasard. Les individus ambitieux ou hébétés-méchants peuvent manifester du caractère; le premier est discipliné par son besoin de primer, l'autre par des mesures extrinsèques qui l'offensent et l'humilient. Celles-ci éveillent en ce dernier l'aspiration (plus exactement la volition) de ne pas rester au-dessous des autres. C'est pourquoi l'individu hébété-méchant cherche à défendre sa dignité, dont on ne tient pas assez compte, suivant lui (amour-propre). Remarquons que ce qui se forme ici est un caractère physique (réaliste). Toutes les fois que leur intérêt personnel est en jeu, les individus appartenant aux deux types qui nous occupent manifestent leurs désirs et leurs volitions avec beaucoup d'énergie... Si ce dernier mobile venait à manquer, ils feraient preuve d'un défaut absolu de caractère; ils agiraient uniquement sous l'influence de leurs sensations. En résumé, ils sont capables d'agir avec énergie et fermeté, si leurs désirs et leurs volitions sont excités par des stimulants extrinsèques : leur activité, néanmoins, sera plutôt judicieuse que raisonnable. Ils répètent, en général, ce qu'ils ont appris et retenu de mémoire; ils se distinguent par une activité analytique peu développée en comparaison des autres manifestations qui leur appartiennent. Les personnes du type débonnaire, remarquables par le développement actif de leur raison, laissent à désirer du côté de leur éducation physique; ils sont peu habitués à un travail persévérant et savent aussi mal gouverner leurs sensations; voilà pourquoi ils ne peuvent pas manifester suffisamment un caractère moral. Ce dernier se manifeste avec énergie dans le type déprimé, mais il a une application moins large, — personnelle, — non sociale, pour ainsi dire.

Nous avons vu que la manifestation vraie du caractère est en rapport avec le degré du développement intellectuel et moral; il s'ensuit que le type auquel un individu appartient constitue une certaine prédisposition au développement de son caractère. Celui-ci, néanmoins, est principalement sous la dépendance du rapport qui existe entre les actes fonctionnels de la volonté et les sensations; il dépend également de l'habitude d'agir, en se fondant sur des thèses générales qu'on a comprises. Le fait de s'être assimilé les éléments du travail physique n'est pas moins important à cet égard. Toutes ces propriétés réunies d'un individu déterminent son mode principal d'agir et de penser. Il s'ensuit que, quand même la prédisposition dont nous venons de parler existerait, le caractère ne pourra pas s'établir tant qu'on n'aura pas appris à gouverner ces sensations. Il faudra aussi que les actes qu'on commet se manifestent avec énergie et avec des particularités individuelles. Il importe par conséquent de distinguer strictement le type du caractère; ce sont là des manifestations qui se distinguent formellement l'une de l'autre. Il va sans dire que le type normal et le tempérament normal offrent le plus de prédisposition à la formation du caractère normal. Plus on approche de ce tempérament et de ce type, plus on aura de la facilité à développer en soi le caractère normal.

Nous avons dit, plus haut, que dans le but de développer le caractère, les pédagogues de la Grèce antique attachaient surtout de l'importance au fait de savoir gouverner ses sensations et ses sentiments. Voilà pourquoi ils habituaient les jeunes gens à réagir contre toutes les sensations qui sont en rapport avec les organes de la vie végétative. Les jeunes Grecs devaient supporter vaillamment le froid, la chaleur et les sensations douloureuses. Toutes ces conditions ont une importance particulière dans l'éducation par la famille; il importe d'y arrêter l'attention de façon à en comprendre le sens intime.

Chacun sait, par expérience, qu'on peut satisfaire la sensation de la faim par une petite quantité de nourriture; on peut au contraire prendre l'habitude de ne s'arrêter qu'au moment où on éprouve la sensation de plénitude dans l'estomac. Lorsqu'on prend de la nourriture, on peut satisfaire les sensations du goût, de la faim ou de la plénitude de l'estomac. Cette dernière sensation dépend de celle qu'on éprouve dans les muscles des parois abdominales, lorsque celles-ci sont plus ou moins tendues. La sensation de la faim est un phénomène très complexe ; elle se compose d'une série de sensations qui se relient à l'activité de plusieurs organes, tels que : les muscles des lèvres, de la langue, de l'appareil de la mastication, du pharynx et de l'œsophage jusqu'à l'estomac. Il y a encore l'irritation produite par les sécrétions des glandes qui se trouvent dans toute l'étendue des voies digestives jusqu'au pylore. On a observé sur des malades, chez lesquelles la nourriture ne pouvait pas traverser l'œsophage, par suite d'une affection de ce dernier, et on a vu ainsi que la sensation de la faim est une sensation complexe. Ces malades avaient contracté des fistules de l'estomac par suite d'une opération qui avait été faite dans cette région. Or, l'estomac une fois rempli de nourriture par cette fistule, les malades se plaignaient d'une faim supérieure. Pour satisfaire cette faim, ils prenaient de la nourriture qu'ils mâchaient pour la rejeter ensuite ; leur faim persistait néanmoins. Il se trouvait que leur « faim supérieure » et leur « faim inférieure » étant satisfaites, il leur restait encore une « faim moyenne ». La sensation du goût ne permet pas de distinguer les aliments qui sont nuisibles de ceux qui ne le sont pas ; elle ne sert qu'à distinguer certaines qualités de la nourriture qu'on prend ; on relient ces qualités de façon à pouvoir reconnaître plus tard la nourriture qui vous est offerte. La sensation du goût peut être fortement développée par la comparaison et peut servir de critérium pour définir, d'une façon exacte, les diverses propriétés des aliments et pour les retenir dans sa mémoire. L'homme n'a besoin de nourriture que pour réparer la dépense qui est en rapport avec l'activité incessante de tout l'organisme vivant. Notons que cette dépense croît en proportion de cette activité. La sensation de la faim est satisfaite très vite, mais il arrive généralement qu'en prenant de la nourriture on cherche encore à éveiller plus fortement les sensations du goût ou à se procurer la sensation de plénitude dans l'estomac. On ne doit habituer un enfant ni à cette dernière sensation ni à celle du goût, car ce sont là des excitations supplémentaires qui nécessiteront plus tard un grand effort d'énergie pour arriver à s'en débarrasser. Les enfants prennent volontiers des sucreries, de la nourriture végétale et une grande quantité de boisson ; les premières agissent fortement sur le sens du goût; quant aux dernières, elles distendent l'estomac, tendent par là même fortement les parois abdominales et donnent la sensation de plénitude dans l'estomac. Les enfants qui appartiennent à la classe dite intelligente refusent pendant les repas tantôt un plat, tantôt un autre. Ils le font quelquefois en imitant leurs aînés; d'autres fois ils choisissent les mets qui font une impression plus forte sur le sens du goût. Ceci prouve que ce dernier sens peut être parfois tellement développé qu'il devient tout à fait capricieux. Ces enfants ne mangent pas volontiers une nourriture qui est apte mieux que tout autre à réparer les pertes de l'organisme. Cette nourriture (viande, lait et œufs) contient le plus de substances nutritives dans un volume relativement peu considérable et sous une forme facile à digérer. Ce sont pourtant là les substances qui sont surtout nécessaires non seulement pour réparer les pertes qui se font constamment dans l'organisme de l'enfant, mais encore pour le processus de formation. Il semblerait que la nourriture dont nous venons de parler irrite moins le sens du goût que les sucreries; il est plus difficile d'en manger jusqu'à ce que la sensation de plénitude de l'estomac intervienne. Les enfants se procurent aussi cette sensation en absorbant de grandes quantités de boisson, de l'eau froide principalement. Ajoutons que l'habitude de prendre pendant les repas une nourriture de température variable nuit à la régularité de la digestion; elle est positivement nuisible pour les dents, comme nous le montrerons plus loin en décrivant la première et la seconde dentition. Les fonctions digestives ne peuvent être normales qu'à une certaine température donnée; lorsqu'on ingère une nourriture froide, celle-ci devra d'abord se réchauffer, de façon à atteindre la température normale. Ce n'est qu'alors que le processus normal de la digestion pourra se faire. Une grande quantité d'eau ingérée distend l'estomac et donne la sensation de plénitude à l'estomac. Ajoutons que le choix de la nourriture est en général parfaitement arbitraire; on peut dire que le fait de se nourrir se transforme en un acte qui contribue au développement de la sensualité chez l'enfant. On ajoute aux mets des épices (moutarde, poivre, vanille, etc.), on fait usage de boissons alcooliques (eau-de-vie, vin, bière, liqueurs); — ce sont là des excitants supplémentaires qu'on sera forcé de rendre de plus en plus forts. Autrement les processus nécessaires à la vie ne se feront pas d'une façon régulière.

L'ensemble de ces phénomènes, peu considérables, qui peuvent paraître secondaires et même sans importance, constitue en réalité les principales conditions de développement du caractère physique. Or il importe que celui-ci existe déjà pour que le caractère moral puisse se former. Les affections de l'estomac, le catarrhe chronique de cet organe principalement, font voir l'importance de la sensation qui accompagne le fait de prendre de la nourriture. Dans le catarrhe chronique de l'estomac, les parois de cet organe sont recouvertes d'une mucosité épaisse et filante qui empêche l'action du suc gastrique sur les parois de l'estomac. Il arrive que les parois de l'estomac sont irrités par l'action de ce suc ; aussi la nourriture qui vient d'être prise peut-elle être rejetée sans avoir été digérée. Cette irritation incessante gêne et inquiète si bien le malade que celui-ci est incapable de se concentrer sur son ouvrage, il craint des échecs de toute part. Toujours occupé à rechercher les causes de ses souffrances en dehors de lui, il s'en prend à tous ceux qui l'entourent. L'état de ses affaires l'alarme. Un très bon observateur clinique, le professeur Niemeyer[1], affirme que les individus atteints de pareilles affections de l'estomac ont des allures indécises ; ils n'ont pas confiance en leurs forces et désespèrent de leur situation comme de leurs affaires, etc. Leur maladie une fois guérie, ils ne voient plus les choses en noir. « Il y a quelques années, dit Niemeyer, j'ai eu l'occasion de soigner un homme très riche qui était atteint d'un catarrhe de l'estomac et des intestins ; ce malade pensait qu'il allait faire banqueroute. Il fit suspendre la construction d'une maison parce qu'il pensait qu'il n'aurait pas assez de moyens pécuniaires, etc. Après avoir subi un traitement pendant quatre semaines, il reprit confiance en lui-même. Il cessa de douter de ses forces et de sa richesse, aussi termina-t-il, sans encombres, la construction d'une fort belle maison. »

L'opinion, que nous venons de citer, et que nous avons empruntée à la littérature médicale, ainsi que l'observation à l'appui,

---

1. *Die Krankheiten der Digestionsorgane, der Leber und Milz.* Berlin, 1859, p. 440.

font voir l'importance capitale d'une sensation qui croît d'une façon graduelle : cette importance sera d'autant plus grande que l'homme ne réussira pas à dominer la sensation qui l'obsède. Il en devient peu à peu complètement l'esclave; ses souffrances sont telles, qu'aucun argument ne pourra lui faire voir qu'il est la dupe d'une sensation anormale. Les phénomènes qu'on observe en pareil cas ont une autre signification encore : ils font voir que l'homme apprend, au début, à connaître les impressions directes et immédiates et qu'il agit en vertu de ces impressions. Plus tard il commet des actes du même genre sous l'influence de sensations et d'émotions psychiques analogues. En d'autres termes, les causes physiques peuvent amener à leur suite des manifestations immédiates qui peuvent être déterminées, plus tard, par des causes psychiques. Dans ce dernier cas, l'homme sera porté à rechercher la cause de ces manifestations en dehors de lui, dans le milieu ambiant. La nourriture qu'on prend, par exemple, ne satisfait pas les besoins de l'organisme; l'irritation constante qui s'ensuit fait que l'homme cherche autour de lui la cause du mécontentement qu'il éprouve. Il s'en prend à son genre d'activité parfois. L'impossibilité de gouverner ses besoins, qui est la conséquence d'une irritation supplémentaire, rejaillit sur les fonctions psychiques, de l'individu; celui-ci devient irrésolu et plie devant les influences étrangères. Les phénomènes d'imitation apparaissent. C'est là une thèse générale qu'il est surtout facile de vérifier et de s'expliquer en étudiant les diverses expressions de la physionomie[1]. Ainsi que nous l'avons dit plus haut, cette thèse s'exprime, ici, de la façon suivante : « On s'ha-« bitue d'abord à relier à certaines sensations et à certaines impres-« sions la contraction des muscles qui entourent les organes des sens « supérieurs; plus tard, on fait les mêmes contractions lorsqu'on « est sous l'influence des sensations et des impressions correspon-« dantes. Ajoutons que les degrés de la contraction et le nombre

---

1. P. Lesshaft. « Du lien génétique qui existe entre l'expression de la physionomie et l'activité des muscles qui entourent les organes des sens supérieurs. » Moscou, 1881. *Annales de la société des Sciences naturelles, de l'Anthropologie et de l'Ethnographie*, près de l'Université de Moscou. — *Grundlagen der theoretischen Anatomie*, tome I. Leipzig, 1892, p. 286-298.

« des groupes musculaires qui y prennent part sont directement
« proportionnelles à la force de l'impression. »

Nous avons dit que le fait de prendre de la nourriture peut être
transformé en un acte de sensualité ; on peut en dire autant des
fonctions des organes de la respiration. L'organe de l'odorat se
trouve à l'entrée des voies respiratoires. Le sens de l'odorat ne peut
pas servir à déterminer si l'air qu'on respire est utile ou nuisible ;
c'est là d'ailleurs un sens très peu développé chez l'homme ; aussi
les impressions très fortes sont-elles les seules qui puissent être distinguées par son entremise. Il est certain qu'on peut développer ce
sens dans une certaine mesure, mais jamais au point d'égaler le
sens de l'odorat du chien par exemple. On sait que cet animal peut
reconnaître par l'odorat les traces d'un homme qu'il connaît ainsi
que celles d'un animal déterminé. Quant à l'homme il peut reconnaître par l'odorat diverses substances volatiles, qui ont une odeur
particulière. Qu'on mette des fleurs qui sentent fort dans la chambre
où dort un enfant ou bien dans celle où il se trouve constamment ;
qu'on pulvérise, dans le même local, avec des liquides parfumés ;
qu'on parfume le linge et les vêtements de cet enfant ; il arrivera
certainement que ce dernier s'habituera à ces irritations supplémentaires. Il pourra même s'y faire si bien, que ses fonctions seront
abaissées sitôt que ces agents d'excitation lui seront enlevés. Ces
liquides parfumés contiennent des huiles éthérées qui agissent en
s'évaporant sur l'air qu'on inspire et qui est inhalé par là même
plus facilement. La respiration devient plus superficielle dans un
atmosphère de ce genre et l'activité des muscles inspirateurs s'abaisse
en conséquence. Si on s'est habitué à respirer dans un pareil mé-
lange, on sera obligé d'imposer aux muscles respiratoires un travail
plus énergique, sitôt qu'on se trouvera dans un local qui contiendra
de l'air pur. Ces muscles n'étant pas habitués à un travail exagéré,
il en résultera de la fatigue musculaire et, comme conséquence, de
la dyspnée. Une influence analogue, bien que dans un sens opposé,
est exercée par un fumigatoire quelconque (tabac) qui remplit une
chambre de fumée ; c'est là également un excitant supplémentaire.
En observant les fumeurs d'habitude, on a la démonstration nette de
la difficulté qu'on a à se débarrasser d'un excitant supplémentaire.

On s'aperçoit combien ces excitants contribuent à faire diminuer la possibilité de diriger ses sensations d'une façon consciente. Nous avons vu que la croissance et la formation, qui ont lieu sous l'influence d'une température élevée ou de certains rayons du spectre solaire, ne sauraient être considérées comme normales; il en est absolument de même de la formation qui se fait sous l'influence de parfums. Ce sont là, également, des excitants supplémentaires.

Les ornements inutiles dont on pare un petit garçon ou une petite fille sont, eux-aussi, des excitants de ce genre, qui contribuent à développer la sensibilité. La simplicité et la propreté doivent régner principalement dans les vêtements, parce que ce sont là deux choses qui aident le plus au développement régulier d'un enfant. Elles contribuent à éloigner les excitants supplémentaires.

La fonction génitale est une de celles qui s'accompagnent des sensations les plus fortes. Lorsque ces sensations prennent chez l'enfant une intensité si grande que celui-ci ne peut plus les gouverner, c'est qu'elles ont été amenées par une excitation venue du dehors. Toutes les conditions qui déterminent une irritation des parties génitales, les punitions corporelles faites sur la région fessière, le défaut de propreté de ces parties, des caresses extérieures qui irritent la surface sensible du corps, etc., telles sont les causes principales qui contribuent à exciter le sens génital et qui maintiennent ce genre d'excitation d'une façon artificielle. Les observations qui ont été faites sur la façon dont ce sens apparaît chez les enfants et sur l'influence qu'il exerce sur leurs actes montrent ce qui se passe ici au moment de son développement. De pareils enfants demandent souvent qu'on leur lie les mains pour les empêcher d'irriter les parties génitales. Nous avons eu l'occasion d'observer un petit garçon de douze ans qui ne pouvait rester tranquille, et qui changeait à chaque instant de place avec rapidité. Ses poches étaient remplies de petits cailloux dont il se remplissait la bouche; il faisait remuer ensuite ces cailloux de façon à irriter les parois de la cavité buccale. Sans s'occuper de l'endroit où il se trouvait et des personnes qui étaient présentes, cet enfant irritait très souvent, par le frottement, ses parties génitales. Il passait ainsi constamment d'une irritation à une autre. Il mangeait avec une avidité remarquable et pouvait absorber de grandes quantités de nourriture. Il lui était impossible de se concentrer sur une occupation, et il ne pouvait pas du tout se gouverner. Il n'avait pas assez de patience pour jeter une balle dans une direction donnée, ni pour l'attrapper lorsqu'on lui en jetait une. Il était incapable de le faire, d'ailleurs. En règle générale, il ne pouvait pas se forcer à faire une chose qui l'ennuyait; il avait si peu l'habitude de concentrer son attention sur ce qu'il faisait qu'il parlait sans faire les intonations voulues sur les mots. Il ne faisait qu'émettre, par saccades, des sons uniformes et sourds. Sa mémoire n'était pas du tout développée, et il n'avait d'affection pour personne; après avoir mangé, il faisait quelques mouvements brusques, puis il s'endormait profondément tout en restant assis sur sa chaise. Il ne tendait instinctivement que vers un seul but, celui de se soumettre constamment à une irritation. Il passait d'un genre d'irritation à une autre. Il n'y avait pas ici la moindre trace d'un caractère physique; toutes les tendances qui ont pu être constatées chez cet enfant étaient purement instinctives.

Toutes les sensations qui se rattachent aux fonctions des organes végétaux sont certainement en rapport avec le développement du caractère physique de l'homme : moins ces sensations sont développées, plus facilement l'homme peut les maîtriser et les soumettre à sa volonté. Ajoutons que, lorsqu'il s'est habitué à les gouverner d'une façon immédiate, il a appris par là-même à gouverner les sensations et les sentiments analogues. Quant au sens génital, on peut dire qu'il est plus facile à s'en rendre maître s'il ne se développe pas de trop bonne heure. C'est surtout facile lorsque le jeune homme s'est déjà habitué à manifester des actes fonctionnels de la volonté. Les sensations végétales ne doivent donc pas atteindre chez l'enfant un degré assez considérable pour jouer le rôle d'excitants supplémentaires et entraver la production des actes de la volonté. Il nous reste à voir comment on doit faire pour les empêcher de se développer et d'apparaître.

Il importe que la nourriture d'un enfant ne contienne pas des substances qui peuvent être une cause plus forte d'irritation. On doit donc exclure du régime de celui-ci les épices et tout ce qui excite par trop le sens du goût. La nourriture doit seulement fournir les matériaux nécessaires au développement et à la croissance de l'enfant; elle doit tendre à remplacer les pertes qu'a subies l'organisme de ce dernier. Elle doit donc être nourrissante avant tout; quant aux substances qui ne peuvent pas être digérées par l'organisme à un certain degré de son développement, et qui peuvent être cause d'une excitation supplémentaire par leur qualité et leur quantité, elles ne doivent pas être ingérées. Nous nous proposons d'examiner plus loin, dans une partie spéciale, la meilleure manière de nourrir un enfant; aussi n'entrerons-nous pas ici dans de plus amples détails. On pourrait dire la même chose de la boisson, de l'air, des vêtements, etc. En donnant l'explication de toutes ces conditions, il importe de ne pas oublier que l'attachement et l'estime qu'un enfant porte à une personne influent sur le degré auquel il imite celle-ci. Il sera d'autant plus facile à agir en toute chose comme cette personne, qu'il a moins l'habitude de raisonner sur les impressions qu'il reçoit.

En dehors des sensations qui se rattachent aux fonctions de la vie végétative, il y a d'autres circonstances qui agissent sur le caractère physique de l'enfant. Ce sont, par exemple, les amusements qui ont pour but de produire une forte impression sur l'adulte et auxquels on permet souvent aux enfants de prendre part (bals, soirées, théâtres et autres amusements publics). En faisant une forte impression sur l'enfant, ces divertissements constituent une excitation supplémentaire, que celui-ci a de la peine à maîtriser. Il faut qu'il ait déjà appris à se gouverner pour qu'il puisse dominer les sensations qu'on a fait naître chez lui de cette manière, et qu'il puisse les considérer d'une façon consciente. L'habitude de se trouver constamment dans une température élevée a une influence analogue; prise par rapport à une température moyenne (14° R.), cette dernière constitue un excitant supplémentaire. En habituant un enfant, d'une façon graduelle et successive, à rester actif malgré une température élevée comme malgré une température abaissée, on obtient qu'il sache être au-dessus des influences de la température; c'est là un résultat qu'on ne saurait atteindre en le soumettant constamment à une même température élevée. Toutes ces circonstances ont certainement une influence énorme sur le développement du caractère. Comme nous l'avons déjà dit, les anciens s'en servaient et atteignaient certainement des résultats incontestables.

Un travail sérieux, entrepris avec esprit de suite de façon à atteindre un but déterminé nonobstant tous les obstacles, constitue une autre condition essentielle qui favorise le développement du caractère. C'est par des occupations organisées avec système que l'école peut contribuer au développement de celui-ci chez l'enfant; ce dernier doit apprendre à vaincre les obstacles qui se trouvent sur son chemin, en prenant la route la plus simple. Il va sans dire que ces occupations ne peuvent pas consister dans un travail intellectuel seulement; elles doivent comprendre, dans la même mesure, le travail physique. C'est en se livrant à ce dernier que le jeune homme apprendra à gouverner ses organes; il s'habituera à déterminer les rapports des objets dans l'espace et à répartir ses occupations dans l'espace du temps. Il apprend de cette façon les éléments d'un travail simple; toutes les fois qu'on est en présence d'un pareil travail, on doit se dominer au point de pouvoir atteindre son but en le moins de temps possible. A cet effet, il faut savoir concentrer son attention de façon à diriger toute son activité vers le but qu'on se propose. On trouve donc ici toutes les conditions nécessaires pour qu'on apprenne à gouverner ses sensations et ses sentiments; or, c'est là ce qu'il faut pour le développement du caractère de l'homme.

Les pédagogues laissent absolument de côté une branche de l'éducation physique, qui prend le nom de gymnastique. Ce fait ne saurait s'expliquer autrement que par leur ignorance de la structure de l'organisme humain. Il faut qu'ils ne sachent rien non plus du lien intime qui existe entre les diverses fonctions. Ces pédagogues pensent, généralement, que l'éducation de l'intelligence consiste seulement en une accumulation, aussi grande que possible, de connaissances; ils espèrent former l'enfant, au point de vue moral, par des enseignements et des remontrances. Quant à l'éducation physique, elle est sensée se faire, grâce à des exercices qu'on exécute à tout hasard, sur des appareils appropriés. La direction de cette branche de l'éducation est abandonnée à des personnes qui ne savent absolument rien de la pédagogie. C'est là une manière de voir qu'on ne saurait aucunement partager.

L'éducation physique d'un enfant doit être conduite de façon à ce que celui-ci sache gouverner et diriger les manifestations de ses forces, ainsi que ses actes. L'enfant doit être préparé aux travaux élémentaires, dans une mesure telle, qu'une explication verbale ou écrite suffise pour le mettre en état de faire par lui-même tout ce dont il a besoin. Voici comment on pourrait encore définir le but de l'éducation physique et de l'éducation intellectuelle : l'une comme l'autre doivent se proposer comme but de diminuer l'arbitraire qui se manifeste dans les actes d'un individu. Elles devront tendre, de plus, à ce que toutes les manifestations de celui-ci deviennent de plus en plus indépendantes. L'enfant doit apprendre à se gouverner de façon à ce qu'il puisse faire le plus de travail possible, en le moins de temps possible et en dépensant le moins de forces possible. Il est clair que ce but ne saurait être atteint par des mouvements de hasard et par des exercices, faits sur les appareils qu'on a sous la main. La même loi de la succession, qui doit être de règle dans l'éducation intellectuelle, devra être appliquée ici; en d'autres termes, le principe pédagogique est le même dans les deux cas.

L'esprit de système qui est fondé sur une théorie et qui règne à l'école fait absence dans la famille. Celle-ci ne peut donc faire qu'un travail préparatoire que l'école systématisera plus tard et auquel elle donnera de l'esprit de suite. Supposons qu'on évite, autant que possible, dans la famille, l'influence d'excitants supplémentaires; supposons qu'on laisse libre de choisir le genre d'occupation qui lui convient; encore faut-il qu'on exige de lui qu'il mène à bonne fin toute chose qu'il aura entreprise. On ne doit pas lui permettre de passer à une occupation nouvelle avant d'avoir terminé l'ancienne. Parmi les choses dont l'enfant a besoin, il faut abandonner à son initiative personnelle tout ce qui correspond à son savoir-faire, — tout ce qu'il peut faire lui-même, par conséquent; ces petits travaux, faits avec exactitude autant que possible, lui font généralement plaisir; ils ont encore cet avantage qu'ils le préparent à une activité plus compliquée, tout en lui inspirant de la confiance en ses propres forces. S'il est obligé de bonne heure à faire par lui-même ce dont il a besoin, il s'habitue par lui-même à porter certaines obligations; il sent mieux en même temps qu'il est responsable de ses actes. C'est ce qui contribue à le rendre plus attentif et plus exact dans tout ce qu'il fait. Ajoutons qu'il doit être apandonné autant que possible à son initiative personnelle, et qu'on doit bien se garder de lui donner des indications précises pour chaque cas particulier. C'est tout au plus s'il est permis de le guider par des instructions générales qu'on exposera d'une façon simple et brève. On ne doit jamais montrer à un enfant les procédés manuels d'un travail, mais on doit se borner à lui donner des explications verbales. Lorsqu'on lui donne celles-ci on part d'un procédé qui lui est déjà connu et on en déduit d'une façon logique le procédé nouveau qu'on est en train de lui expliquer. Lorsque, au contraire, on enseigne *de visu* à un enfant un procédé technique, il peut l'imiter d'une façon toute mécanique, il n'y concentre pas beaucoup son attention et ne le perçoit pas d'une façon consciente. Les choses se passent tout autrement si, après avoir écouté l'explication de ce procédé, l'enfant doit se le représenter en se fondant sur les impressions sonores qu'il a reçues. Il agit ensuite en vertu d'un acte intellectuel conscient, en modifiant, conformément à des représentations nouvelles, le procédé qu'il a appris à connaître. De cette façon, son activité se répartit beaucoup plus largement dans l'espace du temps; son attention s'y concentre davantage et ses actes prennent une direction plus consciente. Ce sont là les conditions les meilleures pour que l'enfant apprenne à mieux diriger ses sensations et ses sentiments; il s'habitue aussi, de cette façon, à manifester sa volonté.

On craint trop, en général, les obstacles que peut rencontrer sur son chemin l'activité d'un enfant, voilà pourquoi on cherche à rendre le travail de ce dernier plus facile. Il arrive, au contraire, qu'on détruit ainsi l'effet qu'on a cherché à obtenir en faisant travailler cet enfant; cela veut dire qu'on ne l'habitue pas à vaincre des obstacles. Si on montre à un enfant un objet, il ne peut s'assimiler que la forme de cet objet, il ne peut se créer une notion ni de cette forme, ni de l'objet lui-même. Si, au contraire, on lui donne en paroles une explication simple et compréhensible de cet objet, de façon à ce qu'il se le représente en se fondant sur ces explications; si, ensuite, on lui montre cet objet afin qu'il vérifie la représentation qu'il s'en est faite, il se formera une notion de la forme de l'objet et de l'objet lui-même.

Dans le premier cas l'enfant n'a pas à se faire une représentation consciente, en se fondant sur des impressions de l'ouïe. C'est là en effet la difficulté la plus grande qu'il puisse avoir à vaincre, de sorte qu'il ne saurait le faire à moins de tendre ses forces à l'extrême. Remarquons, d'autre part, que ce sont des efforts de ce genre qui exercent surtout son intelligence et sa volonté. Qu'on se garde donc non seulement d'éviter à un enfant ce genre de travail, mais encore de le lui rendre plus facile. La fermeté, la décision et l'esprit de suite dans les actes se développent principalement lorsqu'on s'habitue à vaincre par la fermeté les obstacles qu'on rencontre sur son chemin; il ne faut donc pas chercher à les éluder par des détours. La mémoire sert souvent à tourner les obstacles qu'on rencontre dans le travail intellectuel; ajoutons que le développement considérable de cette faculté s'accompagne toujours d'un défaut de capacité pour l'analyse. L'enfant cherche toujours à atteindre aussi facilement que possible le but qui lui a été déterminé. Voilà pourquoi il se servira toujours de la faculté qui prédomine chez lui, en supposant qu'il y en ait une. Si sa mémoire est très développée, il lui sera plus facile de retenir les choses de cette façon et il ira ainsi plus vite. Il évitera donc toujours un travail d'analyse, moyennant lequel il aurait à mettre plus de temps et de peine pour s'assimiler les mêmes choses. Ce genre de travail, en effet, exigerait une répartition plus grande dans l'espace du temps des diverses parties qui le composent. Il se passe quelque chose d'analogue lorsqu'on montre à un enfant un procédé qu'il répète d'une façon mécanique; ce sera certainement plus facile, pour lui, que d'avoir à se faire une représentation, fondée sur une description verbale, puis d'agir en vertu de cette représentation. Il est préférable que l'enfant se prépare lui-même tous les objets qui devront servir à ses occupations et à ses amusements. Cela vaut mieux pour lui que de recevoir des joujoux tout prêts, ornés avec recherche et pourvus de mécanismes ingénieux qu'il ne saurait comprendre. Tout cela, — les transformations que peuvent subir ces joujoux y comprises, — ne fera que l'étonner; il cassera immédiatement ces joujoux pour trouver là cause des phénomènes qu'il a observés. Le joujou qu'il aura cassé ne lui expliquera pas la cause occulte de ces phénomènes, et l'objet, en lui-même, perdra pour lui toute sa signification. Ce qu'il a fait lui-même, au contraire, lui est connu dans tous ses détails; l'ensemble de ce qu'il a créé ainsi, gardera donc pour lui toute sa signification. Ce sera le résultat de son travail personnel dont il s'explique tous les détails, de façon à pouvoir se les assimiler complètement.

La tendance à la sensualité constitue le principal obstacle qu'un homme ait à vaincre. Cette tendance dépend, comme nous l'avons dit plus haut, des forces de la chaleur ainsi que des sensations et des sentiments végétaux dont les manifestations sont en rapport avec le tempérament. Pour qu'un homme puisse vaincre les obstacles qui naissent de son organisme, il faut qu'il puisse diriger d'une façon consciente ces forces ainsi que les sensations et les sentiments que celles-ci font surgir. Il faut aussi qu'il sache discipliner ses actes et les rendre conscients. Voilà pourquoi un travail qui consiste à vaincre une série d'obstacles habitue mieux que tout autre un enfant à se gouverner. Il faut seulement que ces obstacles croissent et se compliquent d'une façon graduelle. Il faut aussi que l'activité intellectuelle et physique prenne part l'une et l'autre au travail qui consiste à les vaincre. Il ne suffit pas qu'un enfant se soit habitué à gouverner ses actes, mais il est encore une condition qui devra être réalisée forcément : il faut que tous les actes de cet enfant aient une même direction déterminée. C'est par la notion du vrai que ce dernier devra se diriger dans tous ses actes. Élaborée par ses propres efforts, cette notion du vrai devra être éveillée en lui d'une façon habituelle par tout agent d'irritation qui vient agir sur lui. C'est cette notion qui devra toujours être son guide. Ces habitudes, que l'enfant devra s'être appropriées déjà pendant qu'il se trouve sous l'influence de la famille, devront servir plus tard de base au développement du caractère moral de l'homme.

Nous avons vu plus haut quelles sont les influences qui agissent sur le développement du tempérament de l'enfant; nous avons vu aussi combien celui-ci dépend des conditions de la vie intra-utérine, ainsi que de celles dans lesquelles se développe sa vie végétative après la naissance.

Le type d'un enfant dépend du développement intellectuel de celui-ci, ainsi que du degré auquel cet enfant s'est approprié la notion du vrai. Son caractère est la résultante du rapport qui existe entre les manifestations de sa volonté, d'une part, et ses sensations et ses sentiments, d'autre part. En d'autres termes, le caractère consiste en la possibilité d'agir et de penser, non pas conformément à des préceptes et à des instructions apprises par cœur. Un homme de caractère dirigera, au contraire, sa conduite par des thèses, des vérités générales et des procédés généraux d'action, qu'il se sera assimilés. Ajoutons que cet homme devra diriger ses actes par des principes de morale qu'il aura élaborés par lui-même. Le tempérament est sous la dépendance des conditions hygiéniques dans lesquels un enfant a été conçu, et dans lesquels il croît et se forme ; le type est sous l'influence du milieu qui entoure cet enfant et de la diversité des impressions que ce dernier reçoit et qu'il s'assimile ; le caractère suppose de l'indépendance dans l'activité intellectuelle et physique, ainsi que de l'habileté à vaincre des obstacles en se fondant sur des thèses et des vérités générales, ou sur des procédés d'action généraux ; le caractère moral, enfin, ne saurait être admis, à moins qu'on ait l'habitude de se diriger par le principe du vrai toutes les fois qu'on a des obstacles à vaincre.

On dit, en général, que le caractère ne se développe que par la lutte avec des difficultés ; on pense même souvent qu'à défaut d'une pareille lutte il ne saurait y avoir de caractère. Cette opinion est exacte, en ce sens qu'il faut que l'homme lutte d'abord avec ses propres faiblesses, ses propres défauts et ses propres habitudes. Il a non seulement à satisfaire ses propres sensations et ses sentiments, mais encore à les transformer en des excitants normaux de son activité.

Il faut ensuite qu'il continue cette lutte sous forme de travaux intellectuels et physiques qui se vérifient, se complètent et se dirigent les uns les autres. Tout ce qu'on s'assimile par un travail devenu aussi indépendant que possible agit surtout sur le développement du caractère ; c'est en pareil cas, en effet, qu'on est surtout forcé de veiller à ses actes et de gouverner ses sensations et ses sentiments. L'indépendance d'action forme ici, cela va sans dire, une condition essentielle, parce que l'acte est précédé, en pareil cas, d'un travail intellectuel conscient.

Quant à la lutte, elle s'observe chez les animaux également; elle se rattachent ici aux manifestations du tempérament, et n'a lieu que sous l'influence de sensations et de sentiments. Les animaux peuvent aussi être disciplinés, mais sous l'influence d'un agent d'excitation extrinsèque. Il ne saurait être question ici d'une activité intellectuelle indépendante. La ruse dont un animal peut faire preuve pour arriver plus rapidement à ses fins peut être la conséquence d'un exemple que l'animal a vu et qu'il imite; d'autres fois c'est la conséquence d'un fait d'expérience qu'il a retenu par la mémoire. Lorsqu'un animal se heurte contre des difficultés et des souffrances pendant qu'il poursuit un but déterminé, il cherchera à éviter ces dernières. Il attendra, au besoin, le moment où ces difficultés n'existeront pas. Il tâchera ainsi d'atteindre son but sans s'exposer à des souffrances. S'il a réussi à cet égard, il en fera autant toutes les fois qu'il se trouvera dans des conditions analogues. Le souvenir des difficultés et des souffrances auxquelles il a été exposé pourra l'empêcher d'agir dans le même sens. Il est impossible de voir dans tout cela des manifestations de la volonté; on peut trouver chez les animaux des manifestations qui correspondent au caractère physique, mais il est impossible d'admettre chez eux l'analogue du caractère moral. Celui-ci se rattache toujours à des réflexions et à la notion abstraite du vrai.

Toute aspiration instinctive qui dépend du tempérament est éminemment versatile, changeante et éventuelle; elle est complètement sous l'influence de la pression atmosphérique de l'air, de la qualité de la nourriture ingérée, ou d'une excitation qui n'a pas été satisfaite. Les sensations et les sentiments doivent être les agents d'excitation des fonctions conscientes et des actes fonctionnels de la volonté. Ils ne peuvent pas guider les actes d'un individu d'une façon immédiate. S'il en était autrement, l'homme resterait au niveau de la plante, ou tout au plus de l'animal; il ne s'élèverait jamais au niveau d'un être humain, car il ne saura pas ni créer un idéal, ni aspirer à l'atteindre. Il importe d'éviter chez l'enfant l'action d'agents supplémentaires d'excitation, et cela dès le premier moment de la vie extra-utérine. Afin d'y arriver, on doit comprendre la nature de l'enfant et avoir de la patience dans ses rapports avec lui.

L'influence d'une mère, dont la culture est sérieuse, peut être surtout constatée dans l'éducation qui a rapport aux premières années de l'enfance. Une mère intelligente est en effet tout ce qu'il y a de plus élevé au monde, c'est là un être d'un prix inestimable. On peut dire, sans faute, que le niveau du développement de la société est toujours directement en rapport avec le niveau du développement de la femme. Plus la femme est cultivée, plus l'éducation de l'enfant dans la famille sera sérieuse; ajoutons que cette éducation a une influence capitale sur toute la vie de l'homme. Il est naturel que la direction suprême de l'enfant appartienne à la mère. Si cette mère est douée de raison et si le degré de sa culture est élevé, ces qualités agiront puissamment sur le développement de l'enfant et sur la formation de son caractère moral. Une pareille femme n'admettra ni arbitraire ni mensonge dans ses rapports avec son enfant; elle respectera de plus en celui-ci la dignité humaine. Une pareille femme seulement pourra contribuer au développement intellectuel de l'enfant. Le caractère moral de ce dernier aura ainsi la possibilité de se fixer. Cette mère, telle que nous l'avons décrite, ne s'occupera pas de la forme seulement; par un mot dit à propos, par une explication, elle empêchera l'activité de l'enfant de tomber. Elle contribuera à ce que celui-ci s'approprie la notion du vrai. Elle ne favorisera pas en lui le développement des manifestations sensuelles, mais bien le développement de son activité consciente.

En définissant les conditions de développement du type, nous avons dit qu'il est important que l'enfant remarque, par lui-même, les phénomènes qu'il observe. C'est de son propre mouvement, aussi, qu'il doit en chercher la signification. En examinant les conditions du développement du caractère nous avons à ajouter qu'il importe que l'activité de l'enfant soit maintenue dans un état constant de tension. Tout en lui laissant parfaitement son initiative, on doit veiller à ce qu'il fasse, d'une façon aussi complète que possible, tout ce qu'il entreprend; il importe aussi que toute chose qu'il a commencée soit menée à bout. Tout cela doit se faire, selon une habitude contractée et sans que les bons rapports de l'enfant, avec sa mère ou avec son instituteur, soient en rien altérés. Tout ce qu'on dit à l'enfant doit avoir un parfait esprit de suite et n'être jamais arbitraire. Il est nécessaire de se rappeler qu'on ne saurait contribuer au développement du caractère de l'enfant à moins de savoir se gouverner soi-même et d'avoir la conscience de ses propres actes.

Il résulte de ce que nous avons dit sur les conditions du développement du caractère que l'agent essentiel en pareil cas est constitué par l'habitude de lutter contre les obstacles qu'on rencontre en se fondant sur des thèses et des vérités générales. Ces dernières ont dû être assimilées au préalable. On doit aussi s'être habitué également à vaincre ses sensations, qui doivent être l'excitant normal de l'activité consciente. C'est en exerçant d'une façon indépendante et avec persistance son activité intellectuelle et physique, qu'on arrive le mieux à remplir ces conditions. Rationnel et conscient, chaque acte devra être le résultat d'une manifestation de la volonté. Il n'est pas douteux qu'un travail physique, accompli avec esprit de suite, a surtout de l'influence ici; il en aura d'autant plus qu'il sera le résultat d'un travail intellectuel ou qu'il servira de vérification à ce dernier. Tout travail physique de ce genre exige qu'on soit conséquent dans ses actes, qu'on ait de la persévérance, qu'on sache se servir de ses forces et qu'on les manifeste, conformément à la valeur de l'obstacle qu'on doit vaincre. C'est l'école qui devra rendre un enfant capable d'un pareil travail, en l'y préparant d'une façon systématique. L'éducation physique doit être menée ici de front avec l'éducation intellectuelle et rendre l'élève capable d'un travail élémentaire quelconque. Celui-ci doit être mis à même de faire toute chose en se guidant par une instruction verbale ou écrite; il doit être rendu capable ainsi de faire tout ce dont il a besoin dans la vie. Dans la vie de famille, l'enfant doit être constamment actif ainsi que nous l'avons dit plus haut. Il doit se créer lui-même des occupations, il doit savoir limiter ses besoins et faire lui-même, autant que possible, ce dont il a besoin. L'école pratique, que constitue la vie, contribue plus qu'autre chose à former un caractère dans la lutte avec les besoins et les privations. Il faut seulement qu'on ait l'habitude d'être dans le vrai et de ne pas craindre le travail. Nous devons faire remarquer cependant que de pareilles conditions agissent d'une façon dépressive sur l'activité intellectuelle ; il s'ensuit un trouble dans l'harmonie et dans l'esprit de suite des fonctions qui cessent d'être normales. Lorsque la lutte est acharnée, les obstacles ne sont plus gradués, aussi l'homme devient-il dur et rude. Ajoutons que ses actes ne sont plus répartis suffisamment dans l'espace du temps ; il ne sait pas différencier ses actes d'une façon minutieuse et leur donner une forme esthétique. On ne lui trouve pas les attentions, la prévenance et la délicatesse qu'on constate dans les sentiments affectifs qui reposent sur l'idéal. Une école systématique (théorique) devrait contribuer au développement du caractère, grâce à un accord complet entre l'éducation intellectuelle et l'éducation physique. Elle devrait habituer l'enfant à travailler sérieusement en ne s'écartant pas des vérités que cet enfant s'est approprié et qu'il a pris l'habitude d'appliquer dans ses réflexions et dans ses actes. Il est difficile que l'école puisse résoudre ce double problème de la culture et de l'éducation : il faudrait alors que le précepteur comprenne et remplisse ses devoirs d'une façon presque idéale, qu'il sache entraîner ses élèves par les matières de son enseignement et qu'il les habitue en même temps à vérifier par eux-mêmes leurs connaissances. Il est nécessaire aussi que les élèves soient unis par les liens d'une bonne et étroite camaraderie. Ces conditions se trouvent si peu dans une école ordinaire que tout en excitant l'activité d'un enfant, celle-ci favorise plutôt la formation d'un type que celle d'un caractère. C'est l'énergie, la persévérance et l'indépendance dans les actes qui forment les signes essentiels du caractère ; or, ces propriétés ne sont possibles qu'à condition que l'impressionnabilité du sujet soit conservée et que ce dernier sache se gouverner et donner une direction à son activité. Pour que le caractère moral se développe, il faut encore que l'activité d'un individu s'associe toujours avec l'influence directrice des vérités que celui-ci s'est assimilées. Il faut encore que l'homme soit toujours vrai dans ses réflexions et dans ses actes. Voici comment nous pourrions résumer la différence qui existe entre le type d'une personne et le caractère de celle-ci ; le type reflète principalement l'influence du milieu qui entoure l'enfant sur le développement intellectuel et moral de celui-ci; quant au caractère il se résume dans l'indépendance. Un homme de caractère modifie, en l'adaptant à la vie, ce qu'il s'est assimilé par l'éducation; il se conforme strictement à des principes bien établis qui sont toujours conformes au vrai.

Il est une opinion qui est encore très répandue aujourd'hui; on croit que le meilleur moyen de faire suivre son cours à la nature, c'est de se soumettre à ses sensations et à ce qu'on appelle ses inclinations instinctives; on considère que c'est là un phénomène naturel que d'agir de cette façon. De plus, on entend souvent dire aux pédagogues-praticiens que l'éducation morale (c'est-à-dire l'éducation du caractère moral) peut se faire par des instructions, des réprimandes et des conseils. Il est très facile de démontrer la fausseté de pareilles opinions. Les sensations végétatives ou inclinations instinctives sont le résultat d'irritations que les organes végétatifs transmettent au centre conscient. Arrivées à ce point, ces irritations n'éveillent ordinairement pas l'activité de la pensée; elles ne donnent lieu qu'à des désirs et à des volitions qui conduisent à la satisfaction animale de ces sensations. En d'autres termes, elles n'amènent à leur suite que des manifestations végétales ou animales, qui ne donnent lieu qu'à des actes réflexes. Celui qui se dirige uniquement par ses sensations végétales, ou par ce qu'on nomme l'instinct, restera toute sa vie à l'état d'un animal; il ne montera pas au niveau de la vie raisonnable qui caractérise l'homme et qui contribue vraiment à son perfectionnement. A l'état normal, l'excitation produite par les sensations et les sentiments devra donner lieu à des actes fonctionnels conscients, qui s'exprimeront par des actes de la volonté. C'est alors seulement que le « moi » pourra se rapporter d'une façon objective à son corps; ce n'est qu'alors que ce « moi » dirigera l'activité de l'homme et pourra exclure l'arbitraire de ses actes et de ses pensées; un homme qui n'en est pas arrivé à ce point ne saurait être un membre conscient de la société; il ne pourra contribuer ni au perfectionnement de soi-même, ni à celui de ses semblables. Si l'on n'a pas développé en soi une activité consciente, on n'arrivera pas à la pensée abstraite; on ne saura pas non plus se créer un idéal, et on ne prendra pas comme le but essentiel de son existence le fait d'atteindre cet idéal. Les besoins sensuels ont ceci de particulier qu'après avoir été satisfaits, ils amènent le rassasiement et même la satiété et le dégoût. Sous peine de déterminer de l'apathie, ils exigent ensuite une excitation plus forte; or, l'apathie, qui est en rapport avec la diminution de la sensibilité, amène finalement un affaiblissement de l'énergie vitale de l'homme. Ainsi que nous l'avons dit plus haut, les excitations sensuelles sont soumises à la loi psycho-physique suivante : l'excitation doit monter dans une progression géométrique pour que la sensation correspondante puisse croître dans une progression arithmétique. L'activité intellectuelle, au contraire, présente ceci de parculier qu'elle ne peut jamais être satisfaite complètement; il ne peut donc y avoir ni satiété ni dégoût. Il y a plus, lorsqu'elle est excitée d'une façon graduelle et successive, de nouveaux horizons s'entr'ouvrent et attirent par leur lien logique et leur profondeur. Les régions de l'idée sont tellement vastes, grâce à leur signification intime et aux aspects multiples qu'elles peuvent prendre, qu'il ne peut pas être question pour elles de limites. Il ne peut donc pas y avoir ici de la satiété. C'est seulement lorsqu'on vit par l'idée qu'on est porté à rechercher, en soi-même, les motifs de ses actions; on fait alors des efforts pour arriver à la connaissance de soi-même; on recherche les mérites et les qualités de son « moi » et on apprend à placer la vie idéale au-dessus d'une vie égoïste, réaliste et animale. Quiconque ne vit pas de l'idée ne peut pas avoir des manifestations de la volonté; il ne peut donc pas avoir non plus des manifestations d'un caractère vrai. Pour que ce dernier se manifeste, il faut que l'homme se soit complètement assimilé certaines vérités déterminées; il faut encore qu'il en ait si bien pris l'habitude qu'elles s'associent, pour ainsi dire, machinalement avec chaque sensation et avec chaque sentiment.

Examinons, à son tour, la seconde opinion citée plus haut. Il est évident que l'éducation morale de l'enfant, qui donne à celui-ci la notion du vrai, ne saurait consister en des instructions, des conseils et des réprimandes qu'on fait entendre à l'enfant. Ce qui agit surtout sur l'enfant, ce sont les exemples qu'il voit dans sa famille; c'est encore l'explication des thèses générales qui sont la conséquence logique de faits, que l'enfant connaît amplement. Cette explication doit être faite en se plaçant à un point de vue objectif. Il est plus utile, pour l'enfant, que ces thèses générales soient déduites dans l'enseignement systématique ; si elles reposent sur des faits particuliers, au contraire, l'enfant pourrait avoir des doutes. Il sera porté à se demander si les déductions qu'on lui donne sont vraiment objectives. Un autre point capital, c'est que l'élève ait pour son précepteur de la confiance et de l'estime. Il faut encore que ce dernier sache déduire les thèses générales simplement d'une façon compréhensible et absolument logique. Quant aux indications et aux conseils, empreints d'un esprit de routine que donnent les pédagogues, ils restent généralement sans aucune influence sur l'enfant : cela se fait, en premier lieu, parce que ces conseils sont déterminés par le hasard et manquent d'un lien logique avec les faits que connaît l'enfant ; en second lieu, parce que le pédagogue ne sait pas se placer, en général, à un point de vue objectif. Voilà pourquoi il ne sait pas convaincre l'enfant, celui-ci étant porté à douter facilement de l'exactitude de toute thèse qu'on cherche à lui inculquer ; en troisième lieu, ces remontrances contiennent généralement des déductions plus ou moins blessantes pour l'enfant, circonstance qui annule l'influence qu'on voudrait avoir sur celui-ci ; enfin, en quatrième lieu, parce qu'elles se répètent tellement dans leur uniformité qu'elles en sont fatigantes. Ajoutons que, dans l'état actuel des choses, chacun se charge de l'éducation morale d'un enfant sans songer à ses propres défauts. Parmi ceux qui entreprennent cette tâche, il y en a qui n'ont ni la culture, ni l'expérience nécessaire. Ils ne sont, d'ailleurs ni vrais ni sincères, par rapport à l'enfant, et par rapport à l'œuvre dont ils se sont chargés. Il ne saurait être question, en pareil cas, d'une influence morale. Bien, au contraire, les leçons et les conseils ont une influence fâcheuse, car ils déterminent chez l'élève une série de phénomènes réflexes. Ils font baisser l'impressionnabilité de l'enfant par rapport au maître et diminuer, par là même, l'influence et la signification de celui-ci. Le caractère moral de l'individu se forme, dans tous les cas, beaucoup plus tard ; il faut, au préalable, que la notion du vrai soit fixée dans son esprit d'une façon définitive. Il faut même que cette notion soit assez solidement établie pour former le régulateur habituel de toutes ses réflexions et de tous ses actes. Un travail psychique indépendant devra précéder dans tous les cas. Ce travail habituera l'homme à examiner, avec une entière conscience de soi-même, les sensations et les sentiments qui apparaissent en lui; c'est par un travail du même genre que l'homme contrôlera tous ses actes par la notion du vrai, celle-ci s'étant déjà formée dans son esprit d'une façon définitive. La conscience de soi-même et la notion du vrai ne sauraient être assimilées, grâce à une influence étrangère; elles ne peuvent être que le résultat de l'analyse qu'un individu a fait de ses propres manifestations et de ses propres actes.

L'observation, l'expérience, le raisonnement, peuvent, sans contredit, servir de base au développement du caractère moral de l'homme; c'est là un procédé pratique d'arriver à ce but. Nous devons faire remarquer cependant que la compréhension de la vérité ne sera, en pareil cas, ni aussi large, ni aussi profonde qu'autrement. On observe souvent un phénomène de ce genre chez des jeunes gens qui sont devenus les adeptes passionnés d'une doctrine. C'est dans cette doctrine qu'ils puisent les bases qui devront leur servir à expliquer la vérité, c'est d'après elle aussi qu'ils dirigent toujours leur activité pratique. Supposons néanmoins qu'un homme ait développé son caractère moral sous l'influence d'une activité qui a été toujours incessante et indépendante; supposons qu'il se soit habitué, par un exercice gradué, à gouverner ses sensations et ses sentiments; supposons, enfin, qu'il ait développé chez lui d'une façon systématique la faculté de la pensée abstraite, et qu'il soit arrivé ainsi à la notion du vrai, cet homme aura acquis un développement de l'intelligence aussi large que possible; il aura, de plus, une indépendance extrême dans toutes ses manifestations. Il est clair qu'il se montrera persévérant dans son activité, qui sera aussi complète et aussi large que possible. Mettons en regard le sectaire qui se laisse entraîner par une doctrine; celui-ci développe son caractère par l'observation et l'expérience, par la voie pratique, pour ainsi dire, il n'aura jamais la même largeur dans le raisonnement et dans l'activité que le premier. Plus étroit, l'idéal qu'il a accepté lui a été enseigné et expliqué par d'autres; on ne saurait donc s'attendre ici à la même indépendance dans les manifestations; l'activité sera plus étroite, les bases moins solides. Ajoutons, néanmoins, que les principaux facteurs qui impriment à l'homme une direction et qui lui posent des entraves, au besoin, seront les mêmes dans les deux cas : ce seront les vérités qu'on s'est appropriées et la notion du vrai. Un autre côté similaire, c'est la faculté du moi conscient de se placer à un point de vue objectif par rapport aux sensations, aux sentiments et aux aspirations de l'individu.

Il est certain que les besoins personnels et égoïstes d'un homme, ainsi que différentes mesures, la persécution, par exemple, peuvent jouer le rôle d'un agent qui crée des entraves aux manifestations de l'être. Un enfant ambitieux surveille attentivement ses actes, il peut leur poser des entraves et leur imprimer une direction conformément à ses besoins et à ses nécessités. Il n'exercera, néanmoins, un pareil contrôle sur lui-même que dans le cas où ses propres aspirations et son intérêt personnel pourraient l'y pousser. Dès que ces mobiles ont disparu, au contraire, il devient apathique et peu impressionnable. Ajoutons que c'est là un fait qui s'observe invariablement toutes les fois qu'un homme se dirige par des mobiles personnels, et non par des principes fondés sur des idées. En leur qualité d'excitants supplémentaires, ces mobiles amèneront bien à leur suite des actes qui pourront être fermes et conséquents, mais ces actes cesseront de se produire dès que ces excitants ou mobiles supplémentaires seront satisfaits. Ce n'est donc là qu'une manifestation relative du caractère; elle manque de fermeté et n'offre pas d'ailleurs des garanties suffisantes ; elle prendra d'autres aspects, sitôt que l'individu en question se trouvera dans d'autres conditions d'activité. Elle se modifiera également si l'intérêt matériel chez celui-ci cessait d'être en jeu. On ne saurait parler ici du rapport que les manifestations de la volonté ont avec les sensations; en effet, ce qu'il y a ici, à proprement parler, ce n'est pas une volonté qui est dirigée par la vérité; il n'y a qu'une sensation qui s'est développée d'une façon exclusive. Toute l'activité de l'être est concentrée dans le désir de faire durer cette sensation et de la satisfaire. Une sensation exclusive et qui augmente fortement d'intensité est, en pareil cas, le principal agent d'excitation qui dirige l'activité de l'homme. Un caractère réaliste ou sensuel de ce genre se forme donc par suite de la prédominance sur les autres sensations et sur les autres sentiments d'un désir qui peut devenir une passion. Cette prétendue variété du caractère se rencontre plus souvent que d'autres ; elle peut ressembler si bien au caractère vrai qu'elle risque d'être confondue avec celui-ci, chose qui arrive souvent. La distinction ne peut être faite que dans un cas : lorsque les aspirations personnelles et égoïstes d'un individu qui possède le caractère réaliste n'ont pas été satisfaites, lorsqu'il a été même froissé dans ses aspirations, ou bien lorsque les conditions qui peuvent exciter ces dernières font défaut, il tombe dans l'apathie. La force et l'énergie dont il a fait preuve jusqu'ici diminuent; il se met à faire la chasse aux impressions nouvelles et recherche des excitants supplémentaires, tels que le jeu, le vin, etc. Ces excitants viennent remplacer la sensation qui n'a pas été satisfaite et les besoins personnels qui s'étaient développés en lui. Il n'y a pas de supplice plus grand que l'apathie jointe à l'absence d'un mobile qui puisse diriger l'activité de l'homme ; l'énergie vitale de celui-ci baisse, et il remarque parfois lui-même qu'il va en se décomposant.

Les conditions qui retiennent les manifestations d'un individu et leur posent un obstacle peuvent être encore des mesures extérieures psychiques et physiques. De pareilles mesures de discipline extérieure se résument en ceci : on cherche soit à apporter des entraves aux actes d'un enfant, soit à donner à ces derniers une direction voulue par l'entremise d'une forte sensation ou d'une forte émotion. Ces mesures peuvent consister dans une forte impression de l'ouïe, dans une remontrance, dans une réprimande, dans une sensation douloureuse due à diverses positions du corps, dans une punition corporelle, dans une offense en paroles ou en actes, dans une mise aux arrêts, dans des privations, etc. Dans tous ces cas, on s'imagine qu'on dirige par toutes ces mesures le développement moral d'un enfant et qu'on contribue à la formation de son caractère; en d'autres termes, on croit qu'on habitue ainsi un enfant à retenir ses actes réflexes et à gouverner ses sensations. Les fortes irritations ou les fortes excitations abaissent ou arrêtent même les phénomènes réflexes; ils posent généralement des entraves aux actes d'une personne. C'est ainsi que s'explique l'effet des violences physiques ou morales ainsi que des mesures auxquelles on a recours pour discipliner un enfant ou pour donner une direction, comme on dit, à son développement moral. La façon dont se fait ce dernier résulte assez de ce que nous avons dit plus haut ; il est clair que des mesures comme celles-là pourront abaisser l'impressionnabilité d'un enfant, mais jamais elles ne contribueront à lui donner de l'indépendance et à développer ses qualités morales.

Une discipline extérieure ne peut jamais donner la notion du vrai ; elle ne peut donc pas contribuer au développement moral. Pareille en ceci à tout acte de violence, elle ne peut que rendre plus obtuse l'impressionnabilité d'un enfant ; elle diminue par là même et va jusqu'à abolir toute manifestation d'indépendance. Le développement du caractère est chose impossible dans des conditions comme celles-là.

Il résulte de tout ce que nous venons de dire, que l'habitude de se diriger dans ses pensées et dans ses actes par des vérités et des thèses qu'on s'est complètement assimilées contribue surtout au développement du caractère. Ces vérités et ces thèses devront avoir sur l'homme une influence essentielle ; elles devront le gouverner et lui imprimer une direction de chaque instant.

L'énergie avec laquelle se manifeste l'activité de l'organisme dépend de la composition et de la nutrition des tissus, des organes et des diverses parties du corps. Elle dépend encore de la force et de la rapidité avec laquelle se font ici les échanges. Quant à la manifestation de la force active qui existe dans l'organisme, elle est sous la dépendance directe de l'appui qui existe pour le moment. Il résulte des lois fondamentales de la mécanique, à savoir de celle de l'inertie ainsi que de celle de l'égalité de l'action et de la réaction, qu'on ne doit pas considérer [1] les forces physiques qui se manifestent dans l'organisme comme des forces intrinsèques indépendantes du milieu ambiant. Dans les conditions ordinaires, en effet, ces forces ne sauraient agir sans le point d'appui extérieur qu'offre le sol et les parties du corps qui reposent sur ce dernier. Présentons-nous un

---

1. V. P. Lesshaft. *Grundlagen der theoretischen Anatomie.* T. I. Leipzig, 1802. p. 229-232.

homme, par exemple, qui se trouve plongé dans un milieu qui n'offre à son corps aucune résistance, — dans ce qu'on appelle le vide, par exemple. A défaut d'un point d'appui, cet homme ne pourra exécuter avec aucune partie de son corps un mouvement qui aura comme conséquence de déplacer son centre de gravité. La manifestation dans le corps de forces physiques se trouve donc sous la dépendance directe du point d'appui sur lequel le corps se trouve. C'est là une force extérieure par rapport à notre corps sans laquelle notre centre de gravité ne pourrait être changé de place[1]. L'énergie des forces qui se manifestent dans l'organisme dépend donc, d'un côté des conditions intérieures de la nutrition et du développement de l'organisme, et de l'autre de l'existence d'un point d'appui. Par l'éducation physique, l'enfant devra être habitué à donner un point d'appui aux parties de son corps qui sont mises en mouvement; il devra ensuite être mis à même d'exécuter d'une façon consciente et rationnelle tous les mouvements qui sont possibles à l'homme. Faits avec la tension nécessaire, les mouvements devront être répartis dans l'espace du temps comme il convient. Les modifications individuelles de ces mouvements et les manifestations individuelles de la volonté seront sous la dépendance du procédé d'action qui prédomine chez une personne et du caractère de celle-ci. En mettant en regard ces divers facteurs on trouve la mesure dans laquelle les actes d'un individu dépendent du milieu ambiant, de son tempérament, de son type et de son caractère.

Ces mêmes lois de la dynamique ont toute leur importance lorsque les forces intellectuelles d'un homme se manifestent. Lorsqu'un organisme est normal, tous les objets qui l'entourent et qui agissent sur les organes des sens supérieurs et sur la surface sensible du corps sont les excitants de l'activité intellectuelle. Les forces intellectuelles actives sont provoquées, par là même, par des excitants extrinsèques; elles sont donc soumises à la loi de l'inertie. Aucune émotion, aucune sensation, aucune pensée ne surgissent chez l'homme sans l'influence d'un excitant qui agit d'une façon

---

1. N. Vichnegradsky. *Traité de mécanique élémentaire.* Saint-Pétersbourg, 1860, p. 223.

médiate ou immédiate. L'action doit être, ici comme ailleurs, égale à la réaction, et c'est le monde extérieur qui représente le point d'appui. Sans une réaction venant de ce dernier, aucune action n'est possible. La pensée n'est possible que lorsque les diverses impressions qu'on reçoit sont strictement séparées les unes des autres par des intervalles de temps. De même que dans les manifestations actives physiques, on constate ici l'application des deux lois suivantes, à savoir : une force est indépendante de l'irritation qui a précédé et les influences de plusieurs forces qui agissent en même temps sont indépendantes les unes des autres. En d'autres termes, la force active agit indépendamment de l'état des tissus sur lesquels elle exerce son action; que le tissu soit affaibli ou non, a force restera la même et l'effet seul variera. On voit que les lois de la dynamique qui s'appliquent aux manifestations des forces physiques trouvent leur application dans les manifestations des forces intellectuelles également. Supposons un enfant dont les organes des sens supérieurs ont été préservés de toute influence du monde ambiant, cet enfant ne pourra manifester aucune activité consciente, il sera d'autant plus faible d'esprit qu'on aura mieux réussi à écarter de lui les influences extérieures. Si on écarte d'un enfant tout ce qui peut exciter son activité intellectuelle, il est clair que cette activité ne pourra se développer. L'intelligence étant inactive et inerte, la nutrition des organes et des centres correspondants sera par là même compromise; la faculté de recevoir les impressions extérieures subira également une diminution. Lorsque l'impressionnabilité est diminuée, l'observation n'est plus possible et on ne saurait donc pas acquérir de l'expérience. Un enfant hébété par la tendresse, par exemple, qu'on a préservé avec soin de toute influence extérieure, dont on a prévenu tous les actes et dont on a tout écarté, présente toujours plus ou moins de faiblesse d'esprit. Le degré dépend ici de l'habileté avec laquelle on a su le préserver de toute influence extérieure et limiter son activité. C'est en comparant les diverses impressions qu'il reçoit par les sens supérieurs qu'un enfant se forme une représentation sur les excitants qui agissent sur lui. Il en apprend aussi la signification et acquiert la possibilité de reconnaître le vrai.

Les conditions que nous avons énumérées plus haut, et qui contribuent à la culture intellectuelle et physique de l'enfant, tout en lui apprenant à reconnaître le vrai, agissent principalement sur le développement de son type. Il est possible que sa manière de penser et d'agir individuelle, subjective pour ainsi dire, ne se manifeste pas ici. Les phénomènes qui appartiennent au type se reproduisent avec une constance remarquable toutes les fois que certaines conditions ont agi sur leur développement. Ils sont les conséquences d'un certain degré de conscience et de véracité. Lorsqu'on connaît un certain type, on peut prédire d'une façon assez exacte les actes de toute personne appartenant à ce type; plus ce type sera net chez un individu, plus les actes de celui-ci auront des traits accentués. Ce qui manque ici, néanmoins, ce sont les manifestations individuelles de la volonté; on ne trouve pas des actes personnels qui prouvent qu'on sait envisager d'une façon objective ses émotions et ses sensations de façon à les maîtriser s'il y a lieu. L'inaptitude à envisager d'une façon objective ses émotions et ses sensations est un défaut essentiel qui exclut la possibilité du perfectionnement de soi-même. Une personne qui en est là ne peut que suivre la routine. Les modifications que subissent les manifestations qui appartiennent au type ne seront que sous l'influence du tempérament; quant aux manifestations de la volonté, elles pourront faire absolument défaut. L'habitude de suivre la mode, l'amour de la forme, l'imitation des impressions qu'on a reçues et des connaissances acquises, d'autres manifestations des habitudes routinières enfin, auront le dessus sur celles de la volonté.

Supposons qu'en faisant la culture de son intelligence on ne se soit pas borné à assimiler des connaissances mais qu'on ait séparé les diverses parties du travail intellectuel par des intervalles de temps assez considérables pour que la faculté de la pensée abstraite se soit développée. On s'est approprié des notions et des vérités générales; les éléments dont ces vérités se forment ont été compris, de même que les procédés qui permettront de saisir les phénomènes particuliers en se fondant sur ces vérités. Tant qu'elles n'ont pas été vérifiées par l'observation et par l'expérience personnelle, ces vérités ne pourront pas servir de base aux manifestations individuelles, et indépendantes de l'homme. Lorsqu'on s'assimile des vérités par la mémoire sans les vérifier par l'expérience, les voies qui se rendent aux centres conscients ne sont pas frayées. Ce sont ces centres, en effet, qui contribuent à la vérification de ces vérités et à leur élaboration indépendante. L'assimilation de ces vérités n'a pas été complète en pareil cas; on n'a pas été préparé à comprendre leur signification et leur application : aussi ne pourront-elles pas servir de base aux actes de l'homme et aux manifestations de sa volonté.

A l'encontre du type, le caractère se manifeste par des actes fonctionnels de la volonté qui sont individuels et subjectifs; on ne trouve pas ici des actes imités et appris par cœur. Bien au contraire, tout ce qui a été assimilé et compris a été ensuite modifié d'une façon indépendante. L'assimilation de thèses et de vérités générales ne suffit donc pas au développement du caractère, il faut encore qu'on ait gagné de l'esprit d'observation et de l'expérience. Il faut ensuite qu'on sache se servir de tout ce qu'on a acquis de cette façon pour diriger ses actes. On doit de plus apporter son « moi » dans son activité et on doit savoir modifier ses actes en les soumettant aux actes fonctionnels de sa volonté et aux conditions dans lesquelles on se trouve agir. Les erreurs, les échecs, les privations, — toutes sortes d'éventualités enfin, ne devront servir qu'à augmenter l'expérience et à perfectionner l'individu. Ces causes ne devront jamais agir en abaissant l'activité de l'homme et en déterminant chez lui l'inactivité et l'apathie. Le perfectionnement n'est possible qu'à condition de savoir se placer à un point de vue objectif par rapport à ses propres besoins et à ses actes. C'est pourtant là la condition qui fait défaut le plus souvent. Les manifestations du type et les habitudes routinières vont si loin parfois que l'homme a besoin de formes toutes prêtes, non seulement pour ses vêtements, ses prières, ses ornements et ses amusements, mais encore pour sa manière de parler et pour les lettres qu'il écrit. Il en a besoin pour toutes les manifestations et toutes les expressions de son âme. La mode prescrit souvent de défigurer le corps d'une façon impossible, nuisible même ! Elle transforme l'homme en une espèce de portemanteau qui va et vient, ou en un mannequin qui n'a plus rien de la forme humaine. La mode va jusqu'à poursuivre les individus qui n'en tiennent pas compte et qui sont simples et immédiats dans leur extérieur comme dans leur manière d'être. Grâce à la prédominance de certains types et à la fréquence de ces habitudes routinières, le culte de la forme, les convenances, le mensonge et l'hypocrisie sont exclusivement répandus; rien ne les fait disparaître si bien que le développement moral de l'homme. Celui-ci présuppose, comme nous l'avons vu, des manifestations individuelles et indépendantes, dirigées par la notion du vrai et par des vérités qu'on a vérifiées avant de se les assimiler. La culture doit développer chez l'homme la faculté de différencier minutieusement les impressions qu'il reçoit. Elle doit ensuite l'habituer à s'expliquer la vérité et à agir d'une façon consciente, simple et rationnelle. Il faut qu'en individualisant ses actes, il puisse toujours manifester d'une façon indépendante son activité et son caractère. C'est dans ce dernier cas seulement que l'homme pourra contribuer lui-même à son perfectionnement de façon à vivre de la vie raisonnable qui caractérise l'être humain en le distinguant de la brute. *Ce perfectionnement de soi-même se manifestera précisément dans le caractère moral ainsi que dans les actes individuels et indépendants dirigés par la notion du vrai d'une personne, ou en d'autres termes : un homme contribue au perfectionnement de soi-même lorsqu'il prend pour base de ses pensées et de ses actes la véracité et lorsque celle-ci le dirige dans ses efforts de se connaître lui-même et dans ses rapports avec ses semblables.*

En se fondant sur tout ce qui a été dit plus haut sur les manifestations essentielles de l'homme, on peut former les conclusions qui suivent :

1° Le caractère de l'homme est déterminé par la faculté qu'il possède de se diriger dans ses réflexions et dans ses actes par des thèses ou vérités générales. Il l'est aussi par sa faculté de manifester, en se fondant sur ces dernières, son activité individuelle et indépendante.

2° Les thèses ou vérités générales sont élaborées par l'observation et par l'expérience, ou bien par une culture systématique. Elles doivent toujours être déduites de leurs éléments et vérifiées par l'expérience. Dans aucun cas, elles ne devront être assimilées par la mémoire à elle seule.

3° La vérification par l'expérience ne saurait être faite sans qu'on sache travailler physiquement, sans qu'on soit à même de gouverner ses actes et sans qu'on ait l'habitude du travail. Appropriés d'une façon consciente, les procédés généraux de tout travail physique doivent être tellement habituels qu'on puisse entreprendre la vérification d'une thèse donnée, en se fondant sur une description verbale ou écrite.

4° La force et la rapidité des sensations et des actes manifestés par un individu sont l'expression de son tempérament; ce sont là des manifestations inconscientes. Le type d'une personne dépend du degré de développement intellectuel et moral de celle-ci; quant aux manifestations du type, elles sont générales et s'observent dans toutes les personnes qui appartiennent à ce type : aussi portent-elles l'empreinte de la routine. Un homme sera d'autant plus routinier qu'il aura amassé par la mémoire un plus grand nombre de connaissances et de procédés de travail, qui n'auront pas servi de matériaux pour éveiller en lui la pensée abstraite. Il faudra aussi qu'il ne s'en soit pas servi pour élaborer par lui-même des thèses et des vérités générales.

5° Le tempérament se manifeste d'une façon inconsciente et se trouve sous la dépendance des phénomènes de la nutrition et des forces de la chaleur. Comme c'est un phénomène inné, il existe déjà chez l'enfant qui vient de naître. Il peut se modifier plus tard, grâce aux altérations qui surviennent dans la composition et dans la structure de l'organisme; il peut aussi être sous la direction du caractère de l'individu. Le type se développe sous l'influence du milieu ambiant; l'activité (force) qui se manifeste à ce moment s'explique d'une façon absolue au point de vue physique, intellectuel et moral, par les lois de la dynamique. Les manifestations du type sont générales, routinières, et correspondent aux conditions dans lesquelles l'enfant s'est développé; le type s'établit pendant que l'enfant est dans la famille.

6° Le caractère physique ou réaliste d'une personne est caractérisé par la faculté de manifester sa volonté, dans un but personnel et égoïste, sans se diriger par la notion du vrai. La faculté de considérer ces actes et ces manifestations, en se plaçant à un point de vue objectif, ne se rattache pas ici à des principes généraux, à un idéal abstrait.

7° Le caractère moral s'exprime par des manifestations de la volonté, qui sont individuelles et subjectives. Elles sont dirigées par la notion du vrai. Une façon objective d'envisager les actes et les fonctions de son propre organisme se rattache, chez un homme doué d'un caractère moral, à la véracité. Celle-ci se fait voir dans les efforts que fait l'individu pour se connaître lui-même, ainsi que dans ses rapports avec ceux qui l'entourent. Ces qualités font voir l'idéal abstrait que l'individu a élaboré. Il cherche à approcher cet idéal dans ses réflexions et dans ses actes.

8° Le caractère d'une personne, qui s'exprime dans son initiative personnelle et dans son activité indépendante, se rattache à sa faculté de considérer d'une façon objective ses sensations et ses sentiments, et de diriger ses actes d'une façon consciente. Les manifestations du caractère sont individuelles; elles peuvent être dirigées vers l'augmentation du bien-être matériel (caractère physique), ou bien elles peuvent être dirigées par la notion du vrai (caractère moral). Le caractère d'une personne se développe excessivement tard; il semble ne se développer, que dans l'âge mûr, au moment où l'éducation générale se termine.

9° Pris dans le sens strict du mot, le perfectionnement de soi-même n'est possible qu'après le développement du caractère moral. Ce n'est qu'à ce moment, en effet, que les manifestations individuelles de la volonté sont dirigées par la notion du vrai. Celle-ci devra s'être établie dans la manière de réfléchir et dans les actes d'un homme, aussi bien que dans les rapports qu'il a avec ses semblables.

10° Plus un enfant s'est habitué dans la famille au travail indépendant et à l'observation, plus il est préparé au développement du caractère. S'il est habitué, en même temps, à la notion du vrai, il est prédisposé au développement du caractère moral.

11° A l'état normal, les sensations et les sentiments deviennent les excitants naturels des fonctions intellectuelles. Ils doivent aussi rendre leurs manifestations plus énergiques.

12° L'éducation doit placer un enfant dans des conditions qui favorisent son libre développement; il doit vaincre, autant que possible par lui-même, les obstacles qu'il rencontre. Il doit s'habituer à un travail constant, qui n'est pas uniforme, et qui a un but déterminé. Il doit avoir la compréhension du vrai. En dehors des simples paroles qui s'adressent directement à lui, il ne doit avoir aucun encouragement. Il ne doit pas être soumis à des punitions.

13° Pour que l'assimilation de vérités et de thèses générales ainsi que leur application soient possibles, il faut s'être expliqué au préalable, d'une façon graduelle et successive, les éléments qui ont servi à les déduire. Il faut aussi avoir appris à vérifier ces vérités par l'expérience et par les méthodes scientifiques qui existent. Une vérité qui n'a été retenue que de mémoire ne pourra jamais être appliquée dans l'occasion. Mieux que tout autre agent, le travail qui consiste à faire la déduction et la vérification des vérités qu'on s'assimile développe la faculté de considérer ses propres actes d'une façon objective. Le développement du caractère est impossible sans des efforts persévérants et un travail sérieux.

14° Un homme est d'autant plus responsable de ses actes que la faculté de considérer, d'une façon objective, ses fonctions et ses propres actes a acquis chez lui un développement plus considérable. Cette responsabilité croît surtout en proportion du développement moral d'un individu.

Le lien qui existe entre le tempérament, le type et le caractère ressort de tout ce qui a été dit plus haut.

TABLE DES MATIÈRES

Pages

PRÉFACE 5

PREMIÈRE PARTIE

DES DIVERS TYPES D'ENFANTS

QU'ON TROUVE DANS LES ÉCOLES

INTRODUCTION. 7
LE TYPE HYPOCRITE 17
LE TYPE AMBITIEUX. 31
LE TYPE DÉBONNAIRE. 63
LE TYPE HÉBÉTÉ-MOU. 77
LE TYPE HÉBÉTÉ-MÉCHANT 99
LE TYPE DÉPRIMÉ. 124

DEUXIÈME PARTIE

DES PHÉNOMÈNES PRINCIPAUX

QUI SE MANIFESTENT CHEZ L'ENFANT ET DE LEUR SIGNIFICATION

DU TEMPÉRAMENT. 147
DU TYPE 175
DE LA MÉTHODE. 212
DU CARACTÈRE 224

Paris. — Imprimerie Larousse, rue Montparnasse, 17.

PARIS. — IMPRIMERIE LAROUSSE

17, RUE MONTPARNASSE, 17